René Preißel arbeitet als freiberuflicher Software-Architekt, Entwickler und Trainer. Er beschäftigt sich seit vielen Jahren mit der Entwicklung objektorientierter Anwendungen und Frameworks. Seine Arbeitsschwerpunkte liegen im Bereich Architektur, Java EE und Konfigurationsmanagement.

Mehr Informationen unter www.eToSquare.de.

Bjørn Stachmann arbeitet als Senior Software Engineer mit Schwerpunkt Softwarearchitektur für die etracker GmbH in Hamburg und betreut dort Produktentwicklungen in PHP, Java und C++.

René Preißel · Bjørn Stachmann

Git

**Dezentrale Versionsverwaltung im Team
Grundlagen und Workflows**

2., aktualisierte und erweiterte Auflage

dpunkt.verlag

René Preißel
Bjørn Stachmann
E-Mail: git@eToSquare.de

Lektorat: René Schönfeldt
Copy-Editing: Friederike Daenecke, Zülpich
Satz: Da-TeX, Leipzig
Herstellung: Birgit Bäuerlein
Umschlaggestaltung: Helmut Kraus, www.exclam.de
Druck und Bindung: M.P. Media-Print Informationstechnologie GmbH, 33100 Paderborn

Bibliografische Information der Deutschen Nationalbibliothek
Die Deutsche Nationalbibliothek verzeichnet diese Publikation in der Deutschen Nationalbibliografie;
detaillierte bibliografische Daten sind im Internet über http://dnb.d-nb.de abrufbar.

ISBN 978-3-86490-130-0

2., aktualisierte und erweiterte Auflage 2014
Copyright © 2014 dpunkt.verlag GmbH
Wieblinger Weg 17
69123 Heidelberg

5 4 3 2 1 0

Dieses Buch wurde, selbstverständlich, mit Git erstellt:

Version (Commit-Hash):
commit f7c243994f6e8cebb0e13f6a7e31bbf60f6c6d63
Author: Bjørn Stachmann

    Leerzeichen hinter Optionen wieder eingefügt

Anzahl Commits:

    1357

Änderungsstatistik:

 541 files changed, 271190 insertions(+), 228 deletions(-)

Status:

On branch stable
Your branch is ahead of 'origin/stable' by 6 commits.
#
nothing to commit (working directory clean)

Vorwort

Warum Git?

Git hat eine rasante Erfolgsgeschichte hinter sich. Im April 2005 begann Linus Torvalds, Git zu implementieren, weil er keinen Gefallen an den damals verfügbaren Open-Source-Versionsverwaltungen fand. Heute, im Juli 2013, liefert Google Millionen von Suchtreffern, wenn man nach »git version control« sucht. Für neue Open-Source-Projekte ist es fast schon zum Standard geworden. Viele große Open-Source-Projekte sind bereits zu Git migriert oder sind dabei, dies zu tun.

Arbeiten mit Branches: Mit Git können viele Entwickler parallel auf dezentralen Repositorys arbeiten. Dabei entstehen viele unterschiedliche Entwicklungsstränge. Die Stärke von Git liegt in den Werkzeugen, die helfen, diese Entwicklungsstränge wieder zusammenzuführen: *Merging*, *Rebasing*, *Cherry-Picking* etc.

Flexibilität in den Workflows: Manche sagen, dass Git im Grunde gar keine Versionsverwaltung sei, sondern ein Baukasten, aus dem sich jeder seine eigene Versionsverwaltung zusammensetzen kann. Git ist außergewöhnlich flexibel. Ein einzelner Entwickler kann es für sich alleine nutzen, agile Teams finden leichtgewichtige Arbeitsweisen damit, aber auch große internationale Projekte mit zahlreichen Entwicklern an mehreren Standorten können passende Workflows entwickeln.

Contribution: Die meisten Open-Source-Projekte existieren durch freiwillige Beiträge von Entwicklern. Es ist wichtig, das Beitragen so einfach wie nur möglich zu machen. Bei zentralen Versionsverwaltungen wird dies oft erschwert, weil man nicht jedem schreibenden Zugriff auf das Repository geben möchte. Jeder kann ein Git-Repository klonen, damit vollwertig arbeiten und dann später die Änderungen weitergeben (siehe auch »Pull-Request« auf Seite 125).

Performance: Auch bei Projekten mit vielen Dateien und langen Historien bleibt Git schnell. In weniger als einer halben Minute wechselt es zum Beispiel von der aktuellen Version auf eine sechs Jahre ältere Version der Linux-Kernel-Sourcen – auf einem kleinen Mac-

Book Air. Das kann sich sehen lassen, wenn man bedenkt, dass über 200.000 Commits und 40.000 veränderte Dateien dazwischen liegen.

Robust gegen Fehler und Angriffe: Da die Historie auf viele dezentrale Repositorys verteilt wird, ist ein schwerwiegender Datenverlust unwahrscheinlich. Eine genial simple Datenstruktur im Repository sorgt dafür, dass die Daten auch in ferner Zukunft interpretierbar bleiben. Der durchgängige Einsatz kryptografischer Prüfsummen erschwert es Angreifern, Repositorys unbemerkt zu korrumpieren.

Offline- und Multisite-Entwicklung: Die dezentrale Architektur macht es leicht, offline zu entwickeln, etwa unterwegs mit dem Laptop. Bei der Entwicklung an mehreren Standorten ist weder ein zentraler Server noch eine dauerhafte Netzwerkverbindung erforderlich.

Starke Open-Source-Community: Neben der detaillierten offiziellen Dokumentation unterstützen zahlreiche Anleitungen, Foren, Wikis etc. den Anwender. Es existiert ein Ökosystem aus Tools, Hosting-Plattformen, Publikationen, Dienstleistern und Plug-ins für Entwicklungsumgebungen, und es wächst stark.

Erweiterbarkeit: Git bietet neben komfortablen Befehlen für den Anwender auch elementare Befehle, die einen direkteren Zugang zum Repository erlauben. Dies macht Git sehr flexibel und ermöglicht individuelle Anwendungen, die über das hinausgehen, was Git von Haus aus bietet.

Zur zweiten Auflage

Ein Buch für professionelle Entwickler

Wenn Sie Entwickler sind, im Team Software herstellen und wissen wollen, wie man Git effektiv einsetzt, dann halten Sie jetzt das richtige Buch in der Hand. Dieses Buch ist kein theorielastiger Wälzer und auch kein umfassendes Nachschlagewerk. Es beschreibt nicht alle Befehle von Git (es sind mehr als 100). Es beschreibt erst recht nicht alle Optionen (einige Befehle bieten über 50 an). Stattdessen beschreibt dieses Buch, wie man Git in typischen Projektsituationen einsetzen kann, z. B. wie man ein Git-Projekt aufsetzt oder wie man mit Git ein Release durchführt.

Ein Projekt aufsetzen
→ *Seite 111*
Release durchführen
→ *Seite 179*

Die Zutaten

Erste Schritte: In weniger als einem Dutzend Seiten zeigt ein Beispiel alle wichtigen Git-Befehle.

Einführung: Auf weniger als hundert Seiten erfahren Sie, was man benötigt, um mit Git im Team arbeiten zu können. Zahlreiche Beispiele zeigen, wie man die wichtigsten Git-Befehle anwendet. Darüber hinaus werden wesentliche Grundbegriffe, wie zum Beispiel Commit, Repository, Branch, Merge oder Rebase, erklärt, die Ihnen helfen zu verstehen, wie Git funktioniert, damit Sie die Befehle gezielter einsetzen können. Hier finden Sie auch einen Abschnitt mit Tipps und Tricks, die man nicht jeden Tag braucht, die aber manchmal nützlich sein können.

Workflows: Workflows beschreiben Szenarien, wie man Git im Projekt einsetzen kann, zum Beispiel wenn man ein Release durchführen möchte (»Ein Release durchführen« (Seite 179)). Für jeden Workflow wird beschrieben,

- welches Problem er löst,
- welche Voraussetzungen dazu gegeben sein müsssen und
- wer wann was zu tun hat,

damit das gewünschte Ergebnis erreicht wird.

»Warum nicht anders?«-Abschnitte: Jeder Workflow beschreibt genau einen konkreten Lösungsweg. In Git gibt es häufig sehr unterschiedliche Wege, um dasselbe Ziel zu erreichen. Im letzten Teil eines jeden Workflow-Kapitels wird erklärt, warum wir genau diese eine Lösung gewählt haben. Dort werden auch Varianten und Alternativen erwähnt, die für Sie interessant sind, wenn in Ihrem Projekt andere Voraussetzungen gegeben sind oder wenn Sie mehr über die Hintergründe wissen wollen.

»Schritt für Schritt«-Anleitungen Häufig benötigte Befehlsfolgen, wie zum Beispiel »Einen Branch verschieben« (Seite 69), haben wir in »Schritt für Schritt«-Anleitungen beschrieben.

Gleich ausprobieren!
→ *Seite 9*

Was sind Commits?
→ *Seite 19*

Tipps und Tricks
→ *Seite 101*

Workflow-Verzeichnis
→ *Seite 263*

»Schritt für Schritt«-Anleitungen
→ *Seite 260*

Warum Workflows?

Git ist extrem flexibel. Das ist gut, weil es für die unterschiedlichsten Projekte taugt. Vom einzelnen Sysadmin, der »mal eben« ein paar Shell-Skripte versioniert, bis hin zum Linux-Kernel-Projekt, an dem Hunderte von Entwicklern arbeiten, ist alles machbar. Diese Flexibilität hat jedoch ihren Preis. Wer mit Git zu arbeiten beginnt, muss viele Entscheidungen treffen. Zum Beispiel:

- In Git hat man dezentrale Repositorys. Aber möchte man wirklich nur dezentral arbeiten? Oder richtet man doch lieber ein zentrales Repository ein?
- Git unterstützt zwei Richtungen für den Datentransfer: Push und Pull. Benutzt man beide? Falls ja: Wofür verwendet man das eine? Wofür das andere?
- Branching und Merging ist eine Stärke von Git. Aber wie viele Branches öffnet man? Einen für jedes Feature? Einen für jedes Release? Oder überhaupt nur einen?

Um den Einstieg zu erleichtern, haben wir 11 Workflows beschrieben:

- Die Workflows sind Arbeitsabläufe für den Projektalltag.
- Die Workflows geben konkrete Handlungsanweisungen.
- Die Workflows zeigen die benötigten Befehle und Optionen.
- Die Workflows eignen sich gut für eng zusammenarbeitende Teams, so wie man sie in modernen Softwareprojekten häufig antrifft.
- Die Workflows sind *nicht* die einzige richtige Lösung für das jeweilige Problem. Aber sie sind ein guter Startpunkt, von dem man ausgehen kann, um optimale Workflows für das eigene Projekt zu entwickeln.

Wir konzentrieren uns auf agile Entwicklung im Team für kommerzielle Projekte, weil wir glauben, dass sehr viele professionelle Entwickler (die Autoren inklusive) in solchen Umgebungen arbeiten. Nicht berücksichtigt haben wir die speziellen Anforderungen, die sich für Großprojekte ergeben, weil sie die Workflows deutlich aufgebläht hätten und weil wir glauben, dass sie für die meisten Entwickler nicht so interessant sind. Ebenfalls unberücksichtigt bleibt die Open-Source-Entwicklung, obwohl es auch dafür sehr interessante Workflows mit Git gibt.

Tipps zum Querlesen

Als Autoren wünschen wir uns natürlich, dass Sie unser Buch von Seite 1 bis Seite 258 am Stück verschlingen, ohne es zwischendrin aus der Hand zu legen. Aber, mal ehrlich: Haben Sie genug Zeit, um heute noch mehr als ein paar Seiten zu lesen? Wir vermuten, dass in Ihrem Projekt gerade die Hölle los ist und dass das Arbeiten mit Git nur eines von hundert Themen ist, mit denen Sie sich gerade beschäftigen. Deshalb haben wir uns Mühe gegeben, das Buch so zu gestalten, dass man es gut querlesen kann. Hier sind ein paar Tipps dazu:

Muss ich die Einführungskapitel lesen, um die Workflows zu verstehen?

Falls Sie noch keine Vorkenntnisse in Git haben, lautet die Antwort: am besten ja. Grundlegende Befehle und Prinzipien sollten Sie kennen, um die Workflows korrekt einsetzen zu können.

Ich habe schon mit Git gearbeitet. Welche Kapitel kann ich überspringen?

Auf der letzten Seite in jedem Einführungskapitel 1 bis 11 gibt es eine Zusammenfassung der Inhalte in Stichworten. Dort können Sie sehr schnell sehen, ob es in dem Kapitel für Sie noch Dinge zu entdecken gibt oder ob Sie es überspringen können. Die folgenden Kapitel können Sie relativ gut überspringen, weil sie nur für einige Workflows relevant sind:

Zusammenfassung am Ende der Einführungskapitel

Kapitel 5, Das Repository
Kapitel 8, Mit Rebasing die Historie glätten
Kapitel 10, Versionen markieren
Kapitel 11, Abhängigkeiten zwischen Repositorys

Überspringen Sie diese Kapitel, wenn Sie es eilig haben.

Wo finde ich was?

Workflows: Ein Verzeichnis aller Workflows mit Kurzbeschreibungen und Überblicksabbildung finden Sie im Anhang.

Workflow-Verzeichnis → Seite 263

»Schritt für Schritt«-Anleitungen: Wir haben alle Anleitungen im Anhang aufgelistet.

Anleitungsverzeichnis → Seite 260

Befehle und Optionen: Wenn Sie beispielsweise wissen wollen, wie man die Option `find-copies-harder` verwendet und zu welchem Befehl sie gehört, dann schauen Sie in den Index. Dort sind fast alle Verwendungen von Befehlen und Optionen aufgeführt. Oft haben wir jene Seitenzahl **fett** hervorgehoben, wo Sie am meisten Informationen zu dem Befehl oder der Option finden.

Index → Seite 269

Fachbegriffe: Fachbegriffe, wie zum Beispiel »First-Parent-Historie« oder »Remote-Tracking-Branch«, finden Sie natürlich auch im Index.

Index → Seite 269

Beispiele und Notation

Grafische Werkzeuge
für Git → Seite 246

Viele Beispiele in diesem Buch beschreiben wir mit Kommandozeilenaufrufen. Das soll nicht heißen, dass es dafür keine grafischen Benutzeroberflächen gibt. Im Gegenteil: Git bringt zwei einfache grafische Anwendungen bereits mit: gitk und git-gui. Darüber hinaus gibt es zahlreiche Git-Frontends (z. B. Atlassian SourceTree[1], TortoiseGit[2], SmartGit[3], GitX[4], Git Extensions[5], tig[6], qgit[7]), einige Entwicklungsumgebungen, die Git von Haus aus unterstützen (IntelliJ[8], Xcode 4[9]), und viele Plug-ins für Entwicklungsumgebungen (z. B. EGit für Eclipse[10], NBGit für NetBeans[11], Git Extensions für Visual Studio[12]). Wir haben uns trotzdem für die Kommandozeilenbeispiele entschieden, weil

- Git-Kommandozeilenbefehle auf allen Plattformen fast gleich funktionieren,
- die Beispiele auch mit künftigen Versionen funktionieren werden,
- man damit Workflows sehr kompakt darstellen kann und weil
- wir glauben, dass das Arbeiten mit der Kommandozeile für viele Anwendungsfälle unschlagbar effizient ist.

In den Beispielen arbeiten wir mit der Bash-Shell, die auf Linux- und Mac-OS-Systemen standardmäßig vorhanden ist. Auf Windows-Systemen kann man die »Git Bash«-Shell (sie ist in der msysgit-Installation enthalten) oder »cygwin« verwenden. Die Kommandozeilenaufrufe stellen wir wie folgt dar:

```
> git commit
```

An den Stellen, wo es inhaltlich interessant ist, zeigen wir auch die Antwort, die Git geliefert hat, in etwas kleinerer Schrift dahinter an:

```
> git --version
git version 1.8.3.4
```

---

[1] http://www.sourcetreeapp.com/
[2] http://code.google.com/p/tortoisegit/
[3] http://www.syntevo.com/smartgit/
[4] http://gitx.frim.nl/
[5] http://code.google.com/p/gitextensions/
[6] http://jonas.nitro.dk/tig/
[7] http://sourceforge.net/projects/qgit/
[8] http://www.jetbrains.com/idea/
[9] http://developer.apple.com/technologies/tools/
[10] http://eclipse.org/egit/
[11] http://nbgit.org/
[12] http://code.google.com/p/gitextensions/

Danksagungen

Danksagungen zur ersten Auflage

Rückblickend sind wir erstaunt, wie viele Leute auf die eine oder andere Weise zum Entstehen dieses Buchs beigetragen haben. Wir möchten uns ganz herzlich bei all jenen bedanken, ohne die dieses Buch nicht das geworden wäre, was es jetzt ist.

An erster Stelle danken wir Anke, Jan, Elke und Annika, die sich inzwischen kaum noch daran erinnern, wie wir ohne einen Laptop unter den Fingern aussehen.

Dann danken wir dem freundlichen Team vom dpunkt.verlag, insbesondere Vanessa Wittmer, Nadine Thiele und Ursula Zimpfer. Besonderer Dank gebührt aber René Schönfeldt, der das Projekt angestoßen und vom ersten Tag bis zur letzten Korrektur begleitet hat. Außerdem bekanken wir uns bei Maurice Kowalski, Jochen Schlosser, Oliver Zeigermann, Ralf Degner, Michael Schulze-Ruhfus und einem halben Dutzend anonymer Gutachter für die wertvollen inhaltlichen Beiträge, die sehr geholfen haben, das Buch besser zu machen. Für den allerersten Anstoß danken wir Matthias Veit, der eines Tages zu Bjørn kam und meinte, Subversion wäre nun doch schon etwas in die Jahre gekommen und man solle sich doch mal nach etwas Schönerem umsehen, zum Beispiel gäbe es da so ein Tool, das die Entwickler des Linux-Kernel neuerdings nutzen würden . . .

Danksagungen zur zweiten Auflage

Ein besonders herzlicher Dank geht an unseren Leser Herrn Ulrich Windl, der das Buch aufmerksamer gelesen hat als die meisten und uns eine lange Liste von Korrekturvorschlägen, Fragen und Verbesserungsvorschlägen zugesandt hat. Sie haben wesentlich dazu beigetragen, dass diese Auflage besser und präziser ist als die erste.

Ebenfalls danken wir Henrik Heine, Malte Finsterwalder und Tjabo Vierbücher für gute Hinweise und Korrekturvorschläge.

»Standing on the Shoulders of Giants«

Ein besonderer Dank geht an Linus Torvalds, Junio C. Hamano und die vielen Committer im Git-Projekt dafür, dass sie der Entwickler-Community dieses fantastische Tool geschenkt haben.

Inhaltsverzeichnis

Workflows

Workflows: Entwickeln mit Git

Workflows: Entwicklungsprozess

Workflows: Repositorys pflegen

Workflows: Umstieg auf Git

Mehr über Git

Index und Verzeichnisse

1 Grundlegende Konzepte

Dieses Kapitel macht Sie mit den Ideen einer dezentralen Versionsverwaltung vertraut und zeigt die Unterschiede zu einer zentralen Versionsverwaltung auf. Anschließend erfahren Sie, wie dezentrale *Repositorys* funktionieren und warum Branching und Merging keine fortgeschrittenen Themen in Git sind.

1.1 Dezentrale Versionsverwaltung – alles anders?

Bevor wir uns den Konzepten dezentraler Versionsverwaltung widmen, werfen wir einen kurzen Blick auf die klassische Architektur zentraler Versionsverwaltungen.

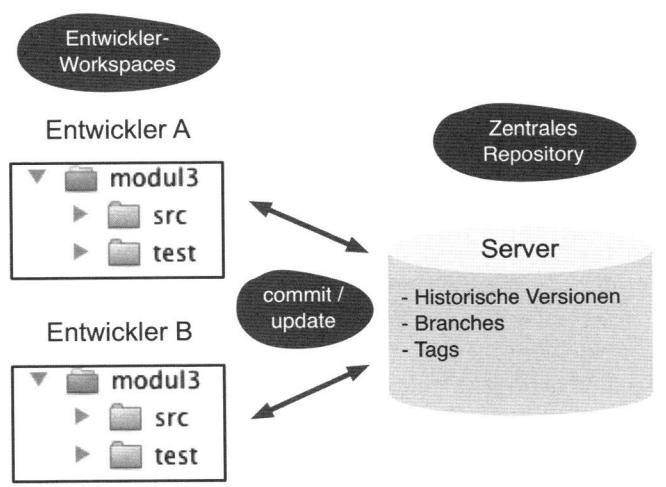

Abb. 1-1
Zentrale
Versionsverwaltung

Abbildung 1-1 zeigt die typische Aufteilung einer zentralen Versionsverwaltung, z. B. von CVS oder Subversion. Jeder Entwickler hat auf seinem Rechner ein Arbeitsverzeichnis (*Workspace*) mit allen Projektdateien. Diese bearbeitet er, und er schickt die Änderungen regelmäßig per *Commit* an den zentralen Server. Per *Update* holt er die Änderungen der anderen Entwickler ab. Der zentrale Server speichert die aktuellen und historischen Versionen der Dateien (*Repository*). Parallele Entwicklungsstränge (*Branches*) und benannte Versionen (*Tags*) werden auch zentral verwaltet.

Abb. 1-2
Dezentrale
Versionsverwaltung

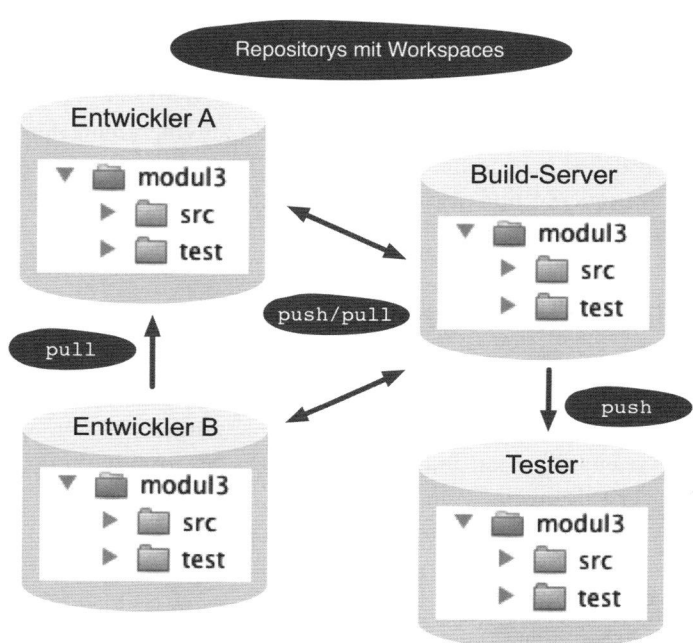

Das Repository
→ *Seite 37*

Was sind Commits?
→ *Seite 19*

Austausch zwischen
Repositorys → *Seite 73*

Bei einer dezentralen Versionsverwaltung (Abbildung 1-2) gibt es keine Trennung zwischen Entwickler- und Serverumgebung. Jeder Entwickler hat sowohl einen *Workspace* mit den in Arbeit befindlichen Dateien als auch ein eigenes lokales *Repository* (genannt *Klon*) mit allen Versionen, *Branches* und *Tags*. Änderungen werden auch hier durch ein *Commit* festgeschrieben, jedoch zunächst nur im lokalen *Repository*. Andere Entwickler sehen die neuen Versionen nicht sofort. *Push*- und *Pull*-Befehle übertragen Änderungen dann von einem *Repository* zum anderen. Technisch gesehen sind in der dezentralen Architektur alle *Repositorys* gleichwertig. Theoretisch bräuchte es keinen Server: Man könnte alle Änderungen direkt von Entwicklerrechner zu Entwicklerrechner übertragen. In der Praxis spielen *Repositorys* auf Servern auch in Git eine wichtige Rolle, zum Beispiel in Form von folgenden spezifischen *Repositorys*:

Blessed Repository: Aus diesem *Repository* werden die »offiziellen« Releases erstellt.

Ein Projekt aufsetzen
→ *Seite 111*

Shared Repository: Dieses Repository dient dem Austausch zwischen den Entwicklern im Team. In kleinen Projekten kann hierzu auch das *Blessed Repository* genutzt werden. Bei einer Multisite-Entwicklung kann es auch mehrere geben.

Workflow Repository: Ein solches *Repository* wird nur mit Änderungen befüllt, die einen bestimmten Status im Workflow erreicht haben, z. B. nach erfolgreichem Review.

Fork Repository: Dieses Repository dient der Entkopplung von der Entwicklungshauptlinie (zum Beispiel für große Umbauten, die nicht in den normalen Releasezyklus passen) oder für experimentelle Entwicklungen, die vielleicht nie in den Hauptstrang einfließen sollen.

Folgende Vorteile ergeben sich aus dem dezentralen Vorgehen:

Hohe Performance: Fast alle Operationen werden ohne Netzwerkzugriff lokal durchgeführt.

Effiziente Arbeitsweisen: Entwickler können lokale *Branches* benutzen, um schnell zwischen verschiedenen Aufgaben zu wechseln.

Offline-Fähigkeit: Entwickler können ohne Serververbindung *Commits* durchführen, *Branches* anlegen, Versionen taggen etc. und diese erst später übertragen.

Flexibilität der Entwicklungsprozesse: In Teams und Unternehmen können spezielle *Repositorys* angelegt werden, um mit anderen Abteilungen, z. B. den Testern, zu kommunizieren. Änderungen werden einfach durch ein Push in dieses *Repository* freigegeben.

Backup: Jeder Entwickler hat eine Kopie des *Repositorys* mit einer vollständigen Historie. Somit ist die Wahrscheinlichkeit minimal, durch einen Serverausfall Daten zu verlieren.

Wartbarkeit: Knifflige Umstrukturierungen kann man zunächst auf einer Kopie des *Repositorys* erproben, bevor man sie in das Original-*Repository* überträgt.

1.2   Das Repository – die Grundlage dezentralen Arbeitens

Das *Repository* ist im Kern ein effizienter Datenspeicher. Im Wesentlichen enthält es:

Das Repository
→ *Seite 37*

Inhalte von Dateien (Blobs): Dies sind Texte oder binäre Daten. Die Daten werden unabhängig von Dateinamen gespeichert.

Verzeichnisse (Trees): Verzeichnisse verknüpfen Dateinamen mit Inhalten. Verzeichnisse können wiederum andere Verzeichnisse beinhalten.

Versionen (Commits): Versionen definieren einen wiederherstellbaren Zustand eines Verzeichnisses. Beim Anlegen einer neuen Version werden der Autor, die Uhrzeit, ein Kommentar und die Vorgängerversion gespeichert.

Abb. 1-3
Ablage von Objekten
im Repository

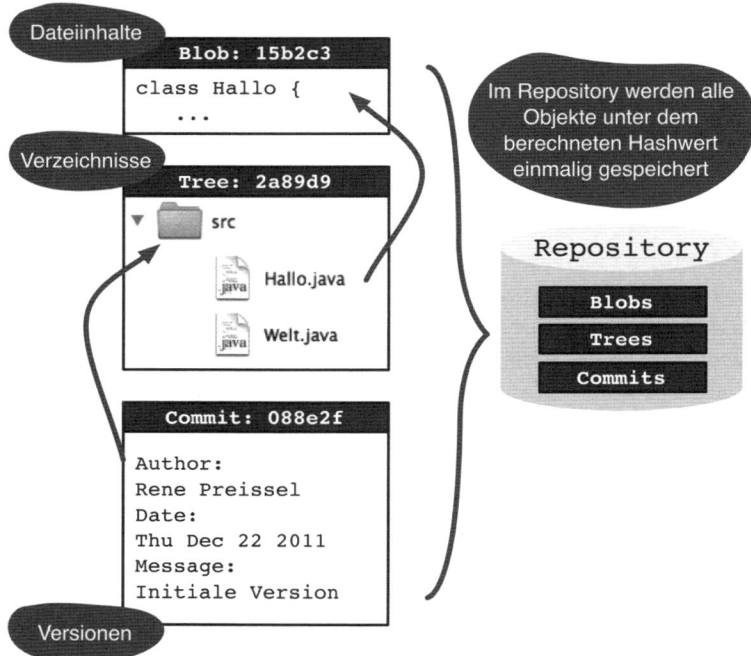

Für alle Daten wird ein hexadezimaler *Hashwert* berechnet, z. B. `1632acb65b01c6b621d6e1105205773931bb1a41`. Diese *Hashwerte* dienen als Referenz zwischen den Objekten und als Schlüssel, um die Daten später wiederzufinden (Abbildung 1-3).

Die *Hashwerte* von *Commits* sind die »Versionsnummern« von Git. Haben Sie so einen *Hashwert* erhalten, können Sie überprüfen, ob diese Version im *Repository* enthalten ist, und können das zugehörige Verzeichnis im *Workspace* wiederherstellen. Falls die Version nicht vorhanden ist, können Sie das *Commit* mit allen referenzierten Objekten aus einem anderen *Repository* importieren (*Pull*).

Folgende Vorteile ergeben sich aus der Verwendung von Hashwerten und der Repository-Struktur:

Hohe Performance: Der Zugriff auf Daten über den *Hashwert* geht sehr schnell.

Redundanzfreie Speicherung: Identische Dateiinhalte müssen nur einmal abgelegt werden.

Dezentrale Versionsnummern: Da sich die *Hashwerte* aus den Inhalten der Dateien, dem Autor und dem Zeitpunkt berechnen, können Versionen auch »offline« erzeugt werden, ohne dass es später zu Konflikten kommt.

Effizienter Abgleich zwischen *Repositorys*: Werden *Commits* von einem *Repository* in ein anderes *Repository* übertragen, müssen nur die noch nicht vorhandenen Objekte kopiert werden. Das Erkennen, ob ein Objekt bereits vorhanden ist, ist dank der *Hashwerte* sehr performant.

Integrität der Daten: Der *Hashwert* wird aus dem Inhalt der Daten berechnet. Man kann Git jederzeit prüfen lassen, ob Daten und *Hashwerte* zueinanderpassen. Unabsichtliche Veränderungen oder böswillige Manipulationen der Daten werden so erkannt.

Automatische Erkennung von Umbenennungen: Werden Dateien umbenannt, wird das automatisch erkannt, da sich der *Hashwert* des Inhaltes nicht ändert. Es sind somit keine speziellen Befehle zum Umbenennen und Verschieben notwendig.

1.3   Branching und Merging – ganz einfach!

Die Entwicklung aufzuzweigen (Branching) und wieder zusammenzuführen (Merging) sind bei den meisten Versionsverwaltungen Ausnahmesituationen und gehören zu den fortgeschrittenen Themen. Ursprünglich wurde Git für die Entwickler des Linux-Kernels geschaffen, die dezentral über die ganze Welt verteilt arbeiten. Das Zusammenführen der vielen Einzelergebnisse ist dabei eine der größten Herausforderungen. Deshalb ist Git so konzipiert, dass es das Branching und Merging so einfach und sicher wie nur möglich macht.

Branches verzweigen
→ *Seite 45*

In Abbildung 1-4 ist dargestellt, wie durch paralleles Arbeiten *Branches* entstehen. Jeder Punkt repräsentiert eine Version (*Commit*) des Projekts. In Git kann immer nur das gesamte Projekt versioniert werden, und somit repräsentiert so ein Punkt die zusammengehörigen Versionen mehrerer Dateien.

Beide Entwickler beginnen mit derselben Version. Nachdem beide Entwickler Änderungen durchgeführt haben, wird jeweils ein neues *Commit* angelegt. Da beide Entwickler ihr eigenes *Repository* haben, existieren jetzt zwei verschiedene Versionen des Projekts – zwei *Branches* sind entstanden. Wenn ein Entwickler die Änderungen des anderen in sein *Repository* importiert, kann er Git die Versionen zusammenführen lassen (*Merge*). Ist dies erfolgreich, so entsteht daraus ein *Merge-Commit*, das beide Änderungen enthält. Wenn der andere Entwickler dieses *Commit* abholt, sind beide wieder auf einem gemeinsamen Stand.

Abb. 1-4
Branches entstehen
durch paralleles
Arbeiten.

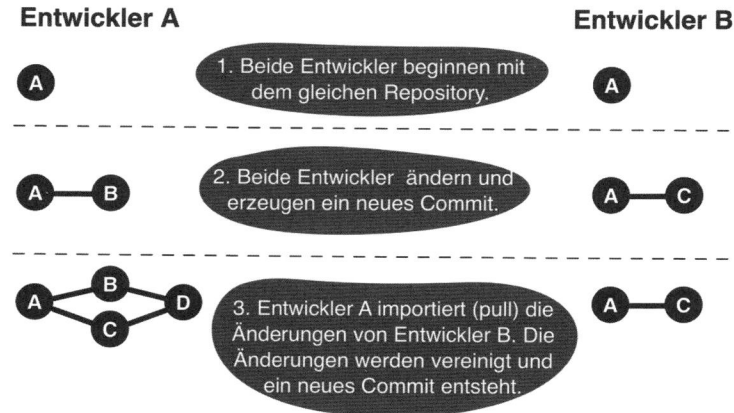

Mit Feature-Branches
entwickeln → Seite 135

Im vorigen Beispiel ist eine Verzweigung ungeplant entstanden, einfach weil zwei Entwickler parallel an derselben Software gearbeitet haben. Natürlich kann man in Git eine Verzweigung auch gezielt beginnen und einen *Branch* explizit anlegen (siehe Abbildung 1-5). Dies wird häufig genutzt, um die parallele Entwicklung von Features zu koordinieren (*Feature-Branches*).

Abb. 1-5
Explizite Branches für
unterschiedliche
Aufgaben

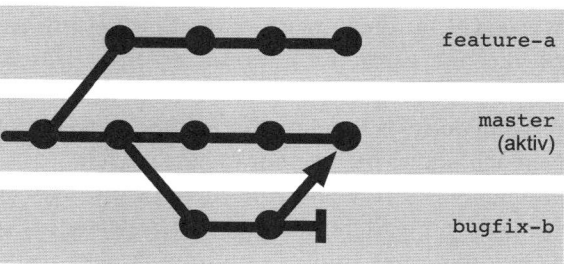

Beim Austausch zwischen *Repositorys* (*Pull* und *Push*) kann explizit entschieden werden, welche *Branches* übertragen werden. Neben dem einfachen Verzweigen und Zusammenführen erlaubt Git auch noch folgende Aktionen mit *Branches*:

Umpflanzen von Branches: Die *Commits* eines *Branch* können auf einen anderen *Branch* verschoben werden.

Übertragen einzelner Änderungen: Einzelne *Commits* können von einen *Branch* auf einen anderen *Branch* kopiert werden, z. B. Bugfixes (was *Cherry-Picking* genannt wird).

Historie aufräumen: Die Historie eines *Branch* kann umgestaltet werden, d. h., es können *Commits* zusammengefasst, umsortiert und gelöscht werden. Dadurch können die Historien besser als Dokumentation der Entwicklung genutzt werden (was man *interaktives Rebasing* nennt).

Mit Rebasing die Historie glätten
→ *Seite 65*

Interaktives Rebasing
→ *Seite 243*

1.4   Zusammenfassung

Nach dem Lesen der letzten Abschnitte sind Sie mit den grundlegenden Konzepten von Git vertraut. Selbst wenn Sie jetzt das Buch aus der Hand legen sollten (was wir nicht hoffen!), können Sie an einer Grundsatzdiskussion über dezentrale Versionsverwaltungen, die Notwendigkeit und Sinnhaftigkeit von Hashwerten sowie über das permanente Branching und Merging in Git teilnehmen.

Vielleicht stellen Sie sich aber auch gerade folgende Fragen:

Wie soll ich mit diesen allgemeinen Konzepten mein Projekt verwalten?

Wie koordiniere ich die vielen *Repositorys*?

Wie viele *Branches* benötige ich?

Wie integriere ich meinen Build-Server?

Für die erste Frage lesen Sie schnell das nächste Kapitel. Dort erfahren Sie konkret, mit welchen Befehlen Sie ein *Repository* anlegen, Dateien versionieren und *Commits* zwischen *Repositorys* austauschen können. Für die anderen Fragen gibt es nach den Grundlagenkapiteln detaillierte Workflows.

Falls Sie ein vielbeschäftigter Manager sind und noch nach Gründen suchen, warum Sie Git einsetzen müssen oder auch nicht, dann schauen Sie sich am besten als Nächstes das Kapitel »Grenzen von Git« ab Seite 253 an.

Erste Schritte → *Seite 9*

Workflow-Einführung
→ *Seite 107*

2 Erste Schritte

Sie können Git sofort ausprobieren, wenn Sie möchten. Dieses Kapitel beschreibt, wie man das erste Projekt einrichtet. Es zeigt Kommandos zum Versionieren von Änderungen, zum Ansehen der Historie und zum Austausch von Versionen mit anderen Entwicklern.

2.1 Git einrichten

Zunächst müssen Sie Git installieren. Sie finden alles Nötige hierzu auf der Git-Website:

```
http://git-scm.com/download
```

Git ist in hohem Maße konfigurierbar. Für den Anfang genügt es aber, wenn Sie Ihren Benutzernamen und Ihre E-Mail-Adresse mit dem config-Befehl eintragen.

```
> git config --global user.email "hans@mustermann.de"
```

2.2 Das erste Projekt mit Git

Am besten ist es, wenn Sie ein eigenes Projekt verwenden, um Git zu erproben. Beginnen Sie mit einem einfachen kleinen Projekt. Unser Beispiel zeigt ein winziges Projekt namens erste-schritte mit zwei Textdateien.

Abb. 2-1
Unser Beispielprojekt

Tipp: Sicherungskopie nicht vergessen!

Erstellen Sie eine Sicherungskopie, bevor Sie das Beispiel mit Ihrem Lieblingsprojekt durchspielen! Es ist gar nicht so leicht, in Git etwas endgültig zu löschen oder »kaputt« zu machen, und Git warnt meist deutlich, wenn Sie dabei sind, etwas »Gefährliches« zu tun. Trotzdem: Vorsicht bleibt die Mutter der Porzellankiste.

Repository anlegen

Als Erstes wird das *Repository* angelegt, in dem die Historie des Projekts gespeichert werden soll. Dies erledigt der `init`-Befehl im Projektverzeichnis. Ein Projektverzeichnis mit einem *Repository* nennt man einen *Workspace*.

```
> cd /projekte/erste-schritte
> git init
Initialized empty Git repository in /projekte/erste-schritte/.git/
```

Git hat im Verzeichnis /projekte/erste-schritte ein *Repository* angelegt, aber noch keine Dateien hinzugefügt. **Achtung!** Das *Repository* liegt in einem verborgenen Verzeichnis namens .git und wird im Explorer (bzw. Finder) unter Umständen nicht angezeigt.

Abb. 2-2
Das
Repository-Verzeichnis

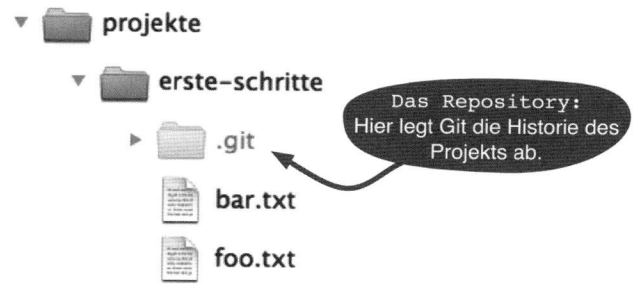

Das erste Commit

Als Nächstes können Sie die Dateien foo.txt und bar.txt ins *Repository* bringen. Eine Projektversion heißt bei Git ein *Commit* und wird in zwei Schritten angelegt. Als Erstes bestimmt man mit dem add-Befehl, welche Dateien in das nächste *Commit* aufgenommen werden sollen. Danach überträgt der commit-Befehl die Änderungen ins *Repository* und vergibt einen sogenannten *Commit-Hash* (hier 2f43cd0), der das neue *Commit* identifiziert.

```
> git add foo.txt bar.txt
> git commit --message "Beispielprojekt importiert."
master (root-commit) 2f43cd0] Beispielprojekt importiert.
 2 files changed, 2 insertions(+), 0 deletions(-)
 create mode 100644 bar.txt
 create mode 100644 foo.txt
```

Status abfragen

Jetzt ändern Sie foo.txt, löschen bar.txt und fügen eine neue Datei bar.html hinzu. Der status-Befehl zeigt alle Änderungen seit dem letzten *Commit* an. Die neue Datei bar.html wird übrigens als *untracked* angezeigt, weil sie noch nicht mit dem add-Befehl angemeldet wurde.

```
> git status
# On branch master
# Changed but not updated:
#   (use "git add/rm <file>..." to update what will be committed)
#   (use "git checkout -- <file>..." to discard changes in
#                                         working directory)
#
#       deleted:    bar.txt
#       modified:   foo.txt
#
# Untracked files:
#   (use "git add <file>..." to include in what will be committed)
#
#       bar.html
no changes added to commit (use "git add" and/or "git commit -a")
```

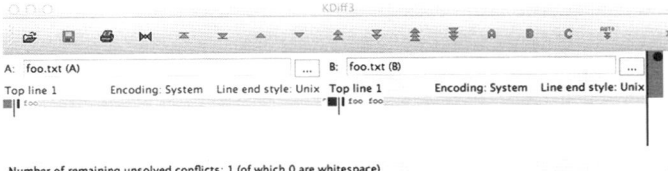

Abb. 2-3
Diff-Darstellung in grafischem Tool (kdiff3)

Wenn Sie mehr Details wissen wollen, zeigt Ihnen der diff-Befehl jede geänderte Zeile an. Die Ausgabe im diff-Format empfinden viele Menschen als schlecht lesbar, sie kann dafür aber gut maschinell verarbeitet werden. Es gibt glücklicherweise eine ganze Reihe von Tools und Entwicklungsumgebungen, die Änderungen übersichtlicher darstellen können (Abbildung 2-3).

```
> git diff foo.txt
diff --git a/foo.txt b/foo.txt
index 1910281..090387f 100644
--- a/foo.txt
+++ b/foo.txt
@@ -1 +1 @@
-foo
\ No newline at end of file
+foo foo
\ No newline at end of file
```

Ein Commit nach Änderungen

Für jedes neue *Commit* müssen die Änderungen angemeldet werden. Für geänderte und neue Dateien erledigt dies der add-Befehl. Gelöschte Dateien müssen mit dem rm-Befehl als gelöscht markiert werden.

```
> git add foo.txt bar.html
> git rm bar.txt
rm 'bar.txt'
```

Ein weiterer Aufruf des status-Befehls zeigt, was in den nächsten *Commit* aufgenommen wird.

```
> git status
# On branch master
# Changes to be committed:
#   (use "git reset HEAD <file>..." to unstage)
#
#       new file:   bar.html
#       deleted:    bar.txt
#       modified:   foo.txt
#
```

Mit dem commit-Befehl werden diese Änderungen übernommen.

```
> git commit --message "Einiges geändert."
[master 7ac0f38] Einiges geändert.
 3 files changed, 2 insertions(+), 2 deletions(-)
 create mode 100644 bar.html
 delete mode 100644 bar.txt
```

Historie betrachten

Der log-Befehl zeigt die Historie des Projekts. Die *Commits* sind chronologisch absteigend sortiert.

```
> git log
commit 7ac0f38f575a60940ec93c98de11966d784e9e4f
Author: Rene Preissel <rp@eToSquare.de>
Date:   Thu Dec 2 09:52:25 2010 +0100

    Einiges geändert.

commit 2f43cd047baadc1b52a8367b7cad2cb63bca05b7
Author: Rene Preissel <rp@eToSquare.de>
Date:   Thu Dec 2 09:44:24 2010 +0100

    Beispielprojekt importiert.
```

2.3   Zusammenarbeit mit Git

Sie haben jetzt einen *Workspace* mit Projektdateien und ein *Repository* mit der Historie des Projekts. Bei einer klassischen zentralen Versionsverwaltung (etwa CVS[1] oder Subversion[2]) hat jeder Entwickler einen eigenen *Workspace*, aber alle Entwickler teilen sich ein gemeinsames *Repository*. In Git hat **jeder Entwickler einen eigenen *Workspace* <u>mit einem eigenen *Repository*</u>**, also eine vollwertige Versionsverwaltung, die nicht auf einen zentralen Server angewiesen ist. Entwickler, die gemeinsam an einem Projekt arbeiten, können *Commits* zwischen ihren *Repositorys* austauschen. Um dies auszuprobieren, legen Sie einen zusätzlichen *Workspace* an, in dem Aktivitäten eines zweiten Entwicklers simuliert werden.

Repository klonen

Der zusätzliche Entwickler braucht eine eigene Kopie (genannt *Klon*) des *Repositorys*. Sie beinhaltet alle Informationen, die das Original auch besitzt, d. h., die gesamte Projekthistorie wird mitkopiert. Dafür gibt es den `clone`-Befehl.

```
> git clone /projekte/erste-schritte
            /projekte/erste-schritte-klon
Cloning into erste-schritte-klon...
done.
```

Die Projektstruktur sieht nun so wie in Abbildung 2-4 auf Seite 14 aus.

Änderungen aus einem anderen Repository holen

Ändern Sie die Datei `erste-schritte/foo.txt`.

```
> cd /projekte/erste-schritte
> git add foo.txt
> git commit --message "Eine Änderung im Original."
```

---

[1] http://www.nongnu.org/cvs/
[2] http://subversion.apache.org/

Abb. 2-4
Das Beispielprojekt und sein Klon

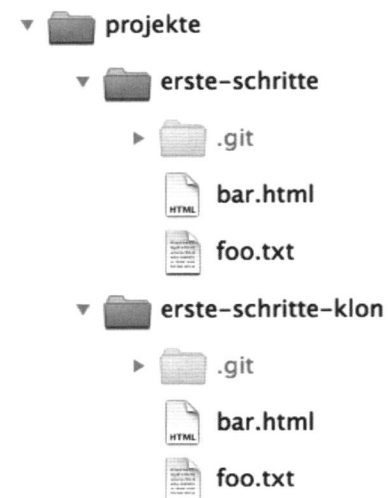

Das neue *Commit* ist jetzt im ursprünglichen *Repository* erste-schritte enthalten, es fehlt aber noch im *Klon* erste-schritte-klon. Zum besseren Verständnis zeigen wir hier noch das Log für erste-schritte:

```
> git log --oneline
a662055 Eine Änderung im Original.
7ac0f38 Einiges geändert.
2f43cd0 Beispielprojekt importiert.
```

Ändern Sie im nächsten Schritt die Datei erste-schritte-klon/bar.html im *Klon-Repository*.

```
> cd /projekte/erste-schritte-klon
> git add bar.html
> git commit --message "Eine Änderung im Klon."
> git log --oneline
1fcc06a Eine Änderung im Klon.
7ac0f38 Einiges geändert.
2f43cd0 Beispielprojekt importiert.
```

Sie haben jetzt in jedem der beiden *Repositorys* zwei gemeinsame *Commits* und jeweils ein neues *Commit*. Als Nächstes soll das neue *Commit* aus dem Original in den Klon übertragen werden. Dafür gibt es den pull-Befehl. Beim Klonen ist der Pfad zum *Original-Repository* im Klon hinterlegt worden. Der pull-Befehl weiß also, wo er neue *Commits* abholen soll.

```
> cd /projekte/erste-schritte-klon
> git pull
```

```
remote: Counting objects: 5, done.
remote: Compressing objects: 100% (2/2), done.
remote: Total 3 (delta 0), reused 0 (delta 0)
Unpacking objects: 100% (3/3), done.
From /projekte/erste-schritte
   7ac0f38..a662055  master     -> origin/master
Merge made by recursive.
 foo.txt |   2 +-
 1 files changed, 1 insertions(+), 1 deletions(-)
```

Der pull-Befehl hat die neuen Änderungen aus dem Original abgeholt, mit den lokalen Änderungen im Klon verglichen und beide Änderungen im *Workspace* zusammengeführt und ein neues *Commit* daraus erstellt. Man nennt dies einen *Merge*.

Achtung! Gelegentlich kommt es beim *Merge* zu Konflikten. Dann kann Git die Versionen nicht automatisch zusammenführen. Dann müssen Sie die Dateien zunächst manuell bereinigen und die Änderungen danach mit einem *Commit* bestätigen.

Branches zusammenführen
→ *Seite 53*

Ein erneuter log-Befehl zeigt das Ergebnis der Zusammenführung nach dem pull an. Diesmal nutzen wir eine grafische Variante des Logs.

```
> git log --graph
*   9e7d7b9 Merge branch 'master' of /projekte/erste-schritte
|\
| * a662055 Eine Änderung im Original.
* | 1fcc06a Eine Änderung im Klon.
|/
* 7ac0f38 Einiges geändert.
* 2f43cd0 Beispielprojekt importiert.
```

Die Historie ist nun nicht mehr linear. Im Graphen sehen Sie sehr schön die parallele Entwicklung (mittlere *Commits*) und das anschließende *Merge-Commit*, mit dem die *Branches* wieder zusammengeführt wurden (oben).

Änderungen aus beliebigen Repositorys abholen

Der pull-Befehl ohne Parameter funktioniert nur in geklonten *Repositorys*, da diese eine Verknüpfung zum originalen *Repository* haben. Beim pull-Befehl kann man den Pfad zu einem beliebigen *Repository* angeben. Als weiterer Parameter kann der *Branch* (Entwicklungszweig) angegeben werden, von dem Änderungen geholt werden. In unserem Beispiel gibt es nur den *Branch* master, der als Default von Git automatisch angelegt wird.

```
> cd /projekte/erste-schritte
> git pull /projekte/erste-schritte-klon master
remote: Counting objects: 8, done.
remote: Compressing objects: 100% (4/4), done.
remote: Total 5 (delta 0), reused 0 (delta 0)
Unpacking objects: 100% (5/5), done.
From /projekte/erste-schritte-klon
 * branch          master          -> FETCH_HEAD
Updating a662055..9e7d7b9
Fast-forward
 bar.html |    2 +-
 1 files changed, 1 insertions(+), 1 deletions(-)
```

Ein Repository für den Austausch erstellen

Neben dem pull-Befehl, der *Commits* von einem anderen *Repository* holt, gibt es auch einen push-Befehl, der *Commits* in ein anderes *Repository* überträgt. Der push-Befehl sollte allerdings nur auf *Repositorys* angewendet werden, auf denen gerade kein Entwickler arbeitet. Am besten erzeugt man sich dazu ein *Repository* ohne einen Workspace drumherum. Ein solches Repository wird als *Bare-Repository* bezeichnet. Es wird durch die Option --bare des clone-Befehls erzeugt. Man kann es als zentrale Anlaufstelle verwenden. Entwickler übertragen ihre *Commits* mit dem (push-Befehl) dorthin und holen sich mit dem pull-Befehl die *Commits* der anderen Entwickler dort ab. Man verwendet die Endung .git, um ein *Bare-Repository* zu kennzeichnen. Das Ergebnis sehen Sie in Abbildung 2-5.

```
> git clone --bare /projekte/erste-schritte
                    /projekte/erste-schritte-bare.git
Cloning into bare repository erste-schritte-bare.git...
done.
```

Änderungen mit push hochladen

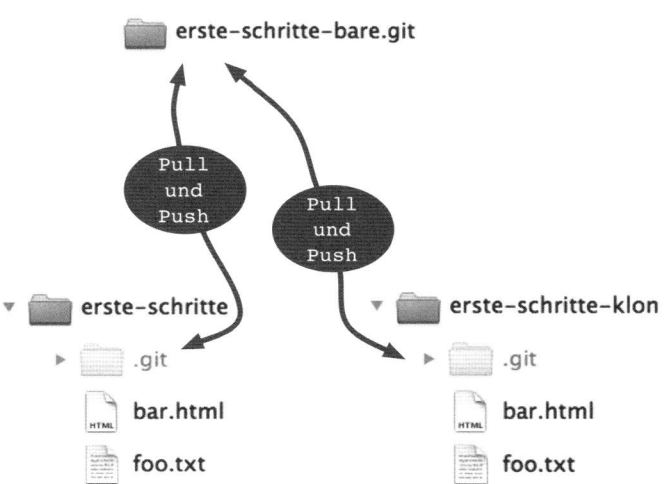

Abb. 2-6
Austausch über ein
gemeinsames
Repository

Zur Demonstration des push-Befehls ändern Sie noch mal die Datei erste-schritte/foo.txt und erstellen ein neues *Commit*.

```
> cd /projekte/erste-schritte
> git add foo.txt
> git commit --message "Weitere Änderung im Original."
```

Dieses *Commit* übertragen Sie dann mit dem push-Befehl in das zentrale *Repository* (Abbildung 2-6). Dieser Befehl erwartet dieselben Parameter wie der pull-Befehl – den Pfad zum *Repository* und den zu benutzenden *Branch*.

```
> git push /projekte/erste-schritte-bare.git master
Counting objects: 5, done.
Delta compression using up to 2 threads.
Compressing objects: 100% (2/2), done.
Writing objects: 100% (3/3), 293 bytes, done.
Total 3 (delta 0), reused 0 (delta 0)
Unpacking objects: 100% (3/3), done.
To /projekte/erste-schritte-bare.git/
   9e7d7b9..7e7e589  master -> master
```

Pull: Änderungen abholen

Um die Änderungen auch in das *Klon-Repository* zu holen, nutzen wir wieder den pull-Befehl mit dem Pfad zum zentralen *Repository*.

```
> cd /projekte/erste-schritte-klon
> git pull /projekte/erste-schritte-bare.git master
remote: Counting objects: 5, done.
remote: Compressing objects: 100% (2/2), done.
remote: Total 3 (delta 0), reused 0 (delta 0)
Unpacking objects: 100% (3/3), done.
From ../erste-schritte-bare
 * branch          master      -> FETCH_HEAD
Updating 9e7d7b9..7e7e589
Fast-forward
 foo.txt |    2 +-
 1 files changed, 1 insertions(+), 1 deletions(-)
```

Push verweigert!
Was tun? → *Seite 80*

Achtung! Hat ein anderer Entwickler vor uns ein push ausgeführt, verweigert der push-Befehl die Übertragung. Die neuen Änderungen müssen dann zuerst mit pull abgeholt und lokal zusammengeführt werden.

2.4   Zusammenfassung

Workspace und Repository: Ein *Workspace* ist ein Verzeichnis, das ein *Repository* in einem Unterverzeichnis .git enthält. Mit dem init-Befehl legt man ein *Repository* im aktuellen Verzeichnis an.

Commit: Ein Commit definiert einen Versionsstand für alle Dateien des Repositorys und beschreibt, wann, wo und von wem dieser Stand erstellt wurde. Mit dem add-Befehl bestimmt man, welche Dateien ins nächste *Commit* aufgenommen werden. Der commit-Befehl erstellt ein neues *Commit*.

Informationen abrufen: Der status-Befehl zeigt, welche Dateien lokal verändert wurden und welche Änderungen ins nächste *Commit* aufgenommen werden. Der log-Befehl zeigt die Historie der *Commits*. Mit dem diff-Befehl kann man sich die Änderungen bis auf die einzelne Zeile heruntergebrochen anzeigen lassen.

Klonen: Der clone-Befehl erstellt eine Kopie eines *Repositorys*, die Klon genannt wird. In der Regel hat jeder Entwickler einen vollwertigen Klon des Projekt-*Repositorys* mit der ganzen Projekthistorie in seinem *Workspace*. Mit diesem Klon kann er autark ohne Verbindung zu einem Server arbeiten.

Push und Pull: Mit den Befehlen push und pull werden *Commits* zwischen lokalen und entfernten *Repositorys* ausgetauscht.

3   Was sind Commits?

Der wichtigste Begriff in Git ist das *Commit*. Git verwaltet Versionen von Software, und jede Version wird als Commit in einem *Repository* abgelegt. Ein Commit umfasst dabei immer das ganze Projekt. Mit einem Commit wird für jede einzelne Datei des Projekts eine Kopie im Repository gespeichert.

Abbildung 3-1 zeigt eine Zusammenfassung[1] wichtiger Informationen zu einem Commit.

```
commit 9acc5d5efec1d2d62f7e98bcc3880cda762cb831
Author: Bjørn Stachmann <bstachmann@yahoo.de>
Date:   Sat Dec 18 18:20:45 2010 +0100

    Abschnitt darüber, was Commits sind.

 buch/commits/commits.tex |  28 ++++++++++++++++++++++++---
 1 files changed, 25 insertions(+), 3 deletions(-)
```

Abb. 3-1
Informationen zu einem Commit

Als Erstes sieht man den sogenannten Commit-Hash 9acc5d5e...cb831. Dann folgen Informationen zu Autor und Commit-Zeitpunkt und ein Kommentar. Abschließend zeigt eine Zusammenfassung, welche Dateien sich gegenüber der vorigen Version verändert haben. Was die Zusammenfassung nicht zeigt: Auch dieses Commit enthält nicht nur die geänderte Datei commits.tex, sondern alle Dateien des Projekts. Für jedes Commit berechnet Git einen 40 Zeichen langen eindeutigen Code, den sogenannten *Commit-Hash*. Kennt man diesen Commit-Hash, kann man die Dateien des Projekts aus dem Repository so wiederherstellen, wie sie zum Zeitpunkt des Commits festgehalten wurden. Das Wiederherstellen einer Version bezeichnet man in Git als *Checkout*.

3.1   Zugriffsberechtigungen und Zeitstempel

Git speichert die Zugriffsberechtigungen (POSIX File Permissions: Read, Write, Execute) für jede Datei, nicht aber den Änderungszeitstempel. Beim Checkout wird der Änderungszeitstempel auf die aktuelle Uhrzeit gesetzt.

---

[1] Die Zusammenfassung wurde mit git log -stat -1 erstellt.

Warum werden
Änderungszeitstempel
nicht gespeichert?

Anmerkung: Der Grund dafür ist, dass viele Build-Tools den Änderungszeitstempel als Auslöser für das erneute Bauen von Dateien nutzen: Ist die letzte Änderung jünger als das letzte Build-Ergebnis, muss neu gebaut werden. Da Git beim *Checkout* den Änderungszeitstempel immer auf die aktuelle Zeit setzt, lösen auch Wechsel auf ältere Versionen den Build-Vorgang korrekt aus.

3.2   Die Befehle add und commit

Mit den beiden Befehlen add und commit erstellt man Commits.

Mit .gitignore
Dateien unversioniert
lassen → *Seite 34*

Schritt für Schritt
Alle Änderungen in einem Commit übernehmen

Erstelle ein Commit mit allen aktuellen Änderungen im Workspace. Dies umfasst neu hinzugekommene Dateien und Löschungen. Ausgenommen sind nur jene Dateien, die in .gitignore eingetragen sind (siehe auch »Mit .gitignore Dateien unversioniert lassen« ab Seite 34).

1. Änderungen anmelden

Mit dem add-Befehl werden Änderungen für das nächste Commit angemeldet. Durch die Option --all wird ausgedrückt, dass alle Änderungen übernommen werden sollen.

```
> git add --all
```

2. Commit erstellen

Das neue Commit wird erstellt.

```
> git commit
```

3.3   Exkurs: Mehr über Commit-Hashes

Auf den ersten Blick wirken die 40 Zeichen langen Commit-Hashes etwas sperrig. Andere Versionsverwaltungen verwenden einfach fortlaufende Nummern (Subversion[2]) oder Versionsnamen wie »1.17« (CVS[3]).

---

[2] http://subversion.apache.org/
[3] http://www.nongnu.org/cvs/

Es gibt jedoch gute Gründe, weshalb sich die Entwickler von Git für Hashes entschieden haben:

◾ Commit-Hashes können lokal erzeugt werden. Eine Kommunikation mit anderen Rechnern oder zentralen Servern ist dabei nicht erforderlich. Ein neues Commit kann man also jederzeit und überall erstellen. Die Commit-Hashes werden aus dem Inhalt der Dateien und den Metadaten (Autor, Commit-Zeitpunkt) errechnet. Die Wahrscheinlichkeit, dass zwei verschiedene Änderungen zufällig denselben Commit-Hash bekommen, ist extrem gering. Immerhin stehen 2^{160} verschiedene Werte zur Verfügung.

◾ Noch wichtiger ist jedoch Folgendes: Commit-Hashes sind mehr als nur Namen für festgehaltene Softwarestände. Sie sind gleichzeitig auch deren Prüfsumme. Mit dem `fsck`-Befehl von Git kann man die Integrität des Repositorys prüfen lassen. Passen die Inhalte nicht zu den Commit-Hashes, wird ein Fehler gemeldet. Das sieht dann so aus:

```
> git fsck
error: sha1 mismatch 2b6c746e5e20a64032bac627f2729f72a9cba4ee
error: 2b6c746e5e20a64032bac627f2729f72a9cba4ee:
object corrupt or missing
```

Man kann Commit-Hashes auch verkürzt angeben. Meist genügen wenige Zeichen, um ein Commit zu identifizieren. Gibt man zu wenige Zeichen an, liefert Git eine Fehlermeldung.

Verkürzung von Commit-Hashes

```
> git checkout 9acc5d5efec1d2d62f7e98bcc3880cda762cb831
```

```
> git checkout 9acc
```

Außerdem ist es möglich, sprechende Namen (wie zum Beispiel release-1.2.3) für Commits zu vergeben. Diese Namen nennt man *Tags*.

Versionen markieren
→ *Seite 83*

```
> git checkout release-1.2.3
```

3.4   Eine Historie von Commits

Das Repository enthält nicht nur die einzelnen Commits, es speichert auch die Beziehungen zwischen den Commits. Jedes Mal, wenn man die Software verändert und dies mit einem Commit bestätigt, merkt Git sich, welches die Vorgängerversion für dieses Commit war. Auf diese Weise entsteht ein Graph (Abbildung 3-2) aus Commits, der die Entwicklung des Projekts abbildet.

Abb. 3-2
Commit-Historie

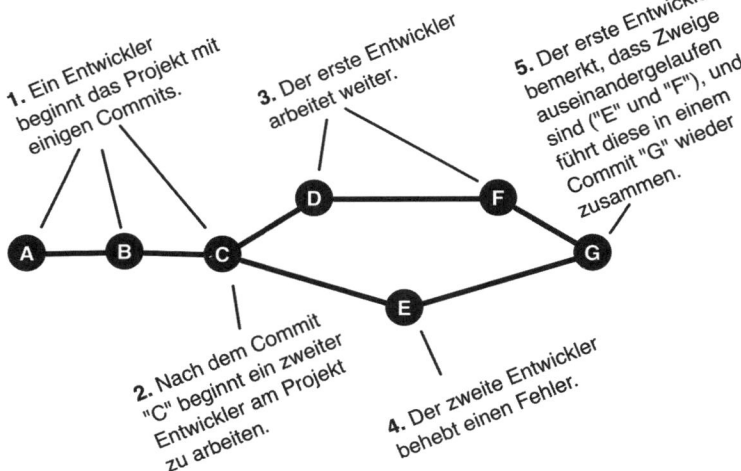

1. Ein Entwickler beginnt das Projekt mit einigen Commits.

3. Der erste Entwickler arbeitet weiter.

5. Der erste Entwickler bemerkt, dass Zweige auseinandergelaufen sind ("E" und "F"), und führt diese in einem Commit "G" wieder zusammen.

2. Nach dem Commit "C" beginnt ein zweiter Entwickler am Projekt zu arbeiten.

4. Der zweite Entwickler behebt einen Fehler.

Branches verzweigen
→ Seite 45

Interessant wird es, wenn mehrere Entwickler gleichzeitig an der Software arbeiten. Dann entstehen häufig Verzweigungen im Commit-Graphen, wie bei »C« und Zusammenführungen wie bei »G«.

3.5   Eine etwas andere Sichtweise auf Commits

Man kann ein Commit als einen eingefrorenen Versionsstand ansehen. Man kann es aber auch als eine Menge von Änderungen auffassen, die das Commit im Verhältnis zum Vorgänger eingeführt hat. Man spricht dann auch von einem *Diff* oder einem *Changeset*. Das Repository ist also auch eine Geschichte von Änderungen.

Schritt für Schritt
Unterschiede zwischen Commits
Der diff-Befehl zeigt die Unterschiede zwischen zwei beliebigen Commits.

a. Zwei Commits
Man kann sich die Unterschiede zwischen zwei Commits auflisten lassen. Statt Commit-Hashes darf man auch symbolische Namen (Branches, Tags, HEAD etc.) angeben.

```
> git diff 77d231f HEAD
```

b. Unterschiede zum Vorgänger

Mit der Dach-Ausrufezeichen-Notation zeigt der diff-Befehl die Unterschiede eines Commits zu seinem unmittelbaren Vorgänger (das *Changeset*).

```
> git diff 77d231f^!
```

c. Auf Datei(en) beschränken

Man kann die Anzeige der Differenzen auf Dateien oder Verzeichnisse beschränken.

```
> git diff 77d231f 05bcfd1 -- buch/bisection/
```

d. Änderungsstatistik

Oder man lässt sich mit der Option --stat nur die Anzahl von Änderungen pro Datei anzeigen.

```
> git diff --stat 77d231f 05bcfd1
```

3.6   Viele unterschiedliche Historien desselben Projekts

Anfangs ist die dezentrale Architektur von Git gewöhnungsbedürftig. In zentralen Versionsverwaltungen (wie zum Beispiel CVS oder Subversion) gibt es einen zentralen Server, der die Geschichte des Projekts enthält. Bei Git hingegen ist es so, dass jeder Entwickler einen eigenen Klon des Repositorys besitzt (manchmal sogar mehrere). Wenn ein Entwickler Commits erstellt, geschieht dies lokal. Sein Repository hat dann eine andere Geschichte als die Repositorys der anderen Entwickler, die das selbe Projekt geklont haben. Jedes Repository kann seine *eigene Geschichte* erzählen. Mit den Befehlen fetch, pull und push können Commits zwischen den Repositorys ausgetauscht werden. Mit dem merge-Befehl können die verschiedenen Historien jederzeit wieder zusammengeführt werden.

Austausch zwischen Repositorys → *Seite 73*
Branches zusammenführen → *Seite 53*

   In vielen Projekten gibt es ein Repository (meist auf dem Projektserver), das die *offizielle* Historie des Projekts darstellt. Ein solches Repository nennt man Haupt-Repository oder zentrales Repository (engl.: *Blessed Repository*). Dies ist jedoch nur eine Konvention. Aus technischer Sicht sind alle Klone gleichwertig. Wenn beispielsweise das Haupt-Repository beschädigt wird, kann man einen anderen Klon zum Haupt-Repository erklären.

Abhängigkeiten
zwischen Repositorys
→ *Seite 87*

Sehr große Projekte kann man auf mehrere Repositorys verteilen. Dann gibt es ein übergeordnetes Repository, das wiederum Repositorys für die Teilprojekte enthält. Solche Repositorys nennt man Submodule.

Schritt für Schritt

Commit-Historie zeigen

Der log-Befehl zeigt die Historie der Commits.

a. Einfache Log-Ausgabe

```
> git log
commit 2753f19072d332dc550f5ec0612a4486ffe3ab4a
Author: Bjørn Stachmann <bstachmann@yahoo.de>
Date:   Sat Dec 25 11:30:32 2010 +0100

    TODO für Abbildung verschoben.

commit e0ffbdbd9f183e405b280a6c3a970bd860d3de81
Author: Bjørn Stachmann <bstachmann@yahoo.de>
  ...
```

b. Ein paar nützliche Optionen

```
> git log -n 3      # Nur die letzten 3 Commits
> git log --oneline # Nur eine Zeile je Commit
> git log --stat    # Nur Statistik zeigen
```

Achtung! Der log-Befehl zeigt nicht unbedingt alle Commits im Repository an. Es werden in der Regel nur Vorgänger des aktuellen Commits gezeigt.

Der log-Befehl kennt zahlreiche Optionen, mit denen man bestimmt, welche Commits in welchem Format angezeigt werden. Im Folgenden sind einige davon beschrieben, die wir selbst häufig nutzen.

Ausgabe begrenzen: -n

Oft ist es nützlich, die Ausgabe zu begrenzen. Das folgende Kommando zeigt beispielsweise nur die letzten 3 Commits:

```
> git log -n 3
```

Ausgabeformat wählen: --format, --oneline

Das Ausgabeformat für Logs kann mit --format beeinflusst werden. So liefert beispielsweise --format=fuller viele Details. Für den schnellen Überblick ist das einzeilige Format --oneline hilfreich.

```
> git log --oneline
2753f19 TODO für Abbildung verschoben.
e0ffbdb Notizen.
4200ba2 Abschnitt über verschiedene Historien desselben Projekts.
...
```

Änderungsstatistik: --stat, --shortstat

Ebenfalls nützlich sind die Statistiken: --stat zeigt, welche Dateien geändert wurden, --dirstat zeigt, in welchen Verzeichnissen etwas geändert wurde, und --shortstat zeigt eine kurze Zusammenfassung darüber, wie viele Dateien geändert, hinzugefügt und gelöscht wurden.

```
> git log --shortstat --oneline
2753f19 TODO für Abbildung verschoben.
 1 files changed, 2 insertions(+), 2 deletions(-)
e0ffbdb Notizen.
 1 files changed, 27 insertions(+), 4 deletions(-)
4200ba2 Abschnitt über verschiedene Historien desselben Projekts.
 1 files changed, 15 insertions(+), 6 deletions(-)
...
```

Option: log --graph

Möchte man die Beziehungen zwischen den Commits sehen, zeigt --graph die Historie als »Grafik«.

```
> git log --graph --oneline
*   6d7f278 Merge branch 'master' into redaktion
|\
| *   419b389 merge: Formatierungen eingebaut.
| |\
| | * 8f5b053 Quickstart: Formatierungen eingebaut.
| | * 5f22c8d Neue Macros zur Formatierung.
| |/
* | ab36269 TODOs
* | c2cae84 Intro zu den ersten Schritten.
|/
*   63788eb merge: Abschnitt 'Beispiele und Notation' ergänzt.
```

3.7   Zusammenfassung

Repository: Im Verzeichnis `.git` eines Projekts liegt das Git-Repository. Es enthält die Historie des Projekts in Form von Commits. Weil Git dezentral organisiert ist, gibt es für ein Projekt oft viele Repositorys mit unterschiedlichen Historien. Git ist so gebaut, dass es diese bei Bedarf gut wieder zusammenführen kann.

Commit (auch Version, Revision oder Changeset genannt): Der `commit`-Befehl erstellt ein Commit. Es speichert einen definierten Stand des Projekts. Es umfasst den Zustand aller Dateien des Projekts. Jedes Commit enthält Metainformationen über den Autor und den Commit-Zeitpunkt. Insbesondere speichert Git die Vorgänger/Nachfolger-Beziehung. Die Beziehungen bilden den Versionsgraphen des Projekts. Der `log`-Befehl zeigt Commits aus dem Repository.

Commit-Hash: Commit-Hashes identifizieren Commits. Sie dienen gleichzeitig als Prüfsumme für die Integrität des gespeicherten Softwarestands. Commit-Hashes sind 40 Zeichen lang. Für Git-Kommandos dürfen Commit-Hashes verkürzt angegeben werden, z. B. als `5ff8aa9`, sofern es nur ein Commit mit diesen Start-Hash gibt.

4   Commits zusammenstellen

Ein neues Commit *muss nicht unbedingt alle Änderungen aus dem Workspace übernehmen. Tatsächlich gibt Git dem Benutzer hier die volle Kontrolle. Im Extremfall kann bis auf die einzelne Codezeile genau bestimmt werden, welche Änderungen in das nächste* Commit *einfließen.*

Commits entstehen in zwei Schritten. Als Erstes werden die Änderungen mit dem add-Befehl in einem Zwischenspeicher gesammelt, den man *Stage-Bereich* oder *Index* nennt. Erst danach überträgt der commit-Befehl die Änderungen aus dem *Stage-Bereich* in das Repository.

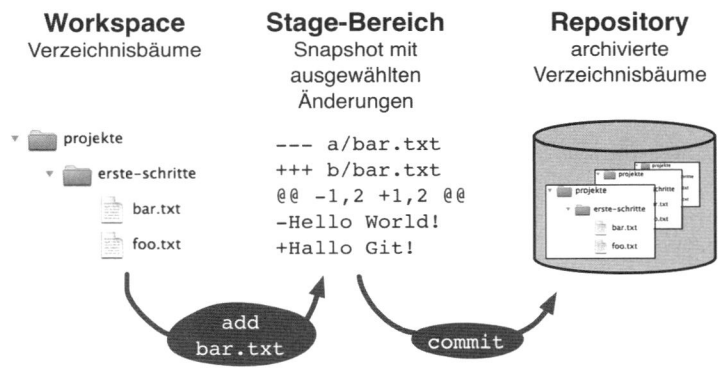

Abb. 4-1
Der Weg von Änderungen in das Repository

4.1   Der Status-Befehl

Der status-Befehl zeigt, welche Änderungen aktuell im Workspace vorliegen und welche davon bereits im *Stage-Bereich* für das nächste Commit angemeldet sind.

```
> git status
# On branch staging
# Changes to be committed:
#   (use "git reset HEAD <file>..." to unstage)
#
# modified:   bar.txt
#
# Changed but not updated:
#   (use "git add <file>..." to update what will be committed)
#   (use "git checkout -- <file>..." to discard changes in ...
#
# modified:   foo.txt
#
# Untracked files:
#   (use "git add <file>..." to include in what will be committed)
#
# neu.txt
no changes added to commit (use "git add" and/or "git commit -a")
```

Die Ausgabe zeigt verschiedene Rubriken:

Changes to be committed: Zeigt jene Dateien, für die beim nächsten
Commit Änderungen in das Repository übernommen werden sollen.

Changed but not updated: Zeigt Dateien, die Änderungen haben, aber
noch nicht für das nächste Commit angemeldet sind.

Untracked files: Listet alle neuen Dateien auf.

Hilfreich ist, dass Git hier gleich anzeigt, mit welchen Befehlen man den
Status wieder ändern kann. Hier sehen Sie beispielsweise, dass man mit
git reset HEAD blah.txt die Änderungen an der Datei »blah.txt« aus
dem *Stage-Bereich* wieder entfernen kann.

Für CVS[1]- und Subversion[2]-Anwender ist die Verwendung des
Begriffs *Update* hier leider etwas verwirrend. In diesen Systemen bezeichnet man mit »update« die Übernahme von Änderungen aus dem
Repository in den Workspace. In Git hingegen bezeichnet man damit
die Übernahme von Änderungen aus dem Workspace in den Stage-
Bereich. Das ist genau die entgegengesetzte Richtung. Babylon lässt
grüßen.

Wenn viele Änderungen vorliegen, kann es nützlich sein, mit
--short ein kompakteres Ausgabeformat zu wählen. Die Bedeutung der
einzelnen Buchstabencodes zeigt git help status.

```
> git status --short
M  blah.txt
 M foo.txt
 M bar.txt
?? neue-datei.txt
```

---

[1] http://www.nongnu.org/cvs/
[2] http://subversion.apache.org/

Schritt für Schritt
Selektives Commit – Änderungen auswählen

Ein neues Commit wird erstellt. Es sollen aber nicht alle Änderungen übernommen werden. Dabei kann man ganze Dateien wählen oder gezielt mit --interactive einzelne Codeabschnitte herauspicken.

1. Änderungen ansehen

```
> git status
```

In den Rubriken »Changed but not updated« und »Untracked files« zeigt der status-Befehl an, welche Dateien noch nicht für das nächste Commit angemeldet sind.

2. Änderungen sammeln

Mit dem add-Befehl werden die Änderungen dem *Stage-Bereich* hinzugefügt. Man kann die Dateipfade einzeln angeben. Gibt man ein Verzeichnis an, werden neue und geänderte Dateien darunter (auch aus den Unterverzeichnissen) hinzugefügt. Der add-Befehl kann beliebig oft aufgerufen werden. Man kann dabei auch Dateipfade mit den Jokerzeichen »*« und »?«, sogenannte *Globs*, verwenden.

```
> git add foo.txt bar.txt # ausgewählte Dateien
> git add verzeichnis/    # ein Verzeichnis und
                          # alles darunter
> git add .               # aktuelles Verzeichnis
                          # und alles darunter
```

Wenn Sie noch feinere Kontrolle wollen, können Sie den interaktiven Modus mit der Option --interactive verwenden. Dann können Sie sogar einzelne Codefragmente, im Extremfall einzelne Codezeilen, für das Commit anmelden.

3. Commit erstellen

Zum Abschluss werden die Änderungen mit einem Commit übernommen.

```
> git commit
```

Der *Stage-Bereich* ist danach geleert. Der Workspace wird durch das Commit nicht berührt. Änderungen, die nicht mit add hinzugefügt wurden, bleiben im Workspace erhalten.

Achtung! Selektive Commits können sehr nützlich sein, um Änderungen voneinander zu trennen, die inhaltlich nicht zusammenhängen. Beispiel: Eine neue Klasse wurde erstellt. Nebenher wurden ein paar Fehler in anderen Klassen korrigiert. Die Trennung in mehrere Commits macht die Historie klarer und erleichtert es, einzelne Fehlerkorrekturen gezielt früher auszuliefern (Cherry-Picking).

Aber man sollte bedenken, dass durch selektive Commits, Softwarestände im Repository erzeugt werden, die es lokal so nie gegeben hat. Sie sind also nie getestet worden und können im schlimmsten Fall nicht einmal kompiliert werden. Wir empfehlen, selektive Commits wenn möglich zu vermeiden. Oft genügt es, eine Notiz zu machen, dass man einen Fehler beheben möchte, anstatt ihn sofort zu beheben. Dann stellt man erst das Feature fertig, bevor man die Korrektur macht. Falls der Fehler schnell behoben werden soll, kann man den Zwischenstand der Feature-Entwicklung sichern (Stashing), dann die Korrektur durchführen und danach die Feature-Entwicklung fortsetzen.

Schritt für Schritt
Add und Commit in einem Schritt

Man kann sich den add-Befehl oft sparen.
Wenn man nur Dateien geändert hat, ohne neue hinzuzufügen, dann kann man die Option --all des commit-Befehls nutzen.

```
> git commit --all          # alle geänderten Dateien
```

Stattdessen kann man auch einzelne Dateien direkt angeben. Die Änderungen werden direkt übernommen und müssen nicht vorher in den Staging-Bereich übertragen werden.

```
> git commit foo.txt bar.txt # ausgewählte Dateien
```

4.2   Der Stage-Bereich speichert Momentaufnahmen

Eines sollten Sie über den *Stage-Bereich* unbedingt wissen: Er ist mehr als nur eine Liste mit den Namen der Dateien für das nächste Commit. Er speichert nicht nur, *wo* etwas geändert wurde, sondern auch, *was* ge-

ändert wurde. Git erzeugt dazu eine Momentaufnahme (Snapshot) der
betroffenen Dateien mit genau den ausgewählten Änderungen. Abbildung 4-2 veranschaulicht dies. In Zeile 1 stimmen *Workspace*, *Stage-
Bereich* und *Repository* noch überein. Dann bearbeitet der Entwickler die Datei im *Workspace* (Zeile 2). Mit dem add-Befehl überträgt er
die Änderung in den *Stage-Bereich*, aber noch nicht in das *Repository*
(Zeile 3). In Zeile 4 ändert der Entwickler die Datei erneut. Jetzt enthalten alle 3 Bereiche unterschiedliche Stände. Ein commit-Befehl überträgt die erste Änderung in das *Repository* (Zeile 5). Die zweite Änderung steht weiterhin im *Workspace*. Mit dem add-Befehl wird sie in den
Stage-Bereich übertragen.

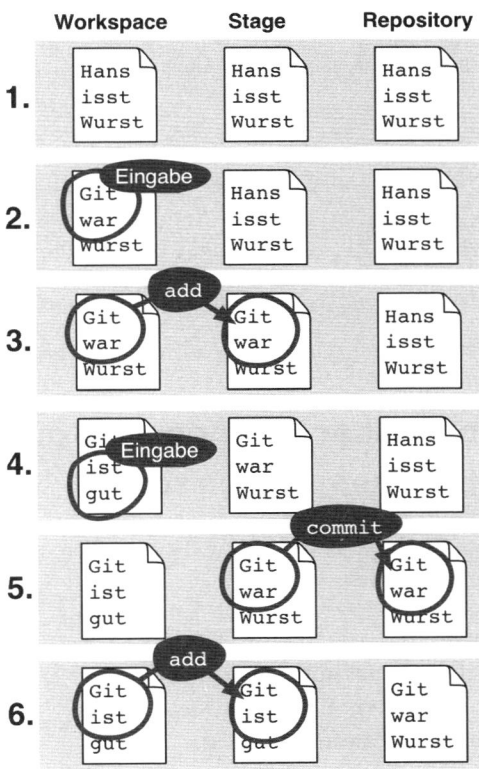

Abb. 4-2
*Änderungen vom
Workspace über den
Stage-Bereich ins
Repository bringen*

Schritt für Schritt

Was steht im Stage-Bereich? Was nicht?

Es wurden Änderungen mit dem add-Befehl für das nächste Commit an-
gemeldet. Danach wurden weitere Änderungen im Workspace durch-
geführt. Der diff-Befehl zeigt, was Sache ist.

a. Was steht im Stage-Bereich?

Änderungen, die bereits mit dem add-Befehl zum Stage-Bereich hinzugefügt wurden, werden mit der Option --staged angezeigt. Der folgende
Befehl zeigt die Unterschiede zwischen dem Stage-Bereich und dem aktuellen *HEAD*-Commit im Repository.

```
> git diff --staged   # stage vs. repository
```

b. Was ist noch nicht angemeldet?

Ohne Angabe von Optionen zeigt der diff-Befehl die lokalen Änderungen im Workspace, die noch nicht angemeldet sind, also den Unterschied zwischen Stage-Bereich und dem Workspace.

```
> git diff   # stage vs. workspace
```

4.3   Was tun mit Änderungen, die nicht übernommen werden sollen?

Es kommt vor, dass man bestimmte Änderungen nicht in Commits
übernehmen möchte, wie z. B.:

- experimentelle Änderungen für Debug-Zwecke
- versehentlich hinzugefügte Änderungen
- Änderungen, die noch nicht fertig sind
- Änderungen in generierten Dateien

Git bietet verschiedene Möglichkeiten, damit umzugehen:

- Zurücksetzen von experimentellen oder versehentlich durchgeführten Änderungen mit dem `reset`-Befehl
- Ignorieren von Dateien, die man gar nicht übernehmen möchte, mittels `.gitignore`
- Zwischenspeichern von Änderungen, die man erst später übernehmen möchte, mit dem `stash`-Befehl

Schritt für Schritt
Zurücknehmen von Änderungen aus dem Stage-Bereich

Der `reset`-Befehl kann den *Stage-Bereich* zurücksetzen. Der erste Parameter `HEAD` gibt an, dass auf die aktuelle HEAD-Version zurückgesetzt wird. Der zweite Parameter gibt an, welche Dateien oder Verzeichnisse zurückgesetzt werden sollen.

```
> git reset HEAD .
```

oder

```
> git reset HEAD foo.txt src/test/
```

Achtung! Der *Stage-Bereich* wird beim reset überschrieben. In der Regel ist das kein Problem, weil dieselben Änderungen meist noch im Workspace stehen (siehe Abbildung 4-2). Wenn die gleichen Dateien nach dem add noch weiter bearbeitet wurden, können Informationen verloren gehen.

4.4   Mit `.gitignore` Dateien unversioniert lassen

Generierte Dateien, temporäre Dateien oder von Editoren erstellte Sicherungskopien möchte man in der Regel nicht unter Versionsverwaltung stellen. Durch Einträge in die Datei `.gitignore` im Hauptverzeichnis des Projekts kann man sie für Git »unsichtbar« machen. Man kann darin Dateipfade, aber auch Verzeichnisse angeben. Die Jokerzeichen »*« und »&« sind zulässig (*Glob-Syntax*). Bei Pfadangaben sollte man Folgendes wissen: Eine einfache Pfadangabe, wie generated/, sorgt dafür, dass Verzeichnisse dieses Namens überall ignoriert werden, z. B. auch src/demo/generated. Stellt man ein / voran, z. B. /generated/, dann wird nur der exakte Pfad – ausgehend vom Wurzelverzeichnis des Projekts – ignoriert.

```
#
# Einfacher Dateipfad
#
irgendwie/unerwuenscht.txt
#
# Verzeichnisse werden mit einem "/" abgeschlossen
#
generated/
#
# Dateitypen als glob-Ausdrücke
#
*.bak
#
# "!" markiert Ausnahmen. "demo.bak"
# wird versioniert, obwohl "*.bak"'
# ausgenommen wurde.
#
!demo.bak
```

Tipp: Mehrere
`.gitignore`-Dateien

Sie können übrigens eine `.gitignore`-Datei in einem Unterverzeichnis des Projekts anlegen. Sie gilt dann für alle Dateien und Pfade unterhalb dieses Verzeichnisses. Dies kann zum Beispiel dann nützlich sein, wenn Ihr Projekt verschiedene Programmiersprachen umfasst, für die jeweils eine andere Konfiguration erforderlich ist.

Lokale Änderungen
temporär ignorieren
→ *Seite 102*

Anmerkung: Einträge in `.gitignore` wirken nur auf Dateien, die noch nicht von Git verwaltet werden. Wenn eine Datei bereits versioniert wird, wird der status-Befehl Änderungen daran anzeigen, und diese können auch mit dem add-Befehl für das nächste Commit angemeldet werden. Möchte man bereits versionierte Dateien ignorieren, kann man dies mit der Option --assume-unchanged des update-index-Befehls tun.

4.5   Stashing: Änderungen zwischenspeichern

Wenn man bei der Arbeit unterbrochen wird, z. B. weil ein Bugfix schnell gemacht werden muss, hat man oft angefangene Änderungen vor sich, die man so noch nicht in ein Commit fassen möchte. In so einem Fall hilft der stash-Befehl, mit dem Änderungen lokal zwischengespeichert und später wieder hervorgeholt werden können.

Schritt für Schritt
Änderungen zwischenspeichern

Der stash-Befehl übernimmt alle Änderungen im Workspace und im Stage-Bereich in einen Zwischenspeicher.

```
> git stash
```

Schritt für Schritt
Änderungen aus dem Zwischenspeicher zurückholen

Änderungen aus dem Zwischenspeicher können jederzeit mit dem Befehl stash pop in den Workspace zurückgeholt werden.

a. Letzte gespeicherte Änderungen zurückholen

```
> git stash pop
```

b.1. Was steht im Zwischenspeicher?

Erst einmal nachsehen, welche Änderungen gespeichert wurden.

```
> git stash list
stash@{0}: WIP on master: 297432e Mindmap aktualisiert.
stash@{1}: WIP on omaster: 213e335 Einführung einer
Workflow-Beschreibung
```

b.2. Ältere gespeicherte Änderung zurückholen

```
> git stash pop stash@{1}
```

4.6   Zusammenfassung

Stage-Bereich: Im Stage-Bereich (auch Index genannt) wird das nächste Commit vorbereitet. Er enthält eine Momentaufnahme von Dateiinhalten.

add **erzeugt Momentaufnahmen:** Mit add wird eine Momentaufnahme von geänderten Dateien im Stage-Bereich erzeugt. Ändert man dieselben Dateien noch mal, gehen die neuen Änderungen nicht automatisch ins nächste Commit ein.

Selektives Commit: Beim add-Befehl kann man angeben, welche Dateien bei der Momentaufnahme berücksichtigt werden. Alle anderen Dateien bleiben unverändert.

Auswählen von Codeabschnitten: Mit --interactive kann man sogar einzelne Abschnitte von veränderten Zeilen (*Hunks*) auswählen. Nur diese Änderungen werden dann als Momentaufnahme in den Stage-Bereich übertragen.

Status: Der status-Befehl zeigt an, welche Dateien ins nächste Commit eingehen und welche Dateien lokal verändert wurden, aber noch nicht im Stage-Bereich angemeldet sind.

Stage-Bereich zurücksetzen: Mit git reset HEAD . werden alle Dateien auf den Stand des aktuellen Commmits zurückgesetzt.

.gitignore: In dieser Datei konfiguriert man, welche Dateien und Verzeichnisse nicht von Git verwaltet werden.

Stashing: Mit dem stash-Befehl kann man die aktuellen Änderungen in Workspace und Stage-Bereich zwischenspeichern. Später kann man sie mit git stash pop wieder zurückholen.

5   Das Repository

Man kann Git durchaus benutzen, ohne zu wissen, wie das *Repository* funktioniert. Wir glauben aber, dass man ein besseres Verständnis für die Workflows gewinnt, wenn man weiß, wie Git seine Daten speichert und organisiert. Wenn Sie ein absoluter Theorie-Verächter sind, können Sie dieses Kapitel auch überfliegen und nur die »Schritt für Schritt«-Anleitungen durchsehen.

Git ist in zwei Ebenen aufgebaut. Auf der oberen Ebene finden Sie Befehle wie `log`, `reset` oder `commit`, die komfortabel zu bedienen sind und zahlreiche Optionen und Aufrufvarianten bieten. Die Git-Entwickler nennen diese Befehle »Porcelaine« (gemeint sind die sichtbaren Teile eines Badezimmers, wie etwa Waschbecken und WCs).

Die Ebene darunter wird »Plumbing« (Installation, Rohre) genannt. Hier gibt es eine Reihe von einfachen Befehlen mit wenigen Optionen, auf denen die »Porcelaine«-Befehle aufbauen. »Plumbing-Befehle« werden nur selten direkt verwendet. Dieses Kapitel gibt einen kleinen Einblick in die »Plumbing«-Ebene des Systems.

5.1   Ein einfaches und effizientes Speichersystem

Das Herz von Git ist die sogenannte *Object Database*. Man kann darin beliebige Text- oder Binärdaten ablegen, zum Beispiel den Inhalt einer Datei. Der `hash-object`-Befehl mit der Option `-w` (sie steht für »write«) schreibt einen Datensatz in die *Object Database*.

```
> git hash-object -w hallo.txt
28cf67640e502fe8e879a863bd1bbcd4366689e8
```

Als Ergebnis der Speicherung wird ein 40 Zeichen langer Code geliefert. Dies ist der Schlüssel für das gespeicherte Objekt. Merkt man sich diesen, kann man später wieder auf das Objekt zugreifen. Der Zugriff erfolgt z. B. mit dem `cat-file`-Befehl und der Option `-p` (für »print«).

```
> git cat-file -p 28cf67640e
Hallo Welt!
```

Die Implementierung der Object Database ist sehr effizient. Selbst bei großen Projekten mit sehr langer Commit-Historie (wie zum Beispiel dem Linux-Kernel mit mehr als 200.000 Commits und fast zwei Millionen Objekten) erfolgt der Zugriff auf Objekte aus dem Repository fast augenblicklich. Git ist extrem gut geeignet für Projekte mit sehr vielen kleinen Quelltextdateien. Die Grenzen zeigen sich erst, wenn das Gesamtdatenvolumen der Daten sehr groß wird. Wer beispielsweise große binäre Dateien verwalten möchte, ist mit einem Git-Repository nicht so gut bedient.

5.2   Verzeichnisse speichern: Blob & Tree

Zum Speichern von Dateien und Verzeichnissen verwendet Git eine einfache Baumstruktur mit zwei Knotentypen. Die Inhalte von Dateien werden unverändert, Byte für Byte, als Blob-Objekte in der *Object Database* abgelegt. Verzeichnisse werden durch sogenannte Tree-Objekte dargestellt, die wie folgt aussehen:

```
> git cat-file -p 2790ef78
100644 blob 507d3a30ae9ed53bcf953744c5f5c9391a263356 README
040000 tree 91c7822ab43800b0e3c13049519587df4fd74591 src
```

Das Tree-Objekt listet die enthaltenen Dateien und Unterverzeichnisse auf. Abbildung 5-2 zeigt dies. Jeder Eintrag enthält Informationen über die Zugriffsrechte (z. B. 100644), den Typ (blob oder tree), einen *Hashcode* für den Dateiinhalt sowie den Namen der Datei bzw. des Verzeichnisses.

Abb. 5-1
Ein kleines Projekt

```
beispiel-workspace/
    README
    /src
        Hallo.java
        Welt.java
```

5.3   Gleiche Daten werden nur einmal gespeichert

Um Speicher zu sparen, werden gleiche Daten nur einmal gespeichert. Im folgenden Beispiel erhalten die Dateiinhalte von foo.txt und kopie-von-foo.txt denselben Hashcode, weil sie gleich sind:

```
> git hash-object -w foo.txt
a42a0aba404c211e8fdf33d4edde67bb474368a7

> git hash-object -w kopie-von-foo.txt
a42a0aba404c211e8fdf33d4edde67bb474368a7
```

Git spart durch dieses Vorgehen nicht nur Speicher, sondern gewinnt gleichzeitig Performance. Bei vielen Operationen ist dieses Verfahren

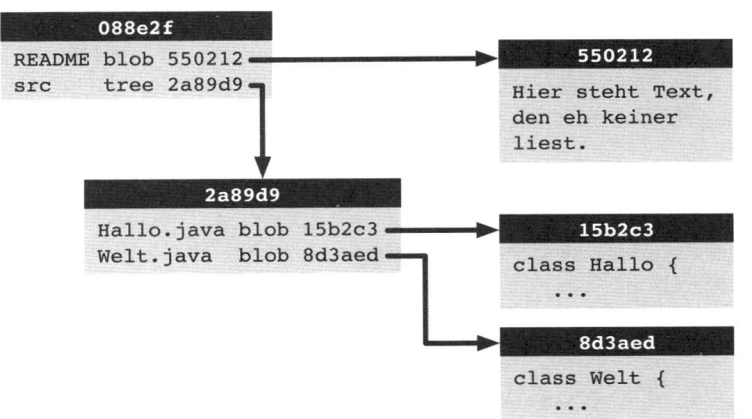

Abb. 5-2
Darstellung von
Verzeichnissen im
Repository

rasend schnell, weil es in den Algorithmen oft nur Hashcodes vergleicht, ohne die eigentlichen Daten anzusehen.

5.4   Kompression ähnlicher Inhalte

Git kann aber mehr, als nur identische Dateiinhalte zusammenzufassen. Beim Programmieren entstehen laufend neue Dateiinhalte, die sich
nur in wenigen Zeilen von ihren Vorgängerversionen unterscheiden. Git
kann diese Dateiinhalte mit einem Deltaverfahren, das nach einer Ursprungsversion nur die Änderungen ablegt, in sogenannten *Pack-Files*
speichern.

Hierzu ruft man den gc-Befehl auf, wenn man Speicher sparen
möchte. Git entfernt dann nicht benötigte Commits, die von keinem
Branch-Head mehr erreichbar sind, und speichert die verbleibenden
Commits in Pack-Files. Bei Projekten, die hauptsächlich Quelltexte enthalten, wird eine erstaunlich hohe Kompression erreicht. Oft ist der ent-
packte Workspace-Inhalt mit der aktuellen Version des Projekts größer
als das Git-Repository mit der über Jahre gesammelten Historie des
Projekts.

5.5   Ist es schlimm, wenn verschiedene Daten zufällig denselben Hashwert bekommen?

Das wäre in der Tat schlecht, weil Git Inhalte über Hashwerte identifiziert. Git könnte also falsche Daten liefern, wenn die Inhalte verschie-
dener Dateien zufällig denselben Hashwert hätten. Man nennt dies eine
Hashkollision.

Die gute Nachricht ist aber, dass eine Hashkollision ein extrem unwahrscheinliches Ereignis ist. Das liegt daran, dass es immerhin 2^{160} mögliche Hashwerte gibt. Das Linux-Kernel-Projekt hat nach 5 Jahren intensiver Entwicklung »nur« ca. 2^{21} Objekte im Repository.[1]

5.6   Commits

Auch Commits werden in der *Object Database* abgelegt. Das Format ist einfach:

```
> git cat-file -p 64b98df0

tree 319c67d41a0b3f7464550b41db4bb1584939ad2a
parent 6c7f1ba0828a5b595026e08d2476808105a6b815
author Bjørn Stachmann <bs@test123.de> 1295906997 +0100
committer Bjørn Stachmann <bs@test123.de> 1295906997 +0100

Abschnitt über Trees & Blobs.
```

Neben den Metainformationen – wie Autor, Committer, Zeitpunkt und Kommentar – enthält das *Commit-Objekt* einige Hashwerte für weitere Objekte aus der *Object Database*. Das Tree-Objekt beschreibt den Inhalt des Commits. Es verweist auf das Hauptverzeichnis des Projekts und wird wie oben beschrieben durch *Trees* und *Blobs* dargestellt. Das *Parent-Objekt* repräsentiert das Vorgänger-Commit.

5.7   Wiederverwendung von Objekten in der Commit-Historie

Bis auf das allererste Commit hat jedes Commit mindestens ein *Vorgänger-Commit* (*Parent-Objekt*). Oft verändert ein Commit nur wenige Dateien eines Projekts, und der Großteil der Dateien und Verzeichnisse bleibt unverändert. Wann immer möglich verwendet Git die Objekte aus vorigen Commits wieder.

Abbildung 5-3 zeigt ein Beispiel. Ein Commit (unten, durchgezogene Pfeile) enthält eine Datei README und ein Verzeichnis src mit weiteren Dateien. Auf diesem baut ein weiteres Commit (oben, gestrichelte Pfeile) auf, in dem nur die Datei README geändert wurde. Man sieht, dass für README ein neues Blob-Objekt entstanden ist. Für das src-Verzeichnis

---

[1] In der Theorie hat der SHA1-Hash Schwächen. Es wurde ein Algorithmus beschrieben, in dem man mit »nur« 2^{51} Operationen eine SHA1-Kollision finden könnte. Ein Forschungsprojekt der Technischen Universität Graz hat von 2007 bis 2009 versucht, eine (!) solche *Hashkollision* tatsächlich zu finden, es wurde aber ohne Sucherfolg eingestellt. Zusammenfassend kann gesagt werden, dass die Sicherheit für die Zwecke einer Versionsverwaltung heute ganz okay ist.

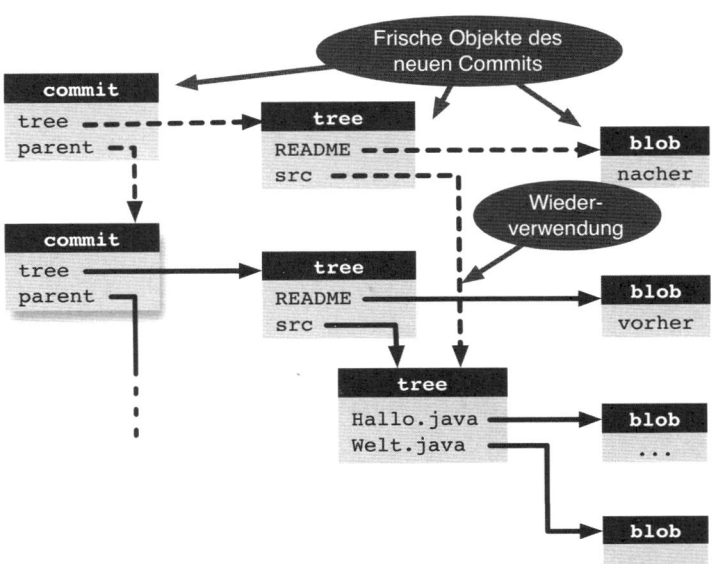

Abb. 5-3
Wiederverwendung
eines Tree-Objekts

hingegen konnten das Tree-Objekt und die dazu gehörenden Blob-Objekte unverändert weitergenutzt werden.

5.8   Umbenennen, verschieben und kopieren

Viele Versionsverwaltungssysteme ermöglichen es, die Geschichte von Dateien auch über Umbenennungen und Verschiebungen hinweg zu verfolgen. Meist wird dies dadurch erreicht, dass man einen besonderen Befehl zum Verschieben oder Umbenennen verwendet. In Subversion[2] zum Beispiel verschiebt man Dateien mit svn move. Dort ist es schlecht, wenn man Dateien beispielsweise per »Drag and Drop« verschiebt. Subversion erfährt dann nichts von der Verschiebung und protokolliert stattdessen eine Löschung einer Datei und die Erstellung einer neuen Datei.

Git verfolgt einen anderen Ansatz: Es speichert keine Informationen darüber, welche Dateien verschoben wurden. Stattdessen besitzt es einen »*Rename Detection*«-Algorithmus: Fehlt eine Datei in einem Commit, die beim Vorgänger noch da war, prüft Git, ob an anderer Stelle eine Datei mit gleichem oder sehr ähnlichem Inhalt aufgetaucht ist. Wenn das so ist, geht Git davon aus, dass die Datei verschoben wurde. Abbildung 5-4 zeigt dies: Die verschobene Datei

---

[2] http://subversion.apache.org/

foo.txt fehlt im zweiten Commit. Git sucht dann unter den neu hinzugekommenen Dateien nach ähnlichem Inhalt und findet diesen in src/foo-verschoben.txt. Dies wird dann als Umbenennung interpretiert.

Abb. 5-4
Eine Datei wird
verschoben.

```
beispiel-workspace/          beispiel-workspace/
    foo.txt                      (foo.txt fehlt)
    /src                         /src
        bar.txt                      bar.txt
                                     foo-verschoben.txt

(Commit 1)                   (Commit 2)
```

Schritt für Schritt
Umbenennungen und Verschiebungen verfolgen
Git soll anzeigen, welche Dateien umbenannt oder verschoben wurden.

1. Sich einen Überblick verschaffen

Mit der Option -M (für »Move«) beim log-Befehl aktiviert man die *Rename Detection*. Für die Ausgabe nutzt man die Option --summary, die Informationen über Dateiänderungen darstellt. Die Ausgabe dabei ist jedoch lang. Wenn man es kompakter mag, filtert man die gesuchten rename-Zeilen mit dem grep-Befehl heraus. Die Prozentzahl gibt dabei an, wie ähnlich Quell- und Zieldatei sein müssen.

```
> git log --summary -M90% | grep -e "^ rename"
 rename foo.txt => foo-umbenannt.txt (90%)
 rename src/{vorher => nachher}/bar.txt (100%)
```

2. Historie einer verschobenen Datei verfolgen

Mit der Option --follow wird das Log für eine einzelne Datei auch über Verschiebungen und Umbenennungen hinweg verfolgt. Die Ausgabe entspricht einer normalen Log-Ausgabe. Ohne diese Option würde das Log bei dem Commit enden, in dem die Datei umbenannt wurde.

```
> git log --follow foo-umbenannt.txt
```

Schritt für Schritt
Kopien aufspüren

Git kann auch kopierte Daten aufspüren. Dafür verwendet man die Option -C:

```
> git log --summary -C90% | grep -e "^ copy"
```

Bei Bedarf kann man die Option --find-copies-harder hinzunehmen. Git rechnet dann länger. Dafür untersucht es dann alle Dateien eines Commits und nicht nur jene, die in diesem Commit verändert worden sind.

Man kann Git auch so konfigurieren, dass *Rename Detection* standardmäßig aktiviert ist. Dann muss man die Optionen -M und --follow nicht für jeden log-Aufruf einzeln angeben.

Tipp: Rename Detection als Default

```
> git config diff.renames true
```

Schritt für Schritt
Herkunft von Codeabschnitten bestimmen

Sie wollen herausfinden, wer wann welche Codezeilen zuletzt bearbeitet hat.

1. Herkunftsinformationen zeilenweise ausgeben

Git kann die Herkunft von Codezeilen selbst dann bestimmen, wenn größere Codeabschnitte aus anderen Dateien kopiert oder verschoben wurden. Der blame-Befehl zeigt für jede Zeile an, wann und durch wen diese Zeile zuletzt geändert wurde.

```
> git blame -M -C -C -C zusammenkopiert.txt

f5fdbad0 foo.txt (Rene    2010-11-14 18:30:42 +0100    1) Eins,
a5b80903 bar.txt (Bjørn   2011-01-31 21:32:49 +0100    2) Zwei oder
f5fdbad0 foo.txt (Rene    2010-11-14 18:30:42 +0100    3) Drei!
```

Mit der Option -M (für Move) werden Kopien und Verschiebungen innerhalb einer Datei aufgedeckt. Mit der Option -C werden auch Kopien aus anderen Dateien im selben Commit entdeckt. Man kann -C auch mehrfach angeben; dann durchsucht Git auch Dateien aus anderen Commits. Bei großen Repositorys kann das dann aber auch mal etwas länger dauern.

5.9   Zusammenfassung

Object Database: Dateien, Verzeichnisse und alle Metainformationen
für Commits werden in dieser Datenbank abgelegt.

SHA1-Hashes: Über den SHA1-Hash kann man die Objekte aus der
Objektdatenbank abrufen. Der SHA1-Hash ist eine kryptografische
Prüfsumme über den Inhalt der Datei.

Identische Daten werden nur einmal gespeichert: Objekte mit gleichem Inhalt haben denselben SHA1-Hash und werden nur einmal
abgelegt.

Ähnliche Daten werden komprimiert: Hierzu gibt es ein Deltaverfahren, das nur die Änderungen speichert.

Blob: Inhalte von Dateien werden in sogenannten *Blobs* abgelegt.

Tree: Verzeichnisse werden in sogenannten *Tree*-Objekten abgelegt.
Sie enthalten eine Liste von Dateinamen mit dem SHA1-Hash des
dazugehörenden Inhalts (wiederum ein Blob oder ein Tree).

Commit-Graph: Die Commit-Objekte bilden zusammen mit den Tree-
und Blob-Objekten den Commit-Graphen.

Rename Detection: Die Verschiebungen und Umbenennungen müssen
dazu nicht vor dem Commit angemeldet werden. Git erkennt dies
nachträglich durch Ähnlichkeiten in den Inhalten der Dateien. Beispiel: `git log --follow`

Wer war's: Mit dem `blame`-Befehl kann Git die Herkunft von Codezeilen bestimmen, sogar wenn diese verschoben oder kopiert wurden.

6 Branches verzweigen

Es gibt zwei wichtige Gründe, weshalb Versionshistorien nicht immer linear, *Commit* auf *Commit*, verlaufen:

- Zwei oder mehr Entwickler arbeiten parallel an einem Projekt.
- Bugfixes für ältere Versionen müssen erstellt und ausgeliefert werden.

In beiden Fällen entstehen Verzweigungen im Graphen der *Commit-Historie*.

6.1 Parallele Entwicklung

Wenn mehrere Entwickler mit Git an derselben Software arbeiten, entstehen Verzweigungen im Commit-Graphen. Die obere Hälfte von Abbildung 6-1 zeigt, wie zwei Entwickler verschiedene Nachfolgerversionen (Commits C und D) für ein Commit B in ihren lokalen Repositorys erstellen. Unten sieht man das Repository nach einer Zusammenführung (wie man das macht, erfahren Sie in Kapitel 9). Es ist eine Verzweigung entstanden. Diese Art von Verzweigung lässt sich kaum vermeiden, wenn parallel entwickelt wird.

Repository 1

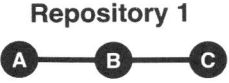

Repository 2

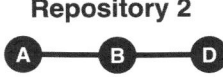

Abb. 6-1
Parallele Entwicklung

Zusammengeführtes Repository

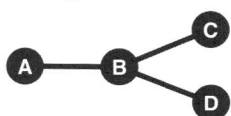

6.2 Bugfixes in älteren Versionen

Außerdem entstehen Verzweigungen, wenn man Fehler in älteren Softwareversionen beseitigt. Abbildung 6-2 zeigt ein Beispiel: Während die Entwickler schon intensiv an der Version für das kommende Release entwickeln (Commits C und D), wird ein Fehler in der ausgelieferten Version (Commit B) entdeckt. Da die neuen Features noch nicht ausgeliefert werden sollen, wird ein Bugfix E auf Basis von B erstellt.

Abb. 6-2
Bugfix in alter Version

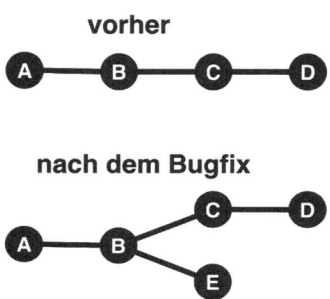

6.3 Branches

Um in verzweigten Versionsgraphen den Überblick zu behalten, gibt es Branches. Ein *Branch* zeigt auf einen Knoten im Versionsgraphen. Im Beispiel von Abbildung 6-3 sieht man zum einen den Branch release1 für die ausgelieferte Version und einen Branch master für die aktuelle Entwicklung. Bei jedem neuen Commit »wandert« der aktive Branch mit. Rechts sieht man, wie der Branch release1 mit dem Bugfix »weitergewandert« ist und dadurch eine Verzweigung im Versionsbaum erzeugt hat.

Abb. 6-3
Branches im
Versionsgraphen

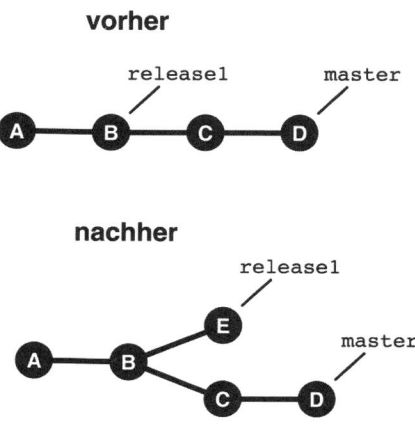

6.4 Swimlanes

Man kann sich *Branches* als parallele Linien der Entwicklung vorstellen. Man kann dies durch Swimlanes (Schwimmbahnen) im Commit-Graphen (Abb. 6-4) visualisieren.

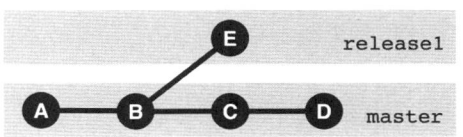

Abb. 6-4
Branches als parallele
Entwicklungslinien

Anmerkung: Git kennt keine feste Zuordnung von Commits zu *Branches*; die Aufteilung in Bahnen ist eine Interpretation, also zu einem gewissen Grad willkürlich.

6.5 Aktiver Branch

In einem Git-Repository gibt es immer genau einen aktiven Branch. Der branch-Befehl (ohne Optionen) zeigt eine Liste mit allen Branches. Der aktive Branch wird mit einem * hervorgehoben.

```
> git branch

  ein-zweig
* master
  noch-ein-zweig
```

Bei einem *Commit* wird immer der aktive *Branch* weitergeführt. Dieser zeigt dann auf das neu entstandene Commit. Mit dem checkout-Befehl kann man den aktiven *Branch* wechseln.

Dabei werden Dateien im Workspace ausgetauscht, sodass sie dem *Commit* entsprechen, auf das der neue *Branch* zeigt.

```
> git checkout ein-zweig
```

Schritt für Schritt
Branch erstellen

Ein neuer Branch wird angelegt.

1a. Vom aktuellen Commit abzweigen

```
> git branch ein-zweig
```

1b. Von beliebigem Commit abzweigen

Man kann auch von beliebigen anderen Stellen abzweigen. Dafür muss man lediglich angeben, bei welchem Commit der neue Branch starten soll.

```
> git branch noch-ein-zweig 38b7da45e
```

1c. Von vorhandenem Zweig abzweigen

```
> git branch noch-ein-zweig alter-zweig
```

2. Auf den neuen Branch wechseln

Der branch-Befehl erzeugt lediglich einen neuen Branch, wechselt aber nicht dorthin. Letzteres geschieht durch den checkout-Befehl.

```
> git checkout ein-zweig
```

Abkürzung: Branch erzeugen und gleich wechseln

```
> git checkout -b ein-zweig
```

Schritt für Schritt
Checkout verweigert. Was nun?

Normalerweise kann man mit dem checkout-Befehl einfach zwischen den Branches hin- und herspringen. Falls der Workspace jedoch nicht clean *ist, muss man entscheiden, wie man mit den lokalen Änderungen umgehen möchte.*

1. Checkout

Hier wird ein Checkout verweigert:

```
> git checkout ein-zweig
error: Your local changes to the following files would be
overwritten by checkout: foo.txt
Please, commit your changes or stash them before you can
switch branches.
Aborting
```

Es liegen Änderungen im Workspace oder Stage-Bereich vor, die noch nicht durch ein Commit bestätigt wurden. Sie müssen entscheiden, was mit den Änderungen geschehen soll.

2a. Commit und dann wechseln

```
> git commit --all
> git checkout ein-zweig
```

2b. Verwerfen und dann wechseln

Sie können den Wechsel auch mit der Option `--force` erzwingen. **Achtung!** Dabei werden lokale Änderungen unwiderruflich überschrieben!

```
> git checkout --force ein-zweig
```

2c. Zwischenspeichern und dann wechseln

Sie können die Änderungen mit dem `stash`-Befehl (siehe auch »Stashing: Änderungen zwischenspeichern« ab Seite 35) zwischenspeichern, um sie später mit dem `stash pop`-Befehl zurückzuholen.

```
> git stash
> git checkout ein-zweig
```

6.6   Branch-Zeiger umsetzen

Der Branch-Zeiger für den aktiven Branch wird mit jedem Commit weitergeführt. Daher ist es nur selten erforderlich, dass man den Branch-Zeiger direkt setzt. Manchmal kommt es vor, dass man sich verrannt hat und zu einem früheren Stand zurückkehren möchte. Dann kann man den Branch-Zeiger mit dem `reset`-Befehl zurücksetzen.

```
> git reset --hard 39ea21a
```

Hier wurde der Zeiger für den aktiven Branch auf das Commit `39ea21a` gesetzt. Die Option `--hard` sorgt dafür, dass Workspace und Stage-Bereich ebenfalls auf den Stand von `39ea21a` gesetzt werden.

Achtung! `reset -hard` überschreibt Workspace und Stage-Bereich. Es können Änderungen verloren gehen! Sie sollten die offenen Änderungen mit `git stash` vorher zwischenspeichern (siehe »Stashing: Änderungen zwischenspeichern« ab Seite 35).

Tipp: `stash` *vor dem* `reset`

6.7   Branch löschen

Schritt für Schritt
Branch löschen
Ein Branch kann mit branch -d gelöscht werden.

a. Abgeschlossenen Branch löschen
```
> git branch -d  b-branch
```

b. Offenen Branch löschen
Git warnt und verweigert die Löschung, falls der betroffene *Branch*
noch nicht in einen anderen *Branch*, z. B. den master, überführt wurde.
Möchte man den *Branch* trotzdem löschen, kann man die Option -D
angeben.

```
error: The branch '-branch' is not fully merged.
If you are sure you want to delete it, run 'git branch -D b-branch'.
```

```
> git branch -D  b-branch
Deleted branch b-branch (was 742dcf6).
```

Schritt für Schritt
Versehentlich gelöschten Branch wiederherstellen
*Git löscht zunächst nur den Zeiger auf das Commit, der zur Verwaltung
des Branches verwendet wird. Die Commit-Objekte bleiben im Repository erhalten. Man kann den Branch wiederherstellen, wenn man sich
den Commit-Hash aus der Meldung nach dem Löschen (siehe Beispiel
oben) gemerkt hat.*

a. Branch herstellen (Commit-Hash bekannt)
```
> git branch a-branch 742dcf6
```

b.1. Commit-Hash ermitteln

Wenn man den Commit-Hash nicht mehr weiß, kann man diesen meist im lokalen *Reflog* finden. Dort wird die Historie der Commits der Branch-Referenzen gespeichert.

```
> git reflog

c765a1e HEAD@{0}: checkout: moving from b-branch to master
88117f6 HEAD@{1}: merge b-branch: Fast-forward
9332b08 HEAD@{2}: checkout: moving from a-branch to b-branch
441cdef HEAD@{3}: commit: Wichtige Dinge ergänzt
```

b.2. Branch wiederherstellen (Commit-Hash aus Reflog)

```
> git branch b-branch HEAD@{1}
```

6.8   Und was ist, wenn man die Commit-Objekte wirklich loswerden will?

Der gc-Befehl (Garbage Collect) räumt im Repository auf und entfernt Commit-Objekte, die von den aktuellen *Branches* aus nicht erreichbar sind. Wenn man wirklich sichergehen möchte, empfiehlt es sich, das Repository zu klonen und das Original-Repository zu löschen. Dann hat man definitiv einen sauberen Stand.

Repositorys klonen
→ Seite 73

6.9   Zusammenfassung

Verzweigungen im Commit-Graphen: Bei paralleler Entwicklung und beim Bugfixen auf alten Versionen verzweigt sich der Commit-Graph.

Branches: Ein Branch gibt einem Zweig im Commit-Graphen einen Namen. Der Branch hat einen Zeiger auf das jüngste Commit in diesem Zweig.

Aktiver Branch: Im Normalfall ist immer ein Branch aktiv. Macht man dort neue Commits, wird der Zeiger weitergesetzt.

Branch erstellen: Mit dem `branch`-Befehl erstellt man einen neuen Branch.

Checkout: Mit dem `checkout`-Befehl wechselt man auf einen anderen Branch.

Reflog: Git führt ein Log über jede Änderung an den Branch-Zeigern, insbesondere auch über jedes Commit. Dies ist hilfreich, wenn man versehentlich gelöschte Branches wiederherstellen möchte.

Garbage: Commits, die nicht Vorgänger eines Branch sind, gelten als Garbage. Sie können mit dem `gc`-Befehl aufgeräumt werden.

7   Branches zusammenführen

Die wichtigste Operation auf Branches ist das Zusammenführen mit dem merge-Befehl. Auch wenn die zugrunde liegenden Algorithmen komplex sind, ist der Aufruf einfach. Man gibt den Namen des *Branch* an, dessen Änderungen integriert werden sollen. Es entsteht dann ein neues Commit mit den zusammengeführten Inhalten.

Abbildung 7-1 zeigt ein Beispiel: Während einige Entwickler auf einem *Branch* namens feature emsig weiterentwickeln, hat ein anderer Entwickler einen Fehler auf dem *Branch* master behoben (Commit E) und eine korrigierte Version der Software ausgeliefert. Kurz darauf wird das Feature fertiggestellt und soll ebenfalls ausgeliefert werden. Die nächste Version auf dem master-Branch soll sowohl den Bugfix als auch das neue Feature enthalten. Mit dem merge-Befehl führt man die Zweige zusammen. Dabei entsteht ein sogenanntes Merge-Commit (hier: F), das zwei Vorgänger hat (D und E).

```
> # auf dem Branch "master"
> git merge feature
```

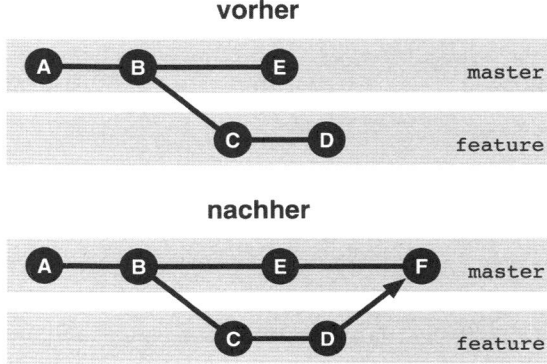

vorher

master

feature

nachher

master

feature

Abb. 7-1
Merge:
Zusammenführen von
Branches

7.1   Was passiert bei einem Merge?

Ein Ziel von Git ist es, die Zusammenarbeit von dezentral arbeitenden Entwicklern so leicht wie nur möglich zu machen. Deshalb soll der merge-Befehl Branches weitgehend automatisch, also ohne Benutzerinteraktion, zusammenführen. Doch wie ist das möglich?

Abbildung 7-2 zeigt zwei verschiedene Versionen eines Dateiinhalts, eine vom a-branch und eine vom b-branch. Es ist recht leicht zu erkennen, welche Zeilen sich unterscheiden. Aber welche Variante ist die richtige? »Freitag« oder »Montag«? »Git« oder »Fit«? Wie soll ein Algorithmus das entscheiden?

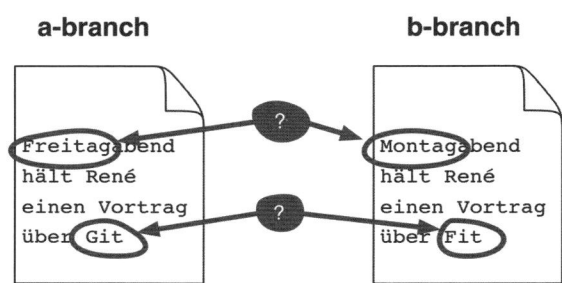

Abb. 7-2
2 Versionen:
Welche ist richtig?

Der Schlüssel dazu liegt oft in der *Commit-Historie*. Der Trick besteht darin, den letzten gemeinsamen Vorgänger zu finden. Etwas vereinfacht ausgedrückt ist das die Stelle, wo sich die Wege der *Branches* getrennt haben. Vergleicht man die Ursprungsversion mit den Varianten in den *Branches*, wird das Bild klarer.

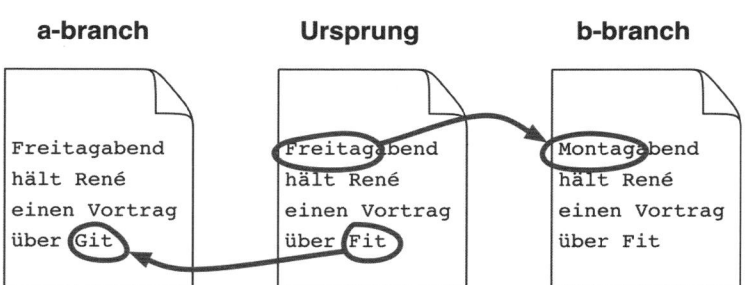

Abb. 7-3
3-Wege-Betrachtung

Im Beispiel in Abbildung 7-3 erkennt man, dass im b-branch in der ersten Zeile der »Freitagabend« durch »Montagabend« ersetzt wurde. Im a-branch wurde die erste Zeile gar nicht verändert. Das ist ein starkes Indiz dafür, dass man den »Montagabend« mitnehmen sollte, wenn man beide *Branches* zusammenführt. Auf dieselbe Weise schließt man, dass in der letzten Zeile »Git« und nicht »Fit« zu übernehmen ist. Abbildung 7-4 zeigt das Ergebnis, das der *Merge*-Algorithmus[1] liefern würde.

Merge-Ergebnis

```
Montagabend
hält René
einen Vortrag
über Git
```

Abb. 7-4
Merge-Ergebnis

7.2 Konflikte

Git ist sehr gut darin, Änderungen an Programmquelltexten zusammenzuführen, wenn verschiedene Entwickler verschiedene Stellen darin bearbeitet haben. Dies funktioniert oftmals selbst dann, wenn betroffene Dateien verschoben oder umbenannt wurden. Leider gibt es trotzdem immer wieder Konflikte, die auch Git nicht automatisch auflösen kann.

Bearbeitungskonflikte treten auf, wenn zwei Entwickler dieselben Codezeilen in unterschiedlicher Weise geändert haben. Dann kann Git nicht entscheiden, welche von beiden Änderungen die richtige ist.
Inhaltliche Konflikte treten dann auf, wenn zwei Entwickler verschiedene Codeteile so geändert haben, dass sie zusammen nicht mehr funktionieren. Dies passiert zum Beispiel dann, wenn ein Entwickler eine Funktion inhaltlich verändert und ein anderer Entwickler parallel dazu etwas programmiert, was noch auf der alten Arbeitsweise dieser Funktion beruht.

---

[1] Tatsächlich ist es gar nicht so ganz einfach, den oben erwähnten gemeinsamen Vorgänger zu finden. Git implementiert daher drei verschiedene *Merge*-Algorithmen. Default ist der »recursive«-Algorithmus, auf den die Linux-Kernel-Entwickler schwören. Außerdem sind der klassische 3-Wege- und der »octopus«-Algorithmus implementiert. »octopus« kann viele Branches gleichzeitig zusammenführen.

7.3   Bearbeitungskonflikte

Wenn Git einen Konflikt nicht auflösen kann, erscheint eine Fehlermeldung.

```
> git merge ein-branch
Auto-merging foo.txt
CONFLICT (content): Merge conflict in foo.txt
Automatic merge failed; fix conflicts and then commit the result.
```

Folgendes ist dann geschehen:

1. Git hat *kein* Commit erstellt. Normalerweise tut Git dies nach einem Merge automatisch. Im Konfliktfall muss man zuerst die Probleme aus dem Weg räumen und danach das Commit manuell erstellen.
2. In `.git/MERGE_HEAD` steht der Commit-Hash des anderen Branch.
3. Die Dateien im Workspace spiegeln das Merge-Ergebnis wider.
4. Konfliktfrei zusammengeführte Änderungen sind im Stage-Bereich (Seite 27) schon für das nächste Commit angemeldet.
5. *Konfliktmarkierungen* wurden eingefügt.
6. Die Konfliktstellen sind noch nicht für das nächste Commit angemeldet.

Der status-Befehl zeigt jetzt in der Sektion Changes to be committed: die automatisch zusammengeführten Dateien an und in der Sektion Unmerged paths: jene Dateien, die der Benutzer noch manuell nachbearbeiten sollte.

```
> git status
# On branch master
# You have unmerged paths.
#   (fix conflicts and run "git commit")
#
# Changes to be committed:
#
# modified:   blah.txt
#
# Unmerged paths:
#   (use "git add <file>..." to mark resolution)
#
# both modified:     foo.txt
#
```

7.4   Konfliktmarkierungen

Eine Konfliktmarkierung zeigt beide Varianten. Zuerst sieht man die Zeilen, wie sie auf dem aktuellen Branch (HEAD) vorher aussahen. Dahinter sieht man, wie sie auf dem anderen Branch (MERGE_HEAD, hier ein-branch) aussahen:

```
Im Frühtau
<<<<<< HEAD
zu Tale
=======
zum Schwimmen
>>>>>> ein-branch
wir geh'n. Fallera!;
```

Aus historischen Gründen wird der gemeinsame Vorgänger dabei standardmäßig nicht angezeigt. Sie können sich das 3-Wege-Format aber
konfigurieren:

*Tipp: 3-Wege-Format
für Konflikte*

```
> git config merge.conflictstyle diff3
```

Ein Bearbeitungskonflikt wird dann wie folgt dargestellt:

```
Im Frühtau
<<<<<< HEAD
zu Tale
||||||| merged common ancestors
zu Berge
=======
zum Schwimmen
>>>>>> ein-branch
wir geh'n. Fallera!;
```

Zwischen der eigenen und der fremden Variante wird gezeigt, wie der
Code im letzten gemeinsamen Vorgänger aussah.

7.5   Bearbeitungskonflikte lösen

Am besten löst man Bearbeitungskonflikte mit einem Merge-Tool, wie
zum Beispiel kdiff3. Man startet das Merge-Tool mit dem mergetool-
Befehl.

```
> git mergetool
```

Dort löst man die Konflikte, speichert die Änderungen und beendet die
Anwendung wieder. Danach stehen die zusammengeführten Änderungen im Stage-Bereich und können mit einem Commit bestätigt werden.
    Für Binärdateien gibt es keine textuelle Konfliktmarkierung. Hier
muss man sich die Ursprungsversionen ansehen. Drei Versionen einer
Datei spielen beim Konflikt eine Rolle: die Version auf dem aktuellen
Branch (*ours*), die Version auf dem anderen Branch (*theirs*) und der
letzte gemeinsame Vorgänger dieser beiden Branches (*ancestor*). Der
show-Befehl kann die Versionen abrufen:

*Tipp: Konflikte in
Binärdateien*

```
> git show :1:picture.png   >ancestor.png
> git show :2:picture.png   >ours.png
> git show :3:picture.png   >theirs.txt
```

Merge- und Diff-Tools zeigen in der Regel auch Änderung am Whitespace an. Wenn ein Entwickler beispielsweise Tabs durch Spaces ersetzt hat, werden alle Zeilen markiert, obwohl sich inhaltlich vielleicht gar nichts getan hat. Die Tools bieten in der Regel eine Option, um Whitespace-Änderungen zu ignorieren. Diese sollte man nutzen.

Noch besser ist es natürlich, wenn alle Entwickler denselben automatischen Formatierer für Quelltexte nutzen. Damit sind Formatierungen als Fehlerquelle für Konflikte weitgehend ausgeschlossen.

Es geht natürlich auch ohne Tool, wie die folgende Anleitung zeigt:

Schritt für Schritt

Merge manuell durchführen

1a. Betroffene Dateien editieren

Für jede Konfliktstelle überlegt man sich, welche Variante man übernehmen möchte. Danach entfernt man den Rest und die Konfliktmarkierungen mit einem Texteditor. Für Binärdateien geht das nicht, da ist nur Schritt **1b** möglich.

1b. `--ours` oder `--theirs` übernehmen

Alternativ kann man mit dem `checkout`-Befehl auch nur die eigenen (oder die fremden) Versionen der Dateien komplett übernehmen.

```
> git checkout --theirs tests/
```

2. Änderungen anmelden

```
> git add .
```

3. Commit

```
> git commit
```

Es kann vorkommen, dass man ein Merge versehentlich ausführt oder Fehler bei der Konfliktauflösung macht. Dann sollte man nicht direkt weiterarbeiten, sondern das Merge explizit abbrechen, damit keine Reste der Zusammenführung im Workspace verbleiben und damit Git das nächste Commit nicht als *Merge-Commit* kennzeichnet.

Ein Merge kann mit dem reset-Befehl wieder abgebrochen werden:

```
> git reset --merge
```

7.6   Und was ist mit den inhaltlichen Konflikten?

Problematisch sind die inhaltlichen Konflikte, denn die kann Git nicht erkennen und erst recht nicht automatisch lösen. Gefährlich dabei ist, dass der merge-Befehl bei einem rein inhaltlichen Konflikt ein gültiges *Merge-Commit* erzeugt.

Achtung! Auch wenn alle zusammengeführten Versionen korrekt sind und Git keine Bearbeitungskonflikte gemeldet hat, kann das *Merge-Commit* defekt sein!

Wer sich davor schützen will, inhaltlich inkonsistente Software-stände auszuliefern, sollte mehr tun:

Absicherung durch automatisierte Tests: Wenn diese regelmäßig ausgeführt werden und eine gute Abdeckung haben, entdeckt man inhaltliche Konflikte oft schnell.

Mit einem Build-Server arbeiten → Seite 165

Assertions, Pre- und Postconditions: Je mehr Erwartungen explizit geprüft werden, desto früher erkennt man Probleme.

Klare Schnittstellen, lose Kopplung: Je sauberer die Architektur in diesem Punkt ist, desto weniger wahrscheinlich sind überraschende Seiteneffekte durch Codeänderungen an unterschiedlichen Stellen.

Statische Typprüfungen: Wenn die Programmiersprache dies unterstützt, werden Probleme durch Signaturänderungen bereits zur Compile-Zeit erkannt.

Es ist übrigens zulässig, mehrere zu integrierende *Branches* beim merge-Befehl anzugeben. Dies nennt man dann ein *Octopus-Merge*.

7.7   Fast-Forward-Merges

Nicht selten tritt Folgendes ein: Es gibt mehrere *Branches*, aber nur auf einem wurde weitergearbeitet. In Abbildung 7-5 ist auf a-branch weiterentwickelt worden, auf dem b-branch ist nichts passiert. Wenn man auf dem Branch b-branch ein Merge mit a-branch ausführt, hat Git es einfach: Es setzt nur den Zeiger für b-branch hoch. Es entsteht kein *Merge-Commit*. Man nennt dies ein *»Fast-Forward-Merge«*.

```
> git checkout b-branch
> git merge a-branch
```

Abb. 7-5
»Fast-Forward«-Merge

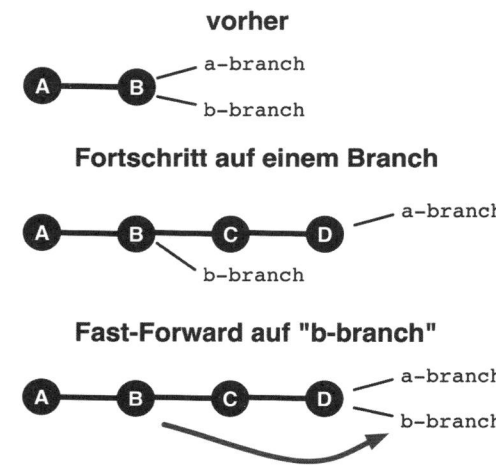

Updating 9d4caed..9332b08
Fast-forward
 foo.txt | 2 +-
 1 files changed, 1 insertions(+), 1 deletions(-)

Der Vorteil von *Fast-Forward-Merges* besteht darin, dass die Versions-historie einfach und linear bleibt. Der Nachteil ist, dass man der Histo-rie später nicht mehr ansieht, dass eine Zusammenführung stattgefun-den hat. Deshalb verwenden wir in einigen Workflows in diesem Buch lieber die Option --no-ff, um zu erzwingen, dass beim *Merge* ein neues Commit entsteht (Abbildung 7-6).

```
> git merge --no-ff a-branch
```

Abb. 7-6
Variante ohne
»Fast-Forward-Merge«

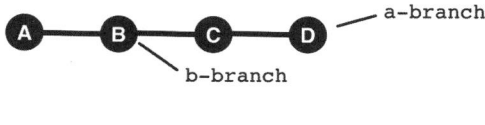

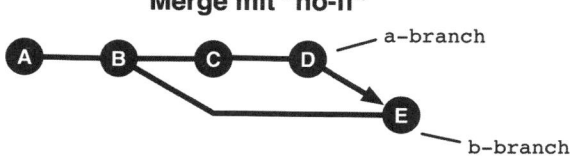

7.8   First-Parent-History

Ein *Merge-Commit* hat in der Regel zwei Vorgänger[2]. Im folgenden Beispiel sind es die Commits ed1c70e und f1d55be.

```
> git log --merges
commit 7f3eae07c42df05f894fdd4754e38ab9e66a5051
Merge: ed1c70e f1d55be
Author: ...
```

Das erste angegebene Commit nennt man den *First-Parent*, im obigen Beispiel ist es ed1c70e. Es ist jenes Commit, das HEAD war, als das Merge durchgeführt wurde. Man sieht also, wo das *Merge* stattgefunden hat.

Wenn alle Entwickler auf demselben Branch entwickeln, dann ergibt sich eher willkürlich, wann und wo Merges durchgeführt werden. In diesem Fall ist es eher uninteressant, welches Commit *First-Parent* ist.

Gemeinsam auf einem Branch entwickeln
→ *Seite 127*

Anders sieht es aus, wenn mit *Feature-Branches* entwickelt wird. Dann wird ein Feature nach dem anderen auf dem Feature-Branch integriert, und es entsteht auf dem Integrationsbranch (im Beispiel master) eine Folge von *Merge-Commits* (Abbildung 7-7), deren *First-Parent* immer das *Merge-Commit* des vorigen Features ist.

Mit Feature-Branches entwickeln → *Seite 135*

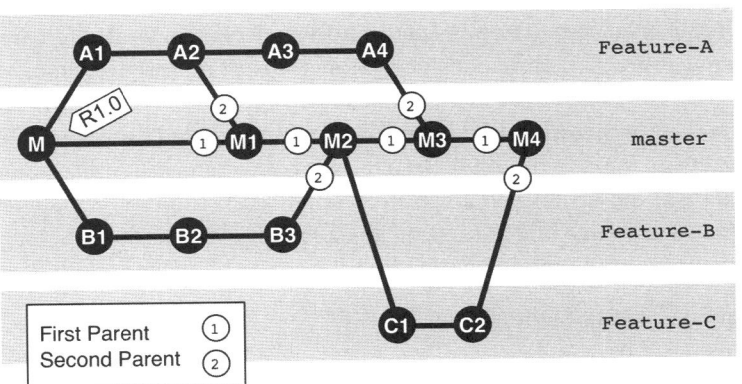

Abb. 7-7
First Parent History

Wenn man vom HEAD aus der Historie über die *First-Parents* rückwärts folgt, erhält man einen Überblick über die Feature-Integrationen. Diese Folge nennt man *First-Parent-History*. Die Option --first-parent des log-Befehls zeigt sie an:

---

[2] Bei den sogenannten *Oktopus-Merges* kann es auch mehr als zwei Vorgänger geben.

```
> git log --first-parent --oneline R1.0..master
7f3eae0 Merge branch 'Feature-C' Fertig (M4)
ed1c70e Merge branch 'Feature-A' Fertig (M3)
eeb6ec2 Merge branch 'Feature-B' Fertig (M2)
8ce3213 Merge branch 'Feature-A' Teillieferung (M1)
```

Das Schöne an der *First-Parent-History* ist, dass sie eine verdichtete Darstellung der Historie liefert. Man sieht, welche Features integriert wurden, ohne jedes einzelne Commit der Feature-Branches betrachten zu müssen.

Achtung!   Das funktioniert nur, wenn man auf dem Integrationsbranch keine *Fast-Forward-Merges* durchführt. Anderenfalls würden einzelne Commits der Feature-Branches direkt in der *First-Parent-History* des master landen.

Achtung!   Außerdem sollte man auf dem Integrationsbranch (hier: master) keine internen Merges durchführen, sondern darauf achten, dass die Features alle nacheinander integriert werden, so dass eine lineare Historie von *Feature-Merges* entsteht.

7.9   Knifflige Merge-Konflikte

Die meisten Zusammenführungen erledigt Git automatisch oder mit geringer manueller Nachhilfe. Wenn zwei Branches sich stark unterschiedlich entwickelt haben, kann es zu kniffligen Konflikten kommen.

Tipp: Octopus-Merges schrittweise auflösen

Wir sprechen in diesem Abschnitt immer nur von zwei Branches. Falls Sie bei einem Octopus-Merge auf Probleme stoßen, sollten Sie den Merge abbrechen und versuchen, Branch für Branch vorzugehen.

Tipp: Historie lesen!

Das Wichtigste ist, erst einmal Informationen zu sammeln, um zu verstehen, was auf den Branches passiert ist. Hierbei hilft die ..-*Notation* beim log-Befehl. Zum Beispiel zeigt a..b jene Commits aus dem Branch b, die im Branch a nicht enthalten sind. Man kann sich zeigen lassen, was »wir« (auf dem aktuellen Branch) getan haben, also welche von »unseren« Commits im anderen Branch noch nicht enthalten sind.

```
> git log MERGE_HEAD..HEAD
```

Umgekehrt kann man zeigen, was »die anderen« gemacht haben:

```
> git log HEAD..MERGE_HEAD
```

Eine grafische Darstellung der Verzweigung kann ebenfalls nützlich sein.

```
> git log --graph --oneline --decorate HEAD MERGE_HEAD
```

Mit der Option --merge des log-Befehls kann man die Anzeige auf *Merge-Commits* einschränken.

```
> git log --merge
```

Auch das Vergleichen der Ausgangsversion mit den Spitzen der Branches kann nützlich sein. Hierzu benötigt man die *Merge-Base*, d.h. den gemeinsamen Vorgänger der Branches im Merge.[3]

```
> git merge-base HEAD MERGE_HEAD
ed3b1832c48b359111d00bddb071c42ba6f38324
> git diff --stat ed3b18 HEAD        % Unsere Änderungen
> git diff --stat ed3b18 MERGE_HEAD  % Fremde Änderungen
```

Man kann auch den `difftool`-Befehl verwenden, wenn man ein grafisches Tool anstelle einer Textausgabe haben möchte.

Tipp: »die anderen« dazuholen

Jetzt sieht man, welche Entwickler am Konflikt beteiligt sind. Am besten ist es, alle an einen Tisch zu holen. Dann kann jeder dafür sorgen, dass seine Änderungen bei der Zusammenführung korrekt berücksichtigt werden.

Tipp: Denkrichtung wechseln hilft manchmal

Falls »die anderen« nicht erreichbar sind, wird es schwieriger, weil man sich auf dem »anderen« Branch ja nicht auskennt. Technisch betrachtet ist ein Merge eine symmetrische Operation. Im Kopf hat man oft eine asymmetrische Sicht. Man stellt sich die Frage: »Wie bekomme ich die Änderungen der anderen in meinen Code?« Manchmal hilft es, die Frage umzukehren. Nehmen Sie den »anderen« Versionsstand als Ausgangspunkt, und überlegen Sie, wie Sie »Ihre« Änderungen dort einbringen. Manchmal hilft der Wechsel des Blickwinkels.

7.10   Egal, es wird schon irgendwie gehen

Unter Zeitdruck können Merge-Tools einen dazu verleiten, willkürlich auf die eine oder andere Variante zu klicken, deren Code »irgendwie besser« aussieht. Man sollte dieser Versuchung widerstehen. Wenn man nach Analyse von Diffs und Logs und Zuhilfenahme der »anderen« Versionen immer noch unsicher ist, wie die Konflikte aufzulösen sind, sollte man den Merge abbrechen. Ein paar mögliche Strategien sind dann:

Branch restrukturieren: Die sauberste Lösung besteht wohl darin, einen der Branches durch Refactoring und mithilfe von interaktivem Rebasing aufzuräumen. Das ist allerdings viel Arbeit.

Merge in kleinen Schritten: Wenn einer der beiden Branches aus feingranularen Commits besteht, kann man Commit für Commit vorgehen. Der Vorteil liegt darin, dass bei kleinen Commits Konflikte

---

[3] In seltenen Fällen kann der gemeinsame Vorgänger nicht eindeutig bestimmt werden. Dann liefert der `merge-base`-Befehl mehrere Commits.

meist leicht aufzulösen sind. Das kann zäh sein, wenn es um viele Commits geht. Es empfiehlt sich auf jeden Fall, einen lokalen
Branch hierfür anzulegen.

Verwerfen und Cherry-Pick: In manchen Fällen ist es besser, die Änderungen des schlechteren Branch nicht zu übernehmen. Einzelne
Verbesserungen kann man dann mit dem `cherry-pick`-Befehl übernehmen.

Raten und testen: Wenn sich die betroffene Funktionalität gut testen
lässt, kann man natürlich versuchen, bei der Konfliktauflösung zu
raten und das Ergebnis so lange zu verbessern, bis die Tests grün
sind. Sagen Sie dann aber bitte nicht, wir hätten das empfohlen.

7.11   Zusammenfassung

Merge: Die Zusammenführung von Zweigen im Commit-Graphen
nennt man Merge.

Merge-Commit: Das Ergebnis des `merge`-Befehls ist ein sogenanntes
Merge-Commit.

3-Wege-Merge: Git nutzt den Commit-Graphen, um beim Merge den
letzten gemeinsamen Vorfahren zu finden. Dann führt Git die Änderungen, die auf dem einen Branch seit dem Vorfahren erfolgt sind,
mit den Änderungen zusammen, die auf dem anderen Branch gemacht wurden. Solange die Änderungen an verschiedenen Code-
stellen passiert sind, führt Git die Versionen automatisch zusammen.

Konflikt: Jene Stellen, die Git nicht automatisch zusammenführen
kann, etwa weil dieselbe Zeile auf unterschiedliche Weise geändert
wurde, nennt man Konflikt.

Inhaltlicher Konflikt: Es kommt immer wieder vor, dass Änderungen
an verschiedenen Stellen stattfinden, aber trotzdem inhaltlich nicht
zusammenpassen. Git kann solche inhaltlichen Konflikte nicht erkennen. Das Projekt muss eigene Vorkehrungen treffen, zum Beispiel automatische Tests, um sich davor zu schützen.

Fast-Forward-Merge: Es kommt recht häufig vor, dass einer der Branches beim Merge ein Vorfahre des anderen ist. In diesem Fall setzt
Git einfach den Branch-Zeiger weiter. Es ist kein Merge-Commit
notwendig.

8 Mit Rebasing die Historie glätten

Viele Verzweigungen in einer *Commit-Historie* sind unübersichtlich. Git ermöglicht es, die Historie zu begradigen. Das wichtigste Werkzeug hierfür ist der rebase-Befehl, der Folgen von Commits an andere Stellen im *Commit-Graphen* verschieben kann. Dies will man dann tun,

- wenn man Commits versehentlich auf dem falschen Branch ausgeführt hat. Typisch wäre etwa ein Bugfix, den man auf der Entwicklungslinie (master) abgezweigt hat, der aber eigentlich als Hotfix von der Release-Linie (stable) hätte abgezweigt werden sollen;

Ein Release durchführen
→ *Seite 179*

- wenn mehrere Entwickler intensiv an der gleichen Software arbeiten und ihre Änderungen häufig integrieren. Ohne *Rebasing* entsteht dann eine Historie aus vielen kleinen Verzweigungen und Zusammenführungen (eine sogenannte *Diamantenkette*). Mit dem rebase-Befehl kann man stattdessen eine glatte lineare Historie herstellen.

Gemeinsam auf einem Branch entwickeln
→ *Seite 127*

8.1 Das Prinzip: Kopieren von Commits

Das Prinzip beim *Rebasing* ist einfach: Git nimmt eine Folge von Commits, die verschoben werden sollen, und spielt diese auf dem Ziel-Branch in genau derselben Reihenfolge erneut ein. Dabei entsteht für jedes der ursprünglichen Commits eine getreue Kopie mit den gleichen Änderungen (Changeset), dem gleichen Autor, Zeitpunkt und Kommentar.

Achtung! Es sieht auf den ersten Blick so aus, als ob Git beim *Rebasing* Commits verschieben würde. Tatsächlich sind die »verschobenen« Commits immer neue Commits und haben auch einen anderen Commit-Hash. Dies ist dann von Bedeutung, wenn von Original-Commits bereits weitere Branches abgezweigt wurden. Mehr dazu folgt ab Seite 70.

Rebasing erzeugt immer neue Commits!

Achtung! Da die neuen Commits an einer anderen Stelle im Commit-Graphen eingespielt werden, kann es natürlich zu Konflikten kommen, weil die Änderungen dort nicht passen. Solche Änderungen müssen dann wie Merge-Konflikte manuell aufgelöst werden.

Bearbeitungskonflikte
→ *Seite 56*

8.2 »Diamantenketten« vermeiden

Wenn mehrere Entwickler gemeinsam an einer Software entwickeln und häufig die Änderungen integrieren (wie in »Gemeinsam auf einem Branch entwickeln« (Seite 127)), entsteht eine *Commit-Historie* aus Verzweigungen und Zusammenführungen, die an eine Kette von Diamanten erinnert. Mit dem rebase-Befehl kann man stattdessen eine – inhaltlich gleichwertige – lineare Geschichte erzeugen.

Abb. 8-1
Diamantenkette

Das Beispiel in Abbildung 8-2 zeigt, wie das geht: Ein Branch feature-a wurde vom master abgezweigt und hat zwei Commits C und D. Auch auf dem master wurde weiterentwickelt: Commit B.

Abb. 8-2
Einfaches Rebasing

vorher

A — B	master
C — D	feature-a

nach dem Rebase

A — B	master
feature-a zweigt jetzt hier ab. → C' — D'	feature-a

Man könnte nun die Änderungen mit git merge master zusammenführen. Nur hätte man dann wieder einen neuen »Diamanten« in der Kette. Stattdessen kann man mit dem rebase-Befehl die Historie wieder »glatt ziehen«. Als Parameter gibt man, wie beim merge-Befehl, den Branch an, dessen neueste Änderungen man in den aktiven Branch übernehmen möchte.

```
> # Branch "feature-a" ist aktiv
> git rebase master
```

Git tut nun Folgendes:

Welche Commits? Es wird ermittelt, welche Commits aus dem aktiven Branch `feature-a` noch nicht im Ziel-Branch `master` enthalten sind. Im Beispiel sind dies `C` und `D`.

Wohin? Git bestimmt das Ziel-Commit. Die neuen Commits sollen vom Kopf des Ziel-Branch `master` abzweigen. Im Beispiel ist das Ziel-Commit `B`.

Kopieren der Commits: Ausgehend vom Ziel-Commit werden alle oben ermittelten Commits noch einmal neu, aber mit den gleichen Änderungen, ausgeführt. Im Beispiel entstehen dabei die Commits `C'` und `D'`.

Aktiven Branch auf Kopie umsetzen: Der aktive Branch wird auf das oberste kopierte Commit umgesetzt. Im Beispiel wird der Branch `feature-a` also auf das Commit `D'` umgesetzt.

Oftmals muss man den `rebase`-Befehl gar nicht direkt aufrufen. Man kann stattdessen die Option `--rebase` (Seite 79) des `pull`-Befehls zum Abgleich mit entfernten Repositorys nutzen.

Tipp: Pull und Rebase in einem Schritt

   Anmerkung: Die alten Commits `C` und `D` sind übrigens immer noch im Repository vorhanden. Sie sind nur nicht mehr direkt sichtbar, da der Branch `feature-a` jetzt auf `D'` verweist. Kein Branch verweist mehr auf `C` und `D`. Über die Commit-Hashes sind sie weiterhin erreichbar. Erst nach einer *Garbage Collection* mit dem `gc`-Befehl werden sie aus dem Repository verschwinden.

Original-Commits werden nicht gelöscht!

8.3   Und wenn es zu Konflikten kommt?

Genau wie beim `merge`-Befehl kann es auch beim *Rebasing* zu Konflikten kommen, wenn Änderungen nicht zusammenpassen. Einen wichtigen Unterschied gibt es aber doch: Beim *Merge* entsteht ein einzelnes Commit mit dem Ergebnis der Zusammenführung. Beim *Rebasing* hingegen werden mehrere Commits Schritt für Schritt neu erzeugt. Wenn alles glatt geht, sieht der Inhalt des letzten Commits genauso aus wie jener, den der `merge`-Befehl erzeugt hätte, denn Git verwendet für beide Befehle die gleichen Algorithmen zur Konfliktbehandlung. Wenn der `rebase`-Befehl aber auf einen Konflikt stößt, wird der Vorgang unterbrochen. Die Dateien werden, wie beim *Merge*, mit Konfliktmarkierungen versehen. Man kann die Dateien manuell oder mit einem *Merge-Tool* bereinigen. Danach fügt man sie dem Staging-Bereich hinzu. Dann kann man den `rebase`-Befehl mit der Option `--continue` fortfahren lassen.

```
> git add foo.txt
> git add bar.txt
> git rebase --continue
```

Tipp: Abbrechen oder überspringen

Mit der Option `--abort` kann man den *Rebasing-Vorgang* auch ganz abbrechen, und mit `--skip` kann man das konfliktbehaftete Commit überspringen. Es wird dann einfach weggelassen, d. h., seine Änderungen tauchen in dem neuen Branch nicht auf.

Achtung! Anders als beim Merge ist bei einer Unterbrechung des Rebasing erst ein Teil der zu kopierenden Commits angewendet worden.

8.4　Branches umpflanzen

Gelegentlich kommt es vor, dass man einen Branch bereits erstellt und erste Commits darauf gemacht hat. Mit der Option `--onto` kann man einen Branch an eine andere Stelle im *Commit-Graphen* verpflanzen.

Abb. 8-3
Einen Branch verschieben

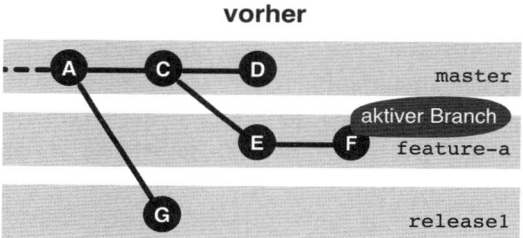

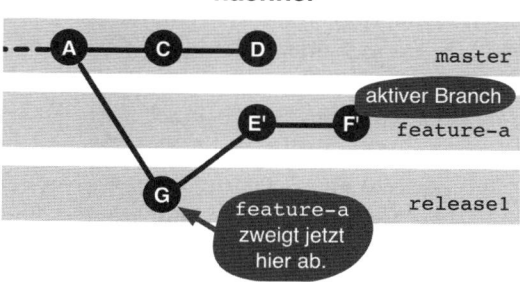

Im Beispiel in Abbildung 8-3 wird der Branch `feature-a`, der von `master` abzweigt, auf den Branch `release1` aufgepfropft.

```
> # Branch "feature-a" ist aktiv
> git rebase master --onto release1
```

Der erste Parameter gibt den Branch an, von dem ursprünglich abgezweigt wurde (hier master). Git ermittelt dann alle Commits des aktiven Branch (feature-a), die noch nicht im ursprünglichen Branch enthalten sind, im Beispiel: E und F. Diese werden an die Stelle kopiert, die beim --onto angegeben ist; im Beispiel ist dies release1.

Schritt für Schritt
Einen Branch verschieben

Ein Branch soll an eine andere Stelle im Commit-Graphen *verschoben werden.*

1. Gegebenenfalls auf den zu verschiebenden Branch wechseln

```
> git checkout zweig
```

2. Ursprung bestimmen

Es gibt einen Branch ursprung, von dem der zu verschiebende Branch zweig abgezweigt wurde. Es werden alle Commits verschoben, die noch nicht im ursprung enthalten sind.

3. Prüfen, was verschoben wird

Es empfiehlt sich, vorher zu prüfen, welche Commits betroffen sind, denn ein falsch durchgeführtes *Rebasing* kann eine sehr unübersichtliche Situation im Repository hinterlassen.

```
> git log ursprung..zweig
```

4. Zielpunkt bestimmen

Man wählt einen Branch ziel, auf den der verschobene Branch nachher aufgesetzt werden soll.

5. Rebasing durchführen

```
> git rebase ursprung --onto ziel
```

Anmerkung: Der Ursprung beim rebase-Befehl muss nicht unbedingt ein Branch sein. Es kann auch ein beliebiges Commit angegeben werden. Somit lässt sich sehr genau steuern, welche Commits verschoben werden.

8.5   Was passiert mit den ursprünglichen Commits nach dem Rebasing?

Beim *Rebasing* werden Commits kopiert. Die Originale (im Beispiel C und D) bleiben zunächst erhalten. Im Normalfall, d. h., wenn von diesen Commits keine weiteren Branches abgezweigt wurden, wird die nächste *Garbage Collection* (gc-Befehl) sie einfach aus dem Repository entfernen.

Abb. 8-4
Alter und neuer Branch nach dem Rebasing

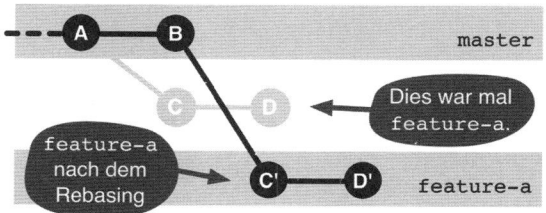

8.6   Warum ist es problematisch, Original und Kopie eines Commits im gleichen Repository zu haben?

Duplikate machen das Repository unübersichtlicher. Es kann leicht zu Missverständnissen darüber kommen, in welchen Branches eine gegebene Codeänderung enthalten ist und in welchen nicht. Normalerweise zeigt git log HEAD..ein-branch, welche Commits von ein-branch im aktuellen Branch noch nicht enthalten sind. Falls es Duplikate gibt, kann es vorkommen, dass der aktuelle Branch die Codeänderungen zu diesen Commits trotzdem schon enthält. Das erschwert Reviews und die Qualitätssicherung.

Außerdem kann es zu Schwierigkeiten kommen, wenn Branches mit Duplikat-Commit und Original-Commit später wieder zusammengeführt werden (*Merge*). Im günstigen Fall erkennt Git, dass die gleiche Änderung mehrfach vorkommt, und wendet sie nur einmal an. Im ungünstigen Fall – wenn das Duplikat-Commit zur *Konflikt-Bereinigung* nachbearbeitet wurde – erkennt Git dies nicht und versucht dann, die Änderungen mehrfach anzuwenden. Dabei entstehen für den Anwender unerwartete Konflikte.

Tipp: Nicht »rebasen«, was »gepusht« ist

Sobald man Commits in ein entferntes Repository übertragen hat, sollte man diese Commits nicht mehr mit dem rebase-Befehl verschieben. Andere Entwickler könnten sonst mit den Originalen weiterarbeiten und es würden die oben genannten Probleme auftreten, wenn die Änderungen wieder zusammengeführt werden.

8.7 Cherry-Picking

Es gibt eine weitere Möglichkeit, um Commits zu kopieren, und zwar den `cherry-pick`-Befehl. Man gibt dabei an, welches Commit man haben möchte, und Git erstellt auf dem aktuellen Branch ein neues Commit mit den gleichen Änderungen (Changeset) und Metainformationen.

```
> git cherry-pick 23ec70f6b0
```

Folgendes sollte man über das Cherry-Picking wissen:

> `cherry-pick` arbeitet kontextfrei, ohne die Historie zu berücksichtigen. `merge` und `rebase` können Änderungen oft auch nach Umbenennungen und Verschiebungen noch richtig einordnen; `cherry-pick` kann das nicht.
> Cherry-Picking wird gelegentlich genutzt, um kleine Bugfixes auf verschiedene Releaseversionen zu übertragen.
> Ein anderer Anwendungsfall ist das Übertragen nützlicher Änderungen aus einem Feature-Branch, den man verwerfen möchte.
> **Achtung**: Cherry-Picking kann zu den oben genannten Problemen mit kopierten Commits führen.

8.8 Zusammenfassung

Rebasing: Git kann Commits an andere Stellen im Commit-Graphen kopieren. Dabei bleiben die Änderungen und die Metainformationen (Autor, Zeitpunkt) gleich, aber es gibt einen neuen Commit-Hash. Mit dem `rebase`-Befehl kann man den Commit-Graphen auf vielfältige Weise umbauen.

Nur vor dem Push: Im Normalfall sollte man den `rebase`-Befehl nur auf Commits anwenden, die noch nicht in andere Repositorys übertragen wurden. Es könnte sonst später zu überraschenden Merge-Konflikten kommen.

Historie glätten: Wenn man Konflikte beim parallelen Entwickeln mit dem `merge`-Befehl löst, entsteht eine Historie mit vielen Verzweigungen und Zusammenführungen. Wenn man statt des Merge immer ein Rebasing durchführt, kann man eine lineare Historie erzeugen.

Konflikte beim Rebasing: Git spielt die kopierten Commits Stück für Stück wieder ein. Kommt es zu einem Konflikt, weil die Änderungen nicht zum Workspace passen, wird der Vorgang unterbrochen. Der Entwickler kann, ähnlich wie beim Merge, den Konflikt manuell auflösen und das Rebasing fortsetzen.

`rebase --onto`: Mit dieser Variante ist es möglich, einen Branch an eine völlig andere Stelle im Commit-Graphen zu verschieben.

9 Austausch zwischen Repositorys

Git ist dezentral organisiert. Ein Repository kann viele *Klone* haben. Jeder Entwickler hat seinen eigenen Klon, vielleicht sogar mehrere. Meistens gibt es einen Projektserver mit einem zentralen Repository, das den »offiziellen« Stand eines Projekts repräsentiert (man nennt dies auch *Blessed Repository*). Oft gibt es noch weitere *Klone*, zum Beispiel für Datensicherungen oder auf dem Server für *Continuous Integration*. Jeder *Klon* für sich ist ein eigenständiges und vollwertiges Repository. Überall können neue Commits und Branches entstehen. Der Austausch von Informationen ist deshalb überaus wichtig. Hierfür gibt es die Befehle fetch, pull und push.

Mit einem Build-Server arbeiten → Seite 165

9.1 Repositorys klonen

Das Klonen von Repositorys spielt in Git eine große Rolle. Es gibt viele Gründe dafür, zu klonen:

- Jeder Entwickler benötigt mindestens einen eigenen Klon, um überhaupt mit Git arbeiten zu können.
- Oft wird ein Klon als zentrales Repository genutzt, um den »offiziellen« Stand des Projekts darzustellen.
- Bei einer Multisite-Entwicklung wird jeder Standort seinen Hauptklon haben, der regelmäßig mit den Hauptklonen an anderen Standorten abgeglichen wird.
- Für unabhängige Entwicklungen, die eine andere Richtung nehmen als das Hauptprojekt (z. B. wenn man radikale Umbauten vorhat) verwendet man oft einen eigenen Klon. Einen solchen Klon nennt man auch Fork.
- Wenn man knifflige Arbeiten am Repository durchführt, die das Projekt oder das Repository beschädigen könnten, ist es oft sinnvoll, einen separaten Klon dafür zu nehmen.
- Tools, die mit Git arbeiten, verwenden oft einen eigenen Klon, wie zum Beispiel in »Mit einem Build-Server arbeiten« (Seite 165).
- Klone eignen sich hervorragend als Backup für das Haupt-Repository.

Die Handhabung des `clone`-Befehls ist denkbar einfach. Man gibt den Ort des Original-Repositorys als Parameter an und Git erstellt einen Klon im aktuellen Arbeitsverzeichnis.

Tipp: Bare-Repository

Normalerweise macht Git nach dem Klonen sofort einen Checkout in den Workspace. Mit der Option `--bare` kann man ein Repository ohne Workspace erzeugen lassen. Dies ist nützlich für Repositorys auf Serverseite, auf denen kein Entwickler direkt arbeitet.

Der Workflow »Ein Projekt aufsetzen« (Seite 111) beschreibt unter anderem, wie man ein zentrales Repository für ein Projekt aufsetzen kann.

9.2   Wie sagt man Git, wo das andere Repository liegt?

Wenn das andere Repository lokal vorhanden ist, kann man einfach den Pfad des Verzeichnisses angeben, in dem das Repository liegt, z. B. `/Users/stachi/git-buch.git`. Das Klonen eines lokalen Repositorys sieht beispielsweise so aus:

```
> git clone /Users/stachi/git-buch.git
```

Wenn man es mit mehreren Repositorys aus unterschiedlichen Quellen zu tun hat, ist die *URL-Form* jedoch klarer, bei der der Protokolltyp (hier `file`) vorangestellt wird:

```
> git clone file:///Users/stachi/git-buch.git
```

Neben `file` werden weitere Protokolle für den Zugriff auf nicht lokale Repositorys angeboten. Am häufigsten wird wohl das *ssh-Protokoll* verwendet, weil es eine sichere Authentifizierung ermöglicht und die Infrastruktur dafür oft bereits vorhanden ist, wenn man mit Linux- oder Unix-Servern arbeitet.

```
> git clone ssh://stachi@server.de:git-buch.git
```

Darüber hinaus wird der Zugriff auch über die `http`-, `https`-, `ftp`-, `ftps`- und `rsync`-Protokolle oder über ein proprietäres Protokoll namens `git` ermöglicht.

9.3   Anderen Repositorys einen Namen geben

Wenn man öfter auf einen anderen *Klon* zugreifen möchte, kann man ihn mit dem `remote-add`-Befehl unter einem Kurznamen registrieren lassen.

```
> git remote add klon file:///tmp/git-buch-klon.git
```

Man kann dann bei Git-Befehlen den Kurznamen, im Beispiel `klon`, anstelle der *Repository-URL* verwenden.

Wenn ein Repository geklont wird, trägt Git den Pfad für das *Original-Repository* automatisch als `origin` ein. Ruft man den `remote`-Befehl mit der Option `--verbose` auf, so listet Git die Verknüpfungen auf und zeigt, welche Pfade für das Holen (`fetch`) bzw. das Übertragen (`push`) von Commits verwendet werden.

```
> git remote --verbose
origin ssh://stachi@server.de:git-buch.git (fetch)
origin git@github.com:rpreissel/git-workflows.git (push)
klon file:///tmp/git-buch-klon.git (fetch)
klon file:///tmp/git-buch-klon.git (push)
```

Mit dem `remote-rm`-Befehl kann man die Kurznamen auch wieder löschen.

```
> git remote rm klon
```

9.4   Abholen von Daten

Wenn nach dem Klonen weitergearbeitet wird, entwickeln sich die Repositorys auseinander. Es werden neue Commits erstellt und vielleicht auch neue Branches begonnen.

Der `fetch`-Befehl holt Commits aus einem anderen Repository ab. Er überträgt für jeden Branch des anderen Repositorys alle Commits, die lokal noch nicht vorhanden sind.

```
> git fetch klon
```

Abb. 9-1
Vor und nach dem
Fetch

vor dem Fetch

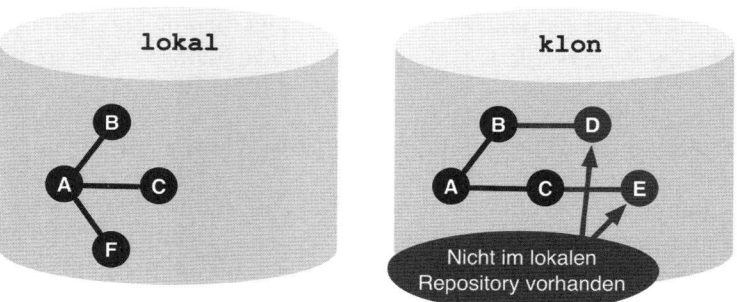

git fetch

nach dem Fetch

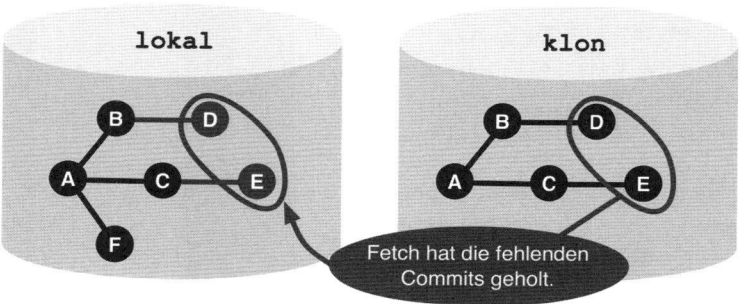

Abbildung 9-1 zeigt, was dabei passiert:

D und E Der *Fetch* überträgt Commits, die lokal noch fehlen, aus dem entfernten Repository (hier: klon).

A, B und C Commits, die lokal bereits vorhanden sind, werden natürlich nicht übertragen.

F Die Fetch-Operation ist gerichtet. Es werden nur Commits aus dem entfernten Repository in das lokale übertragen. Zum Übertragen von lokalen Commits in das entfernte Repository gibt es den push-Befehl.

Achtung! *Fetch* ist eine gerichtete Operation. Im Beispiel wurden Commits aus dem Repository klon in das lokale Repository übertragen. Umgekehrt wurde aber keines der neuen lokalen Commits zum klon hin übertragen.

Tipp: Varianten des
fetch-Befehls

Als weitere Parameter kann man gezielt einzelne Branches angeben, wenn man nur diese abholen möchte. Gibt man keine Parameter an, holt der fetch-Befehl die Commits für alle Branches ab, die es im

Reposity `origin` gibt. Dabei ist `origin` jenes Repository, von dem das lokale Repository geklont wurde.

9.5   Remote-Tracking-Branches: Wissen, was in anderen Repositorys »los« ist

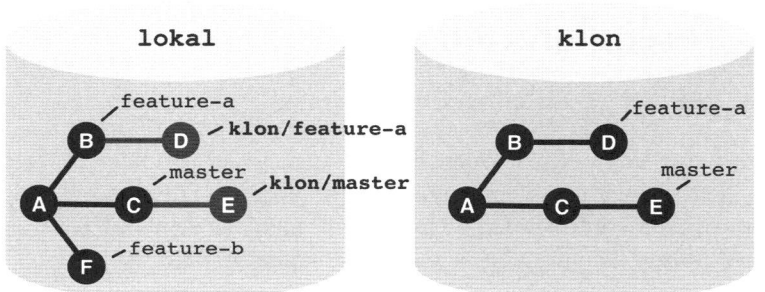

Abb. 9-2
Remote-Tracking-Branches

Beim *Fetch* setzt Git Marken, die zeigen, wo im anderen Repository die Branches stehen. Man nennt diese *Remote-Tracking-Branches*. Diese setzen sich zusammen aus dem Kurznamen für das andere Repository und dem Namen eines Branch aus dem anderen Repository. In Abbildung 9-2 sind es `klon/feature-a` und `klon/master`. Mit der Option `-r` zeigt der `branch`-Befehl, welche *Remote-Tracking-Branches* es gibt.

```
> git branch -r
  klon/feature-a
  klon/master
  origin/HEAD -> origin/master
  origin/feature-a
  origin/master
```

Man kann seine lokalen Branches mit dem vergleichen, was andere Entwickler in der Zwischenzeit getan haben. Der `diff`-Befehl zeigt, wie sich die Versionen unterscheiden.

```
> git diff feature-a klon/feature-a
```

Der `log`-Befehl zeigt, welche Commits aus dem entfernten Repository hinzugekommen sind.

```
> git log --oneline feature-a..klon/feature-a
```

Beim nächsten *Fetch* werden die *Remote-Tracking-Branches* wieder aktualisiert.

Achtung! *Remote-Tracking-Branches* werden von Git anders behandelt als lokale Branches. Man kann mit dem `checkout`-Befehl zwar dorthin wechseln, gerät dann aber in einen sogenannten *Detached-HEAD State*. Man sollte stattdessen einen lokalen Branch von dem *Remote-Tracking-Branch* abzweigen, wie im nächsten Abschnitt beschrieben wird.

9.6   Lokal mit Branches aus anderen Repositorys arbeiten

```
> git checkout -b feature-b klon/feature-b
```

Man kann sich einen lokalen Branch auch gleich beim *Fetch* erzeugen lassen. Hierzu verwendet man die »:«-Notation (*Refspec*). Vor dem Doppelpunkt gibt man den Namen des Branch aus dem anderen Repository an und dahinter den Namen des lokalen Branch.

```
> git fetch klon feature-b:mein-feature-b
```

Das vorige Kommando holt also den Branch `feature-b` aus dem Repository `klon` und zweigt davon einen lokalen Branch namens `mein-feature-b` ab (oder aktualisiert diesen, falls schon vorhanden).

9.7   *Pull = Fetch + Merge*

Nach dem *Fetch* kommt es sehr häufig zu Konflikten auf Branches, weil sowohl lokal als auch im anderen Repository neue Commits hinzugekommen sind. Meist ist dann ein *Merge* angebracht.

Abb. 9-3
Double Heads *nach einem* Fetch. *Markiert ist das abgeholte Commit.*

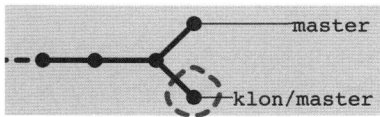

Gemeinsam auf einem Branch entwickeln
→ *Seite 127*

Der `pull`-Befehl macht genau das: Er holt wie der `fetch`-Befehl Commits aus dem anderen Repository ab und führt, falls erforderlich, ein *Merge* auf dem aktuellen Branch durch (siehe Abbildung 9-4).

```
> git pull
```

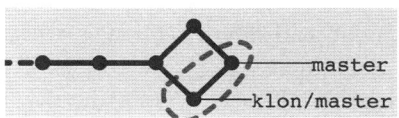

Abb. 9-4
Nach einem Pull.
*Markiert sind das
abgeholte Commit und
das* Merge-Commit.

9.8 Für Diamantenhasser: --rebase

Wer lieber eine lineare Historie möchte, kann den pull-Befehl auch mit der Option --rebase aufrufen. Dann wird ein *Rebasing* anstelle eines *Merges* durchgeführt (siehe Abbildung 9-5).

```
> git pull --rebase
```

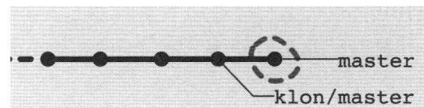

Abb. 9-5
Nach einem pull
-rebase. *Markiert ist
das verschobene
Commit.*

9.9 *Push* – das Gegenstück zu *Pull*

Mit dem push-Befehl überträgt man Commits aus dem lokalen Repository in ein anderes Repository. Der Aufruf

```
> git push klon feature-a
```

überträgt beispielsweise neue lokale Commits auf dem Branch feature-a in das andere Repository klon und aktualisiert dort den Branch-Zeiger für feature-a.

Es gibt jedoch ein paar wichtige Unterschiede, die man beachten sollte:

Schreibrechte: *Push* funktioniert nur, wenn man schreibenden Zugriff auf das andere Repository hat.

Nur *Fast-Forward*: Git führt beim *Push* nie ein *Merge* durch (was der pull-Befehl ja gerne tut). *Push* wird nur in *Fast-Forward-Situationen* erlaubt, d. h., wenn im anderen Repository auf dem Branch keine neuen Commits hinzugekommen sind.

Keine *Remote-Tracking-Branches*

Aufruf ohne Parameter: Ohne Parameter aufgerufen, überträgt der push-Befehl nur jene lokalen Branches, für die es im anderen Repository ein Gegenstück mit gleichem Namen gibt. (Bei *Pull* und *Fetch* hingegen werden alle Branches abgeholt.)

Ein Projekt aufsetzen
→ *Seite 111*

Achtung! Git verweigert das *Push*, wenn kein *Fast-Forward* möglich ist. Man kann es jedoch mit der Option `--force` erzwingen. Das sollte man aber besser lassen, denn durch das `-force` können Commits im anderen Repository verloren gehen. Besser ist es fast immer, den Konflikt lokal zu bereinigen, wie es in der folgenden »Schritt für Schritt«-Anleitung beschrieben wird.

Schritt für Schritt
Push verweigert! Was tun?

Ein Push wurde verweigert, weil auf dem gleichen Branch im anderen Repository ebenfalls Änderungen hinzugekommen sind. Der Konflikt muss zunächst lokal gelöst werden, bevor der Push durchgelassen wird.

1. Konflikt feststellen

Der push-Befehl meldet dies durch die folgende, etwas umständliche Meldung:

```
> git push klon feature-a

To /tmp/git-buch-klon.git
 ! [rejected]        feature-a -> feature-a (non-fast-forward)
error: failed to push some refs to '/Users/stachi/Buch/'
To prevent you from losing history, non-fast-forward updates were
rejected. Merge the remote changes (e.g. 'git pull') before pushing
again.  See the 'Note about fast-forwards' section of
'git push --help' for details.
```

2. Branch wechseln

```
> git checkout feature-a
```

3. Pull durchführen

```
> git pull
```

4. Gegebenenfalls Merge-Konflikte bereinigen

```
> git mergetool
> git commit --all
```

5. Noch mal: Push

```
> git push klon feature-a
```

Falls man den push-Befehl ohne Parameter aufruft, kann es sein, dass man die obigen Schritte mehrfach durchlaufen muss, und zwar für jeden Branch mit Konflikt einmal.

9.10   Jeder so, wie er mag

Es ist oft empfehlenswert, sich auf einheitliche Namen für Branches zu einigen, wenn man im Team gemeinsam an einer Software arbeitet.

Git erzwingt hier aber nichts, sondern gibt dem Entwickler die Freiheit, Branches lokal so zu benennen, wie es ihm gefällt. Wenn man dies tut, muss man bei den Parametern für *Fetch*, *Pull* oder *Push* die »:«-Notation verwenden, bei der man vor dem »:« den Quell-Branch und dahinter den Ziel-Branch angibt.

```
> git pull klon feature-a:lieblingsfeature
```

Hier wird der Branch feature-a im Repository klon auf den lokalen Branch lieblingsfeature abgebildet.

Ein besonderer Fall ist das Löschen eines Branch in einem anderen Repository. Hierbei verwendet man den push-Befehl mit der »:«-Notation, lässt dabei aber die linke Seite leer, was dann etwa so viel bedeutet wie: Setze den genannten Branch auf »*nichts*«.

Schritt für Schritt
Branch in einem anderen Repository löschen

In einem anderen Repository soll ein Branch gelöscht werden. Vorsicht: Hierdurch können Commits verloren gehen!

1. Branch im anderen Repository löschen
Man beachte den Doppelpunkt.

```
> git push klon :feature-a
```

2. Gegebenenfalls lokalen Branch löschen
```
> git branch -d feature-a
```

9.11   Zusammenfassung

Repository-URLs: Der Ort von anderen Repositorys kann im URL-Format angegeben werden, z. B. ssh://stachi@server.de:git-buch.git. Folgende Protokolle werden unterstützt: file, ssh, http, https, ftp, ftps, rsync und git.

Kurznamen: Über den remote-Befehl kann man Kurznamen für Repositorys definieren, damit man nicht immer die langen URLs angeben muss.

Fetch: Der `fetch`-Befehl holt Commits von Branches aus einem anderen Repository ab. Es werden natürlich nur jene Commits übertragen, die lokal noch nicht vorhanden sind.

Fetch ohne Parameter: Holt die Commits für alle Branches des Repositorys.

Fetch versetzt lokale Branches nicht: Es werden lediglich Commits geholt und dann *Remote-Tracking-Branches* gesetzt.

Remote-Tracking-Branches: Sie zeigen an, wo Branches in anderen Repositorys stehen, z. B. `klon/feature-a`. Die Befehle `fetch` und `pull` aktualisieren die *Remote-Tracking-Branches*.

Pull = Fetch + Merge: Der `pull`-Befehl ist ein kombinierter Befehl. Zunächst wird ein *Fetch* durchgeführt. Danach werden für den aktuellen Branch die lokalen Änderungen mit jenen zusammengeführt, die vom anderen Repository für diesen Branch geholt wurden.

Push: Der `push`-Befehl überträgt Commits für lokale Branches in ein anderes Repository.

Push versetzt Branches: Im anderen Repository weden Branch-Zeiger umgesetzt. Diese werden auf den Stand des lokalen Repositorys gesetzt.

Push nur Fast-Forward! Git verweigert das *Push*, wenn ein anderer Entwickler mit einem Push auf denselben Branch schneller ist, sodass kein *Fast-Forward* möglich ist. In diesem Fall müssen die Änderungen zunächst lokal zusammengeführt werden, z. B. durch ein *Pull*.

Push ohne Parameter: Hierbei werden nur jene lokalen Branches übertragen, die ein namensgleiches Gegenstück im anderen Repository haben.

10 Versionen markieren

Die meisten Projekte vergeben Nummern oder Namen für die ausgelieferten Versionen ihrer Software, z. B. »1.7.3.2« oder »gingerbread«. In
Git gibt es hierfür *Tags*.

10.1   Arbeiten mit Tags erstellen

Schritt für Schritt
Ein Commit mit einem Tag markieren

1. Normales Tag erstellen

Im folgenden Beispiel wird für den aktuellen Stand des Branch master
ein Tag namens 1.2.3.4 mit dem Kommentar »Frisch gebaut.« vergeben:

```
> git tag 1.2.3.4 master -m "Frisch gebaut."
```

2. Push: Einzelnes Tag

Tags werden beim Push nicht automatisch mit übertragen. Gibt man
den Tag-Namen jedoch explizit an, wird es übertragen.

```
> git push origin 1.2.3.4
```

Wählt man die Option --tags beim push-Befehl (Seite 79), werden für
jeden übertragenen Branch auch die Tags übertragen.

Tipp: Push – alle Tags
übertragen

```
> git push --tags
```

Tipp: Signierte Tags Wenn man das Programm GnuPG (Gnu Privacy Guard) nutzt, kann man Tags auch mit einer digitalen Unterschrift versehen. Hierzu gibt man die Option -s an. Voraussetzung ist, dass man eine Default-E-Mail-Adresse in Git eingetragen hat, die gleichzeitig eine eingetragene User-ID in GnuPG ist.

```
> git tag 1.2.3.4 master -s -m "Unterschrieben."
```

Achtung! Erstellt man ein Tag einfach mit einer der Optionen -m, -a, -s oder -u, erzeugt Git für das *Tag* ein eigenes Objekt im Repository. Es enthält Informationen über den Benutzer und den Zeitpunkt der Erstellung des *Tags*. Ohne diese Optionen erstellt Git nur ein sogenanntes *Lightweight Tag*, das nur den *Commit-Hash* kennt.

10.2   Welche Tags gibt es?

Wenn der tag-Befehl ohne Parameter aufgerufen wird, zeigt er, welche *Tags* es gibt. Das können viele sein. Deshalb kann man der Option -l ein Muster mitgeben, z. B. 1.2.*, um die Ausgabe einzuschränken.

```
> git tag -l 1.2.*
1.2.0.0      Anfang.
  ...
1.2.3.3      Neu gebaut.
1.2.3.4      Frisch gebaut.
```

10.3   Die *Hashes* zu den Tags ausgeben

Der show-ref-Befehl mit der Option --tags listet *Commit-Hashes* der *Tag-Objekte* auf. Mit der Option --dereference werden auch die *Hashes* der *Commit-Objekte* aufgeführt, markiert durch ^{}.

```
> git show-ref --dereference --tags
...
f63cd7181787c9973788a97648796468cec474aa refs/tags/1.2.3.3
cef89bbd7121aac3cc38fe3a342045c9401bd6b9 refs/tags/1.2.3.3^{}
4a0228bdd0ab5e0180422c82bf706c42671a81af refs/tags/1.2.3.4
cef89bbd7121aac3cc38fe3a342045c9401bd6b9 refs/tags/1.2.3.4^{}
```

10.4   Die Log-Ausgaben um Tags anreichern

Mit der Option --decorate des log-Befehls werden zu jedem Commit
die Tags und Branches ausgegeben.

```
> git log --oneline --decorate
cef89bb (HEAD, tag: 1.2.3.4) Wieder alles umgebaut.
9d4caed Merge branch 'Aenderungen'.
dcd1c6c Noch was geändert.
cce1a68 (tag: 1.2.3.3) Etwas geändert
```

10.5   In welcher Version ist es »drin«?

Oft stellt sich die Frage, ob ein bestimmtes Bugfix oder Feature in der
Version, die ein Kunde installiert hat, bereits enthalten ist. Wenn das
Commit bekannt ist, ist die Frage leicht zu beantworten. Die Option
--contains des tag-Befehls listet alle Tags auf, in deren Historie das
Commit auftaucht.

```
> git tag --contains f63cd71
1.2.3.3
1.2.3.4
```

Achtung! Das Ergebnis kann irreführend sein, wenn Commits kopiert
wurden. Wenn beispielsweise Versionen durch *Cherry-Picking* zusammengestellt werden, ist es kniffliger, herauszufinden, ob die Änderung
enthalten ist. Man könnte das Log für ein bestimmtes Tag nach dem
Commit-Kommentar durchsuchen.

```
> git log --oneline 1.2.3.3 | grep "Gesuchter Kommentar."
```

Aber auch das funktioniert natürlich nur, wenn Kommentare vergeben
wurden, die die Änderungen identifizieren – entweder durch eine aus-
sagekräftige Beschreibung oder eine Ticket-ID aus dem Bugtracking-
System. Dies ist ein weiterer guter Grund dafür, das Kopieren von Commits zu vermeiden.

10.6   Wie verschiebt man ein Tag?

Am besten verschiebt man es gar nicht. In Git sind Tags als feste Markierungen für Versionen vorgesehen. Solange man es noch nicht mit
Push in andere Repositorys übertragen hat, kann man ein Tag ändern,
indem man es mit der Option --force neu erstellt. Wenn das Tag schon
verbreitet ist, kann es für große Verwirrung sorgen, wenn eine zweite
Variante in Umlauf gebracht wird: Ein Entwickler könnte dann unter
demselben Tag-Namen etwas anderes sehen als ein anderer Entwickler.

10.7   Und wenn ich ein »Floating Tag« brauche?

Wenn man eine bewegliche Markierung benötigt, z. B. für den Stand, der aktuell in der Produktion installiert ist, nimmt man in Git einfach einen Branch.

10.8   Zusammenfassung

Tags erstellen: Das geschieht mit dem tag-Befehl.

Push: Der push-Befehl überträgt nur Tags, deren Namen man explizit angibt, z. B. git push origin 1.2.3.4, es sei denn, man gibt --tags an.

Pull und Fetch: Die Befehle pull und fetch holen alle Tags für die betroffenen Branches automatisch mit ab, es sei denn, man gibt --no-tags an.

Alle Tags anzeigen: Das kann man mit git tag -l erreichen.

Tags im Log anzeigen kann man mit git log --decorate.

Gegebenes Commit in Tag: Ob ein Tag ein gegebenes Commit enthält, zeigt der tag-Befehl mit der Option --contains.

»Floating Tags« gibt es nicht: In Git sind Tags feste Markierungen, die man nicht nachträglich verschieben sollte. Wenn man bewegliche Markierungen benötigt, nimmt man einfach Branches.

11 Abhängigkeiten zwischen Repositorys

In Git ist das Repository die Releaseeinheit, d. h., Versionen, Branches und Tags können nur auf dem gesamten Repository angelegt werden. Besteht ein Projekt aus Subprojekten mit jeweils eigenem Releasezyklus und somit eigenen Versionen, muss es auch für jedes Subprojekt ein Repository geben.

Repositorys können nur vollständig verwendet werden → Seite 256

Die Beziehungen zwischen dem Gesamtprojekt und den Subprojekten kann in Git mit dem `submodule`-Befehl oder mit dem `subtree`-Befehl[1] umgesetzt werden.

Der Hauptunterschied zwischen dem Submodule- und dem Subtree-Konzept ist, dass bei Submodulen im Gesamt-Repository nur Verweise auf die Modul-Repositorys eingebunden sind, während beim Subtree die Inhalte der Modul-Repositorys in das Gesamt-Repository importiert werden.

11.1 Abhängigkeiten mit Submodulen

Mit **Submodul**en können in einem Git-Repository (Gesamt-Repository) andere Repositorys (Modul-Repositorys) eingebunden werden. Dazu wird im *Gesamt-Repository* ein Verzeichnis mit einem Commit eines *Modul-Repositorys* verknüpft.

Große Projekte aufteilen → Seite 191

In Abbildung 11-1 ist die Grundstruktur dargestellt. Es gibt zwei Repositorys: `main` und `sub`. Im Gesamt-Repository wurde das sub-Verzeichnis mit dem Modul-Repository verknüpft. Im Workspace des Gesamt-Repositorys liegt unter dem sub-Verzeichnis ein vollständiges Modul-Repository. Im eigentlichen Gesamt-Repository wird jedoch nur auf das Modul-Repository verwiesen. Dazu gibt es die Datei

---

[1] Der Subtree-Befehl ist erst seit Version 1.7.11 offiziell in der Git-Distribution vorhanden. Allerdings ist er auch nur als optionaler Bestandteil im `contrib`-Verzeichnis zu finden. Einige Installationspakete liefern den Subtree-Befehl bereits automatisch mit, bei anderen ist das manuelle Nachinstallieren notwendig.

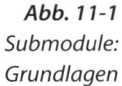

Abb. 11-1
Submodule:
Grundlagen

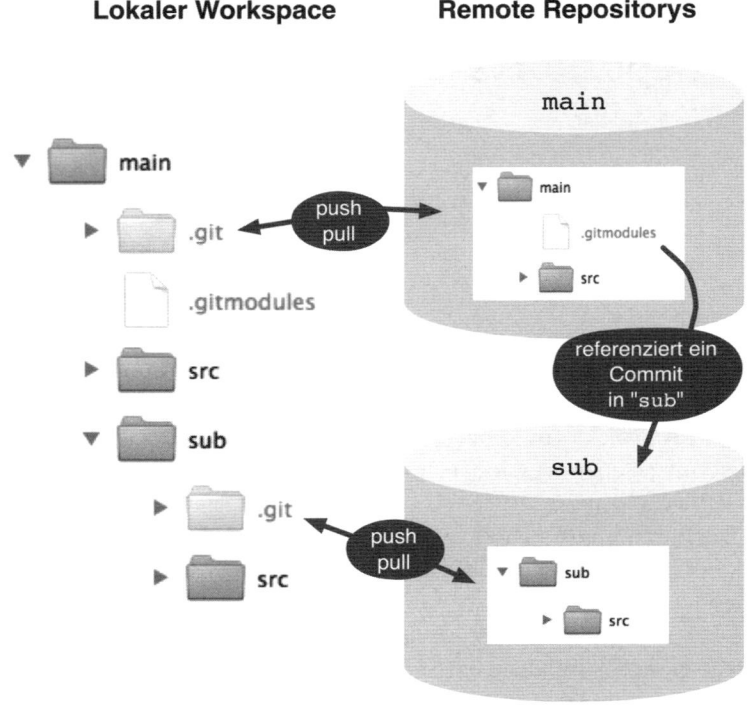

.gitmodules, in der für jedes verknüpfte Verzeichnis der absolute Pfad zu dem Modul-Repository definiert ist.

```
[submodule "sub"]
path = sub
url = /projekte/sub
```

Zusätzlich zu der .gitmodules-Datei werden die Verweise auf die Submodule noch in der .git/config-Datei abgelegt. Das passiert mit dem submodule-init-Befehl, der die .gitmodules-Datei liest und die Informationen in die .git/config-Datei schreibt. Diese indirekte Konfiguration erlaubt es, die Pfade zu den Modul-Repositorys lokal in der .git/config-Datei anzupassen.

```
[core]
repositoryformatversion = 0
filemode = true
bare = false
logallrefupdates = true
ignorecase = true
[submodule "sub"]
url = /projekte/sub
```

Mit den bisherigen Informationen wäre es nicht möglich, für jedes
Commit des Gesamt-Repositorys den zugehörigen Zustand des Modul-
Repositorys zu reproduzieren. Dazu wird noch das Commit des Modul-
Repositorys benötigt. Dieses wird am Verzeichnis-Objekt (Tree) im
Gesamt-Repository abgelegt. Nachfolgend ist ein Tree-Objekt darge-
stellt. Der dritte Eintrag, sub, ist ein Submodul, was man am commit-
Typ erkennt. Der nachfolgende Hashwert referenziert das Commit im
Modul-Repository.

```
100644 blob 1e2b1d1d51392717a479eaaaa79c82df1c35d442    .gitmodules
100644 tree 19102815663d23f8b75a47e7a01965dcdc96468c    src
160000 commit 7fa7e1c1bd6c920ba71bd791f35969425d28b91b  sub
```

Schritt für Schritt
Submodule einbinden
*Ein bereits vorhandenes Git-Projekt wird als Submodul in ein anderes
Projekt eingebunden.*

1. Mit Verzeichnis verbinden

Um ein Submodul einzubinden, muss man dieses mit dem
submodule-add-Befehl anlegen und mit einem Verzeichnis verknüpfen.
Dabei muss der absolute Pfad zu dem Modul-Repository und der Verzeichnisname angegeben werden:

```
> git submodule add /global-path-to/sub  sub
```

Als Ergebnis wird das Modul-Repository vollständig in das angegebene
Verzeichnis geklont (es entsteht ein eigenes .git-Verzeichnis). Zusätzlich wird die .gitmodules-Datei im Gesamt-Repository angelegt bzw.
erweitert.

2. Submodul in Config registrieren

Das neue Submodul muss zusätzlich noch in der .git/config-Datei registriert werden. Das erledigt der submodule-init-Befehl:

```
> git submodule init
```

3. Submodul-Version auswählen

Der Workspace des Modul-Repositorys zeigt initial auf den HEAD des
Standard-Branch. Um ein anderes Commit des Submoduls zu benutzen,
verwendet man den checkout-Befehl und wählt die gewünschte Version:

```
> cd sub
> git checkout v1.0
```

4. `.gitmodules`-Datei und Subverzeichnis zum Commit hinzufügen

Durch das Hinzufügen eines Submoduls wird die Datei `.gitmodules` angelegt bzw. verändert und muss zum Commit hinzugefügt werden. Auch das neue Verzeichnis des Submoduls muss hinzugefügt werden:

```
> cd ..
> git add .gitmodules
> git add sub
```

5. Commit durchführen

Als Letztes muss man im Gesamt-Repository ein Commit durchführen:

```
> git commit -m "Submodul hinzugefügt"
```

Wird ein Repository geklont, das Submodule enthält, muss der `submodule-init`-Befehl ausgeführt werden. Dieser überträgt die URLs der Submodule in die `.git/config`-Datei. Anschließend werden mit dem `submodule-update`-Befehl die Verzeichnisse der Modul-Repositorys geklont.

Schritt für Schritt
Projekt mit Submodulen klonen

Wenn man ein Repository mit Submodulen klont, wird im Workspace zunächst nur das Gesamt-Repository angelegt. Die Submodule müssen explizit initialisiert und aktualisiert werden.

1. Submodule initialisieren

Als Erstes müssen die Submodule einmalig mit dem `submodule-init`-Befehl registriert werden:

```
> git submodule init
```

2. Submodule aktualisieren

Nachdem die Submodule in der Git-Konfiguration initialisiert sind, kann man mit dem `submodule-update`-Befehl die Submodule vollständig herunterladen:

```
> git submodule update
```

Mit dem `submodule-status`-Befehl kann man sich die referenzierten Commit-Hashwerte der Submodule ansehen. Dabei steht das referenzierte Tag, falls vorhanden, am Ende der Ausgabe in Klammern.

```
> git submodule status
091559ec65c0ded42556714c3e6936c3b1a90422 sub (v1.0)
```

Git referenziert bei Submodulen immer genau ein Commit aus dem Modul-Repository. Dessen Commit-Hashwert ist auch Bestandteil jedes Commits des Gesamt-Repositorys. Daraus ergibt sich, dass neue Commits im Modul-Repository nicht automatisch im Gesamt-Repository eingespielt werden. Dieses Verhalten ist explizit gewünscht, damit beim Wiederherstellen einer Projektversion des Gesamt-Repositorys auch immer die dazu passende Projektversion des Modul-Repositorys benutzt wird.

Will man im Gesamt-Repository eine neue Version des Modul-Repositorys benutzen, muss man diese explizit ändern.

Schritt für Schritt
Neue Version eines Submoduls verwenden
Es soll eine andere Version eines bereits eingebundenen Submoduls verwendet werden.

1. Submodul aktualisieren

Als Erstes bringt man den lokalen Workspace des Submoduls auf den gewünschten Stand. Typischerweise beginnt man mit einem `fetch`-Befehl, um die neuesten Commits des Modul-Repositorys zu erhalten:

```
> cd sub
> git fetch
```

Als Nächstes legt man mit dem `checkout`-Befehl das gewünschte Commit fest.

```
> git checkout v2.0
```

2. Neue Version verwenden

Als Letztes bereitet man ein neues Commit mit dem Submodul-Verzeichnis vor und führt das Commit aus:

```
> cd ..
> git add sub
> git commit -m "Neue Version des Submoduls"
```

Wenn man im Workspace gleichzeitig im Gesamt-Repository und im Modul-Repository arbeitet, dann muss man sowohl die Änderungen des Modul-Repositorys als auch die Änderungen des Gesamt-Repositorys durch ein Commit abschließen. Hat man ein zentrales Repository, müssen auch beide Repositorys separat durch den push-Befehl übertragen werden.

Schritt für Schritt

Mit Submodulen arbeiten

In einem Workspace werden Änderungen an Dateien des Gesamt-Repositorys und an Dateien des Modul-Repositorys durchgeführt. Das Gesamt-Repository soll anschließend auf das neue Commit des Modul-Repositorys zeigen.

1. Änderungen des Modul-Repositorys abschließen und übertragen

Als Erstes werden die Änderungen des Modul-Repositorys durch einen commit-Befehl abgeschlossen und ggf. mit dem push-Befehl in das zentrale Repository übertragen:

```
> cd sub
> git add foo.txt
> git commit -m "Submodul-Änderungen"
> git push
```

2. Änderungen des Gesamt-Repositorys abschließen und übertragen

Als Nächstes werden die Änderungen des Gesamt-Repositorys inklusive des Verweises auf das neue Commit des Modul-Repositorys festgeschrieben und ggf. übertragen:

```
> cd ..
> git add bar.txt
> git add sub
> git commit -m "Neue Version des Submoduls"
```

Nach jeder Aktualisierung eines Workspaces, der Submodule enthält, sollte der submodule-update-Befehl benutzt werden, um die richtigen Versionen der Submodule zu holen.

Wenn ein ganz neues Submodul hinzugekommen ist, dann ist vor dem submodule-update-Befehl noch ein submodule-init-Befehl notwendig.

Ganz sicher gehen Sie als Entwickler, wenn Sie nach jeder Aktualisierung des Workspace (Checkout, Merge, Rebase, Reset, Pull)
die Sequenz init-update ausführen (siehe »Submodule aktualisieren«
(Seite 93)).

Schritt für Schritt
Submodule aktualisieren

*Wenn eine neue Version eines Submoduls von einem anderen Entwick-
ler eingespielt wurde, dann muss diese explizit im eigenen lokalen Klon
und Workspace aktualisiert werden.*

Dazu dient der submodule-update-Befehl.

```
> git submodule init
> git submodule update
From /projekte/sub
   091559e..4722848  master       -> origin/master
 * [new tag]          v1.0         -> v1.0
 * [new tag]          v2.0         -> v2.0
Submodule path 'sub':
checked out '472284843ce4c0b0bb503bc4921ab7...1e51'
```

Der submodule-init-Befehl überträgt die Informationen aus der
.gitmodules-Datei in die .git/config-Datei nur, falls es dort noch keine
entsprechenden Einträge für das Modul gibt. Dadurch können lokal die
Pfade zu den Modul-Repositorys angepasst werden. Falls die offiziellen
Pfade der .gitmodules-Datei von einem anderen Entwickler angepasst
wurden, wird allerdings auch diese Änderung nicht übernommen. Der
submodule-sync-Befehl erledigt genau diese Aufgabe. Er aktualisiert die
Pfade in der .git/config-Datei und überschreibt jede lokale Änderung.

11.2   Abhängigkeiten mit Subtrees

Mit **Subtree**s können in einem Git-Repository (Gesamt-Repository) andere Repositorys (Modul-Repositorys) eingebunden werden. Dazu wird
im *Gesamt-Repository* ein Verzeichnis mit einem Commit/Tag/Branch
eines *Modul-Repositorys* verknüpft. Anders als bei Submodulen wird
jedoch im Gesamt-Repository der gesamte relevante Inhalt des Modul-
Repositorys importiert und nicht nur referenziert. Das erlaubt das autarke Arbeiten mit dem Gesamt-Repository.

Abb. 11-2
Subtree: Grundlagen

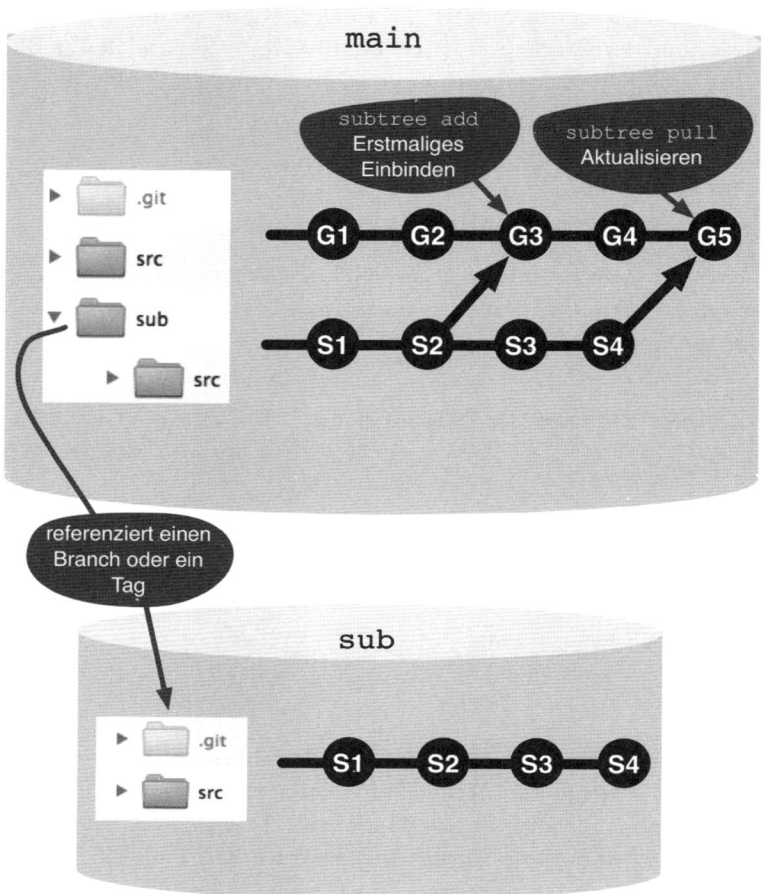

In Abbildung 11-2 ist die Grundstruktur dargestellt. Es gibt zwei Repositorys: main und sub. Im Gesamt-Repository wurde das sub-Verzeichnis mit dem Modul-Repository verknüpft (subtree-add-Befehl). Im Gesamt-Repository liegen unter dem sub-Verzeichnis die Dateien einer Version des Modul-Repositorys.

Technisch holt der subtree-add-Befehl alle Commits des Modul-Repositorys in das Gesamt-Repository (siehe die Commits S1 und S2). Anschließend wird der aktuelle Branch des Gesamt-Repositorys mit dem spezifizierten Commit des Modul-Repositorys vereinigt (siehe Merge-Commit G3). Dabei wird intern die Subtree-Merge-Strategie (--strategy=subtree) verwendet. Diese führt einen Merge in einem definierten Verzeichnis durch, sodass der Inhalt des Modul-Repositorys unter dem sub-Verzeichnis landet.

Schritt für Schritt

Subtree einbinden

Ein bereits vorhandenes Git-Projekt wird als Subtree in ein anderes Projekt eingebunden.

Um ein Modul-Repository einzubinden, muss man dieses im Gesamt-Repository mit dem `subtree-add`-Befehl einmalig hinzufügen. Dabei ist das Unterverzeichnis als `--prefix` anzugeben. Zusätzlich müssen die URL[2] des Modul-Repositorys und das gewünschte Tag[3] bzw. der gewünschte Branch angegeben werden:

```
> git subtree add --prefix=sub /global-path-to/sub v2.0
```

Ist die Historie des Modul-Repositorys im Kontext des Gesamt-Repositorys nicht relevant, kann mit der Option `--squash` nur der Inhalt des gewünschten Commits geholt werden.

```
> git subtree add --squash --prefix=sub /global-path-to/sub master
```

Als Ergebnis wird ein neues Merge-Commit angelegt, das im Commit-Kommentar die Hash-ID des geholten Commits vermerkt hat, um beim nächsten Update wieder das richtige Commit im Modul-Repository zu finden.

Anders als bei Submodulen muss beim Klonen eines Gesamt-Repository mit Subtrees nichts Spezielles beachtet werden. Der normale `clone`-Befehl holt das Gesamt-Repository und alle enthaltenen Modul-Repositorys.

```
> git clone /path-to/main
```

---

[2] Natürlich ist es auch möglich, ein Remote zu konfigurieren. Dazu müssen Sie den `remote-add`-Befehl und den Remote-Namen verwenden.

[3] Leider gibt es aktuell noch einen Bug mit Subtree, der es nicht erlaubt, Annotated-Tags zu benutzen. Branches und Lightweight Tags funktionieren. Ein Bugfix ist hier zu finden: `https://github.com/amzz/git-subtree`

Schritt für Schritt
Neue Version eines Subtrees verwenden

Es soll eine andere Version eines bereits eingebundenen Subtrees verwendet werden.

Der subtree-pull-Befehl aktualisiert einen eingebundenen Subtree. Dabei sind die gleichen Parameter wie beim subtree-add-Befehl zu übergeben. Falls beim Add ein Tag übergeben wurde, muss ein neueres Tag verwendet werden. Falls ein Branch benutzt wurde, kann der gleiche oder ein anderer Branch spezifiziert werden. Falls es keine Änderungen auf dem Branch gab, wird der subtree-pull-Befehl auch nichts tun.

```
> git subtree pull --prefix=sub /global-path-to/sub v2.1
```

Auch beim Pull kann mit der Option --squash auf die Historie des Modul-Repositorys verzichtet werden. Dann werden keine Zwischen-Commits geholt, sondern nur das spezifizierte. Bei der Verwendung von --squash kann auch auf ältere Versionen des Modul-Repositorys zurückgegangen werden, z. B. von v2.0 auf v1.5.

```
> git subtree pull --squash
      --prefix=sub /global-path-to/sub master
```

Auch bei Subtrees ist es möglich, Änderungen in den eingebundenen Modulverzeichnissen vorzunehmen. Dabei ist nichts Besonderes zu beachten. Es wird einfach der normale commit-Befehl verwendet. Es können in einem Commit gleichzeitig Änderungen des Gesamt-Repositorys und eines oder mehrerer Modul-Verzeichnisse versioniert werden.

Erst das Zurückübertragen der Modul-Änderungen in das jeweilige Repository verlangt spezielle Vorkehrungen.

Schritt für Schritt

Änderungen in Modul-Repository übertragen

Änderungen in Modulverzeichnissen sollen in das Modul-Repository übertragen werden.

1. Änderungen im Modulverzeichnis separieren

Als Erstes werden die Änderungen des Modulverzeichnisses von den anderen Änderungen mit dem `subtree-split`-Befehl getrennt. Dabei erzeugt der `subtree-split`-Befehl für jedes Commit, in dem eine Moduldatei geändert wurde, ein neues Commit auf Basis des letzten bekannten Modul-Repository-Commits. Das Ergebnis ist ein lokaler Branch, der auf die neuen Commits zeigt (z. B. sub/master). Falls Sie ohne Squash beim `subtree-add`-Befehl und `subtree-pull`-Befehl arbeiten, verwenden Sie den Parameter `--rejoin`. Dieser vereinfacht den wiederholten Aufruf von Split:

```
> git subtree split --rejoin
                --prefix sub --branch sub/master
```

2. Änderungen mit Modul-Repository vereinigen

Die lokalen Änderungen müssen mit den entfernten Änderungen des Modul-Repositorys zusammengeführt werden. Dazu ist als Erstes der neu angelegte Branch zu aktivieren und dann die aktuellste Version des Ziel-Branch zu holen[4]. Anschließend müssen beide Branches vereinigt werden:

```
> git checkout sub/master
> git fetch /global-path-to/sub master
> git merge FETCH_HEAD
```

---

[4] Das Fetch mit URL erzeugt eine temporäre Referenz FETCH_HEAD, die auf das aktuellste Commit des geholten Branch zeigt. Wenn man mit Remotes arbeitet, kann natürlich auch der Remote-Name anstelle der URL verwendet werden. Außerdem ist dann der Ziel-Branch direkt vorhanden und nicht nur der FETCH_HEAD.

3. Änderungen an Modul-Repository übertragen und temporären Branch löschen

Die lokalen Änderungen auf dem temporären Branch müssen in das entfernte Modul-Repository übertragen werden (push-Befehl).[5] Anschließend kann wieder auf den Branch des Gesamt-Repositorys gewechselt und der temporäre Branch gelöscht werden:

```
> git push /global-path-to/sub HEAD:master
> git checkout master
> git branch -d sub/master
```

Wie an den obigen Ausführungen gut zu erkennen ist, sind die meisten Operationen mit Subtrees einfacher als mit Submodulen. Nur das Extrahieren der Änderungen ist ähnlich komplex.

In vielen Szenarien wird das Extrahieren aber gar nicht benötigt, da im Gesamt-Repository nicht in den Modulverzeichnissen gearbeitet wird. Diese dienen nur dazu, die aktuellste Version des Modul-Repositorys einzubinden.

11.3   Zusammenfassung

Submodule einbinden: Mit dem submodule-add-Befehl und submodule-init werden Submodule eingebunden.

Projekt mit Submodulen klonen: Nach dem Klonen den submodule-init-Befehl und den submodule-update-Befehl benutzen.

Neue Version des Submoduls wählen: Erst im Submodul-Verzeichnis das neue Commit wählen (checkout-Befehl) und dann im Gesamt-Repository durch ein Commit festschreiben.

Komplizierter Umgang
mit Submodulen
→ Seite 254

Modul-Repository und Gesamt-Repository gleichzeitig bearbeiten: Es muss erst das Commit im Modul-Repository und dann das Commit im Gesamt-Repository durchgeführt werden. Beide Repositorys müssen separat mit dem push-Befehl übertragen werden.

Subtrees einbinden: Mit dem subtree-add-Befehl werden Subtrees eingebunden.

Neue Version des Subtree wählen: Der subtree-pull-Befehl aktualisiert das Modulverzeichnis auf den gewünschten Branch oder das gewünschte Tag.

---

[5] Auch hier kann der Remote-Name verwendet werden. Im Beispiel wird das letzte Commit des aktuellen Branch (HEAD) auf den entfernten Master-Branch übertragen.

Änderungen im Modulverzeichnis extrahieren: Der `subtree-split`-Befehl erstellt einen separaten Branch mit den Änderungen an dem Modulverzeichnis. Dieser kann anschließend durch den `merge`-Befehl mit den anderen Änderungen zusammengeführt und mit dem `push`-Befehl übertragen werden.

12   Tipps und Tricks

Wir wollten die einführenden Kapitel nicht überfrachten und haben uns auf die wesentlichen Konzepte und typische Anwendungsfälle beschränkt. In diesem Kapitel hingegen finden Sie eine Sammlung von Tipps und Tricks, von denen einige in bestimmten Situationen sehr hilfreich sein können, von denen Sie aber andere vielleicht nie benötigen werden, auch wenn Sie lange mit Git arbeiten. Wahrscheinlich genügt es, wenn Sie dieses Kapitel kurz überfliegen, damit Sie wissen, was es hier gibt. Die Details können Sie dann bei Bedarf nachschlagen.

12.1   Keine Panik – Es gibt ein *Reflog*!

»Git ist like a dog. It can smell your fear.«

Als dieser Spruch in meiner Twitter-Timeline auftauchte, musste ich schmunzeln. Git wirkt auf Einsteiger tatsächlich etwas einschüchternd. Aber falls Git wirklich ein Hund ist, dann wohl doch eher ein *Hütehund*, der seine (Entwickler-)Herde zu schützen versucht.

Man sollte wissen, dass Git Objekte im Repository nicht sofort löscht. Wann immer man etwas verändert, erstellt Git neue Objekte im Repository; die alten werden nicht gelöscht. Selbst eine *Garbage Collection*, z. B. durch den gc-Befehl, löscht nur Objekte, die ein bestimmtes Mindestalter haben. Die Default-Einstellung hierfür liegt bei zwei Wochen (Konfigurationsoption: gc.pruneexpire).

Das Repository
→ *Seite 37*

Außerdem führt Git Buch über alle Änderungen, die man an Branches durchführt. Dieses sogenannte *Reflog* wird im Verzeichnis .git/logs abgelegt. Mit der Option --walk-reflogs des log-Befehls kann man sich die lokale Historie eines Branch zeigen lassen.

```
> git log --walk-reflogs mybranch
```

Hat man dort das Commit mit den »verlorenen« Änderungen ausfindig gemacht, dann kann man die Änderungen leicht wieder zurückholen, z. B. mit dem cherry-pick-Befehl, dem rebase-Befehl oder mit einem einfachen *Merge*.

Achtung! Für lokale Klone ist das *Reflog* normalerweise aktiv. *Bare-Repositorys*, die man normalerweise auf Servern ablegt, führen per Default kein *Reflog*. Man kann dies aber einschalten:

```
> git config core.logAllRefUpdates true
```

Es kann sinnvoll sein, dies zur systemweiten Default-Einstellung zu machen.

```
> git config --system core.logAllRefUpdates true
```

12.2   Lokale Änderungen temporär ignorieren

Manchmal ändert man Dateien, die von Git verwaltet werden, ohne dass man das Ergebnis in die Versionierung übernehmen möchte. Ein Beispiel: Beim Schreiben dieses Buchs haben wir während des Arbeitens häufig Kapitel auskommentiert, um das Dokument schneller erzeugen zu können. Diese Änderungen wollten wir natürlich nicht »mitversionieren«. Ein weiteres Beispiel: Um einen Fehler zu finden, baut man zusätzliche Debug-Ausgaben ein, die man aber später nicht mehr benötigt.

Einträge in .gitignore helfen hier nicht weiter, denn diese wirken nur auf Dateien, die noch nicht durch Git verwaltet werden (siehe auch »Mit .gitignore Dateien unversioniert lassen« ab Seite 34).

Selektives Commit – Änderungen auswählen → Seite 29

Man kann das Problem durch *selektive Commits* umgehen. Das ist aber etwas mühsam, weil man dann bei jedem nachfolgenden Commit erneut wählen muss, welche Änderungen man übernehmen möchte und welche nicht.

Schritt für Schritt
Versionierte Dateien ignorieren

Von Git verwaltete Dateien werden temporär ignoriert, sodass Änderungen an diesen Dateien nicht übernommen werden.

1. Versionierte Dateien ignorieren

Die Option --assume-unchanged des update-index-Befehls setzt eine Marke im *Stage-Bereich*, die dafür sorgt, dass Git künftig nicht mehr prüft, ob sich die Datei geändert hat, sondern einfach so tut, als ob die Datei unverändert wäre.

```
> git update-index --assume-unchanged foo.txt
```

2. Arbeiten

Jetzt können Sie weiterarbeiten. Git wird Änderungen an der Datei
foo.txt weder mit dem status-Befehl anzeigen noch mit dem add-Befehl
übernehmen. Änderungen an allen anderen Dateien werden ganz normal verarbeitet.

3. Das Ignorieren wieder aufheben

Mit   --no-assume-unchanged   können   Sie   die   Wirkung   von
--assume-unchanged für einzelne Dateien aufheben. Bei einem
--really-refresh wird der Status für alle Dateien zurückgesetzt.

```
> git update-index --really-refresh
```

12.3   Änderungen an Textdateien untersuchen

Der normale *Diff-Algorithmus* von Git vergleicht zeilenweise. Dort ändert man oft einzelne Zeilen oder fügt welche hinzu. Die benachbarten
Zeilen bleiben unverändert. In Texten ist das anders. Bei Änderungen
wird oft umbrochen, d. h., Wörter wandern von einer Zeile in die andere. Bei zeilenweisem Diff ist nur schlecht zu erkennen, was genau
verändert wurde.

```
> git diff
  ...
-Walter geht jeden
-Tag in die Schile.
+Walter geht in
+die Schule.
  ...
```

Mit der Option --word-diff kann Git die Änderungen auch wortweise
anzeigen. Für Fließtexte gibt das oft eine übersichtlichere Darstellung.

```
> git diff --word-diff
  ...
Walter geht[-jeden -]
[-Tag-] in
die [-Schile.-]{+Schule.+}
  ...
```

Mit --word-diff=color kann man die Unterschiede farbig hervorheben
lassen.

12.4 `alias` – Abkürzungen für Git-Befehle

Wenn man Git viel über die Kommandozeile nutzt, kann es nützlich sein, für häufig verwendete Befehle Kurzformen zu definieren.

```
> git config --global alias.ci commit
> git config --global alias.st status
```

Hier werden die Aliase ci und st eingerichtet. Sie können sofort verwendet werden. Zum Beispiel:

```
> git st
```

Die *Aliase* werden auch bei der Tab-Completion von Git berücksichtigt (sofern sie installiert ist). Deshalb kann es auch nützlich sein, sprechende Aliase für seltener benutzte Befehle einzurichten. Zum Beispiel:

```
> git config --global alias.ignore-temporarily
      'update-index --assume-unchanged'
```

12.5 Branches als temporäre Zeiger auf Commits nutzen

Wenn man Fehler sucht oder knifflige Merge-Konflikte bereinigt, möchte man sich oft wichtige Commits merken, z. B. den Punkt, an dem noch alles gut war, oder die Merge-Base. Einer der Autoren hat hierzu anfangs immer Commit-Hashes auf einem Blatt kariertem Papier notiert. Das muss nicht sein! Man kann einfach einen Branch anlegen, sobald man ein interessantes Commit entdeckt.

```
> git branch tmp/der-dumme-fehler 8b167
```

Ab jetzt kann man das Commit später jederzeit per Namen referenzieren. Auch die Tab-Completion »kennt« jetzt diesen Namen. Man kann sich beispielsweise anzeigen lassen, welche Tags das betreffende Commit enthalten.

```
> git tag --contains tmp/der-dumme-fehler
1.0.2
1.0.3
```

Das folgende Kommando erzeugt einen Branch tmp/merge-base als Zeiger auf die *Merge-Base* der Branches master und feature.

```
> git branch tmp/merge-base
            'git merge-base master feature'
```

Das tmp/-Präfix ist eine Namenskonvention: Es gibt den temporären Branches einen *Namespace*, damit man sie besser von den »normalen« Branches unterscheiden kann. Eine technische Notwendigkeit ist das nicht. Sie können die temporären Branches nennen, wie Sie wollen.

Später kann man die Branches wie folgt abräumen:

```
> git branch -D
    'git branch --no-color --list tmp/\*
    | grep -v '* '
    | xargs'
```

12.6   Commits auf einen anderen Branch verschieben

Wenn man eine Änderung vornimmt, ist es natürlich am besten, das gleich auf dem richtigen Branch zu tun. Branch-Wechsel sind ja kein großes Ding in Git. Manchmal möchte man sich aber nicht aus dem *Flow* bringen lassen und führt kleinere Korrekturen auf dem aktuellen Feature-Branch durch. Dadurch vermischen sich Commits, die zum Feature gehören, mit solchen, die nichts damit zu tun haben. Das hat zwei Nachteile: Zum einen erschwert es die Qualitätssicherung durch Reviews, und zum anderen können die Korrekturen nur zusammen mit dem Feature ausgeliefert werden. Das ist besonders dann ungünstig, wenn sich die Fertigstellung des Features verzögert. In solchen Fällen kann es sinnvoll sein, einige Commits auf einen anderen Branch zu verschieben.

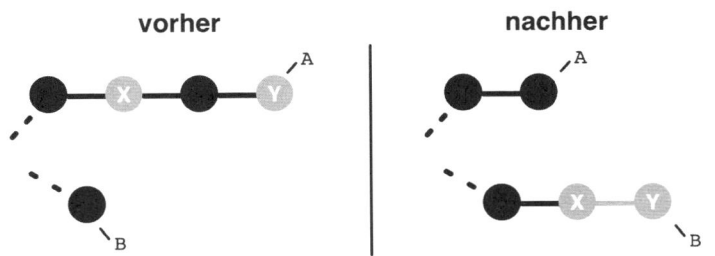

Abb. 12-1
Commits von Branch A
nach B *verschieben*

Schritt für Schritt

Commits auf einen anderen Branch verschieben

Einige Commits aus einem Branch A *sollen auf einen Branch* B *verschoben werden.*

1. Commits umsortieren und die Trennstelle mit tmp/SPLIT markieren

Commits müssen am Ende des Branch stehen, um sie verschieben zu können.

```
> git rebase --interactive
```

Im Editor sortieren Sie die Zeilen so, dass oben die Zeilen stehen, die auf A verbleiben sollen, und unten jene, die nach B verschoben werden sollen. Dazwischen erzeugen Sie mit einer exec-Zeile einen temporären Branch tmp/SPLIT, der die Trennstelle markiert.

```
pick 6a2f459 soll auf A bleiben 1
pick 05c2935 soll auf A bleiben 2
exec git branch -f tmp/SPLIT
pick af22ed6 soll nach B verschoben werden 1
pick 4f30adf soll nach B verschoben werden 2
```

Der Branch tmp/SPLIT zeigt jetzt auf das letzte Commit, das auf A verbleiben soll.

2. Verschiebung durchführen

Erst wird ein temporärer Branch tmp/MOVE erzeugt und dann verschoben. Dann wird tmp/MOVE per merge-Befehl in B übernommen. Schließlich werden die überschüssigen Commits auf A abgeschnitten.

```
> git checkout -B tmp/MOVE A
> git rebase tmp/SPLIT --onto B

> git checkout B
> git merge --ff tmp/MOVE

> git branch --force A tmp/SPLIT
```

Achtung! Das Verschieben von Commits kann für andere Entwickler verwirrend sein (siehe »Warum ist es problematisch, Original und Kopie eines Commits im gleichen Repository zu haben?« ab Seite 70). Man sollte entweder nur solche Commits verschieben, die man noch nicht mit anderen Entwicklern geteilt hat, oder man muss die anderen Entwickler darüber informieren und sie bitten, ihrerseits Commits zu verschieben, die auf Basis der verschobenen Commits entwickelt wurden.

13 Workflow-Einführung

13.1 Warum Workflows?

In den letzten Kapiteln haben Sie die Grundkonzepte von Git kennengelernt. Es wurden nur die wichtigsten Befehle mit den wichtigsten Parametern benutzt.

Selbst bei dieser Auswahl haben Sie sich vielleicht die Frage gestellt: Wann wird jetzt noch mal Merge oder Rebase eingesetzt?

Versucht man sich dann im Internet schlau zu machen, stößt man auf verschiedenste Anwendungen und auf noch mehr Befehle und Parameter. Diese Flexibilität ist einerseits eine Stärke von Git, andererseits erschwert sie den Einstieg und lässt Git komplex erscheinen.

Grenzen von Git
→ *Seite 253*

Die folgenden *Workflows* beschreiben deswegen die typische Benutzung von Git in Entwicklungsprojekten. Dabei wird der Fokus auf die Erledigung von Aufgaben gelegt und nicht auf noch mehr Parameter. Es wird bewusst immer nur eine Lösung beschrieben. Diese wird aber so detailliert erläutert, dass dieser Workflow ausreichend für Ihre Arbeit ist und Sie nicht erst wieder in Hilfedateien nachschauen müssen.

Selbst nach langjähriger Nutzung von Git gibt es Aufgaben, die man seltener erledigen muss, z. B. ein Repository aufteilen. Dann dienen die Workflows als kompakte Ablaufbeschreibung der Befehle.

In den Workflows werden auch unbekanntere Befehle und Parameter verwendet, wenn die Aufgabe es erfordert. Dadurch lernen Sie im »Vorbeilesen« weitere Möglichkeiten von Git kennen.

Besonders bei der Einführung von Git helfen die konkreten Ablaufbeschreibungen dabei, die typischen Anfangsprobleme zu umgehen bzw. zu mildern.

13.2   Welche Workflows sind wann sinnvoll?

Bei der Auswahl der Workflows haben wir uns an einem typischen Projektablauf orientiert.

Der Projektstart

Wenn Sie frisch mit einem Projekt beginnen und sich für Git als Versionsverwaltung entschieden haben, dann besteht die erste Aufgabe darin, eine Infrastruktur für die Versionierung auszuwählen und aufzusetzen. Der Workflow »**Ein Projekt aufsetzen**« (Seite 111) beschreibt die Möglichkeiten.

Wird ein Projekt nicht neu gestartet, sondern soll ein bestehendes Projekt nach Git migriert werden, dann beschreibt der Workflow »**Ein Projekt nach Git migrieren**« (Seite 227), wie der Umstieg erfolgen kann.

Die Entwicklung

Nachdem die Infrastruktur definiert ist, muss im Team der Umgang mit Branches geklärt werden. Entweder arbeiten alle auf einem gemeinsamen Branch, wie im Workflow »**Gemeinsam auf einem Branch entwickeln**« (Seite 127) beschrieben, oder es wird für jede Aufgabe ein separater Feature-Branch angelegt, wie es der Workflow »**Mit Feature-Branches entwickeln**« (Seite 135) zeigt.

Wenn bei der Entwicklung plötzlich Fehler auftauchen, die in früheren Versionen nicht vorhanden waren, dann hilft der Workflow »**Mit Bisection Fehler suchen**« (Seite 153), die Fehlerursache zu finden.

Für die permanente Qualitätssicherung nach Änderungen haben sich automatische Builds und Tests bewährt. Wie das Zusammenspiel von Git und einem Build-Server funktioniert, ist im Workflow »**Mit einem Build-Server arbeiten**« (Seite 165) beschrieben.

Falls in Ihrem Projekt Git noch nicht als Versionsverwaltung genutzt wird, Sie aber trotzdem mit Git arbeiten wollen, dann hilft Ihnen der Workflow »**Andere Versionsverwaltungen parallel nutzen**« (Seite 215) weiter.

Ein Projekt ausliefern

Nachdem die Entwicklung des aktuellen Release abgeschlossen ist, muss sichergestellt werden, dass dem Kunden ein gut getestetes Produkt geliefert wird. Gleichzeitig soll bereits am nächsten Release gearbeitet werden, und schwerwiegende Fehler am letzten Release müssen noch behoben werden können. Der Workflow »**Ein Release durchführen**« (Seite 179) beschreibt, welche Branches dafür notwendig sind.

Refaktorierungen

Anforderungen an Projekte verändern sich mit der Zeit und mit neuen Erkenntnissen. Genauso kann es passieren, dass einmal getroffene Entscheidungen, wie Projekte auf Git-Repositorys aufgeteilt werden sollen, neu überdacht werden müssen.

Ein anfangs kleines monolithisches Projekt ist gewachsen und muss modularisiert werden. Der Workflow »**Große Projekte aufteilen**« (Seite 191) beschreibt, wie das zugehörige große Repository in kleinere aufgeteilt werden kann.

Auch das Gegenteil kann passieren: Der Umgang mit einem initial auf viele Repositorys aufgeteilten Projekt kann sich als zu komplex herausstellen. Das Zusammenbringen von Repositorys wird im Workflow »**Kleine Projekte zusammenführen**« (Seite 199) beschrieben.

Wenn Projekte schon lange existieren und viele Veränderungen durchlaufen haben, dann kann das zugehörige Repository groß werden. Die Historien aller Dateien liegen bei jedem Entwickler lokal vor. Insbesondere wenn in früheren Versionen große binäre Dateien versioniert wurden, kann das zu unnötigem Ressourcenverbrauch führen. Der Workflow »**Lange Historien auslagern**« (Seite 205) beschreibt, wie eine Projekthistorie geteilt werden kann und nur noch die jüngeren Versionen bei jedem Entwickler lokal gespeichert werden.

Ressourcenverbrauch bei großen binären Dateien → Seite 255

13.3   Aufbau der Workflows

Die Beschreibung der Workflows in den folgenden Kapiteln ist immer gleich aufgebaut. Nachfolgend wird der Inhalt jedes Abschnitts kurz beschrieben.

Der Einstieg

Die Workflows beginnen mit einer kurzen Motivation: Hier erklären wir, warum und in welchem Kontext ein Workflow angewendet werden sollte. Die zentralen Aufgaben, die möglichen Entscheidungen und die Besonderheiten werden beschrieben. Am Ende gibt es eine kurze Zusammenfassung der Punkte, die in diesem Workflow behandelt werden.

Nach diesem Abschnitt werden Sie wissen, ob der Workflow für Ihr Projekt relevant ist.

Der Überblick

Dieser Überblick-Abschnitt beschreibt die grundlegenden Abläufe anhand eines Beispiels. Es werden die wichtigsten Begriffe, Konzepte und Git-Befehle beschrieben, die in diesem Workflow benötigt werden.

Nach diesem Abschnitt werden Sie verstehen, wie der Workflow prinzipiell funktioniert und welche Git-Mittel eingesetzt werden.

Die Voraussetzungen

Jeder Workflow funktioniert nur unter bestimmten Voraussetzungen.

Nach dem Abschnitt »Vorraussetzungen« werden Sie wissen, ob Ihr Projekt schon für den Einsatz des Workflows bereit ist. Sie werden erkennen, welche Voraussetzungen noch erbracht werden müssen oder warum dieser Workflow bei Ihnen nicht angewendet werden kann.

Der kompakte Workflow

Diese kompakte Übersicht auf einer Seite beschreibt den Workflow in wenigen Sätzen und stellt in einer Abbildung die wichtigsten Konzepte und Ideen dar.

Wenn Sie dieses Buch als Nachschlagewerk nutzen, soll diese Seite Ihnen als Erinnerungshilfe dienen.

Die Abläufe und ihre Umsetzung

Ein Workflow kann aus einem oder mehreren Abläufen bestehen. Abläufe beschreiben einzelne Teilaufgaben, die Sie für die Erledigung Ihrer Aufgabe benötigen. In diesem Abschnitt wird detailliert für jeden Ablauf beschrieben, welche Git-Befehle mit welchen Parametern und in welcher Reihenfolge ausgeführt werden müssen. Es wird bewusst nur eine von uns vorgeschlagene Umsetzung beschrieben.

Nach diesen Abschnitt werden Sie wissen, wie Sie mit Git den jeweiligen Ablauf umsetzen können.

Warum nicht anders?

Git ist ein großer Werkzeugkasten, und viele Aufgaben kann man mit verschiedenen Werkzeugen lösen. In diesem Abschnitt werden alternative Lösungen diskutiert, und wir argumentieren, warum in der beschriebenen Umsetzung genau das eine Werkzeug eingesetzt wird.

Dabei gibt es sowohl alternative Strategien, die aus unserer Sicht nicht sinnvoll sind oder nicht funktionieren, als auch Lösungen, die ebenso funktionieren würden, aber nur mit einem anderen Kontext. Es werden auch Lösungen diskutiert, die dann sinnvoll sind, wenn es um Spezialfälle der Aufgabe geht.

Dieser Abschnitt bringt Ihnen unsere Gründe für die Auswahl der Git-Mittel näher. Außerdem zeigt er Ihnen alternative Lösungsideen auf.

14 Ein Projekt aufsetzen

Nachdem man sich für den Einsatz von Git entschieden hat, besteht der erste Schritt darin, die Dateien und Verzeichnisse als Git-Repository zur Verfügung zu stellen. Dabei ist zu entscheiden, ob das Projekt in einem oder mehreren Repositorys bereitgestellt werden soll. Da Git nur für das gesamte Repository einen Branch oder ein Tag anlegen kann, hängt die Entscheidung sehr stark von den Releaseeinheiten Ihres Projekts ab.

Repositorys können nur vollständig verwendet werden → *Seite 256*
Das Repository → *Seite 37*

Nachdem die Aufteilung des Projekts erfolgt ist, muss ein Repository für jedes Modul angelegt und gefüllt werden. Dabei sind leere Verzeichnisse und nicht zu versionierende Dateien besonders zu behandeln.

Für die Arbeit im Team muss ein Repository pro Modul als das zentrale Repository definiert werden. Alle Entwickler werden dieses zentrale Repository nutzen, um den aktuellen Stand zu holen und ihre Änderungen einzuspielen.

Es muss entschieden werden, wie alle im Team auf das zentrale Repository zugreifen sollen. Git unterstützt den Zugriff über ein gemeinsames Netzlaufwerk, über einen Webserver, ein proprietäres Netzwerkprotokoll und eine Secure-Shell-Infrastruktur (SSH).

Welches Protokoll man wählt, hängt von der vorhandenen Infrastruktur, der örtlichen Verteilung und den Anforderungen bezüglich der Rechteverwaltung ab.

Autorisierung nur auf dem ganzen Repository → *Seite 257*

Dieser Workflow beschreibt:

- wie ein Projektverzeichnis in ein Repository überführt wird,
- wie leere Verzeichnisse versioniert werden,
- wie mit der Zeilenendenproblematik umgegangen wird,
- welche Zugriffsmöglichkeiten es für ein zentrales Repository gibt und wie dieses eingerichtet wird und
- wie Teammitglieder auf das zentrale Repository zugreifen.

Überblick

Dieser Workflow besteht aus zwei Teilen. Im ersten Schritt wird ein Repository für ein Projektverzeichnis angelegt. Im zweiten Schritt wird ein zentrales Repository allen Entwicklern zur Verfügung gestellt.

Was sind Commits?
→ Seite 19

In Abbildung 14-1 wird gezeigt, wie das Projekt projecta in ein Repository überführt wird. Dabei ist besonders auf das leere Verzeichnis EmptyDir zu achten. Denn leere Verzeichnisse werden von Git normalerweise nicht versioniert. Indem man eine beliebige Datei, z. B. .gitignore, in dem Verzeichnis anlegt, kann man die Versionierung erzwingen.

Ebenso muss man beim initialen Commit darauf achten, keine unnötigen Dateien zu versionieren, z. B. Build-Ergebnisse oder temporäre Dateien. Im Beispiel kann man das an dem Verzeichnis TempDir sehen. In ihm werden Backup-Dateien gespeichert, und es soll nicht versioniert werden. Um dieses Verzeichnis auch bei zukünftigen Commits auszuschließen, wird die Datei .gitignore im Wurzelverzeichnis des Projekts angelegt und das zu ignorierende Verzeichnis dort spezifiziert.

Mit .gitignore
Dateien unversioniert
lassen → Seite 34

Im zweiten Schritt wird das neue Repository anderen Entwicklern zugänglich gemacht. Dabei unterstützt Git verschiedene Protokollvarianten:

file: Zugriff über geteiltes Netzlaufwerk
git: Proprietärer Serverdienst mit Netzwerkkommunikation
http: Zugriff über einen Webserver
ssh: Zugriff über eine Secure-Shell-Infrastruktur

Mit Git können mehrere Zugriffsmöglichkeiten für dasselbe Repository parallel bereitgestellt werden. So wird häufig ein HTTP-Zugang für anonyme lesende Zugriffe und ein SSH-Zugang für schreibende Zugriffe benutzt.

Voraussetzungen

Gemeinsamer Server: Für die Zusammenarbeit mit Git ist entweder ein gemeinsames Netzlaufwerk, ein Serverrechner mit der Möglichkeit, einen Dienst zu starten, ein Webserver mit CGI-Support oder eine SSH-Infrastruktur vorhanden.

Autorisierung nur auf
dem ganzen
Repository
→ Seite 257

Rechtevergabe auf Projektebene: Git kennt nur Rechte für das Lesen und Schreiben des gesamten Repositorys, d. h., es können keine feingranularen Rechte auf einzelnen Verzeichnissen vergeben werden.

Workflow kompakt
Ein Projekt aufsetzen

Ein Projektverzeichnis wird in ein neues Repository importiert. Dieses
Repository wird als zentrales Repository für die Entwicklung im Team
zur Verfügung gestellt.

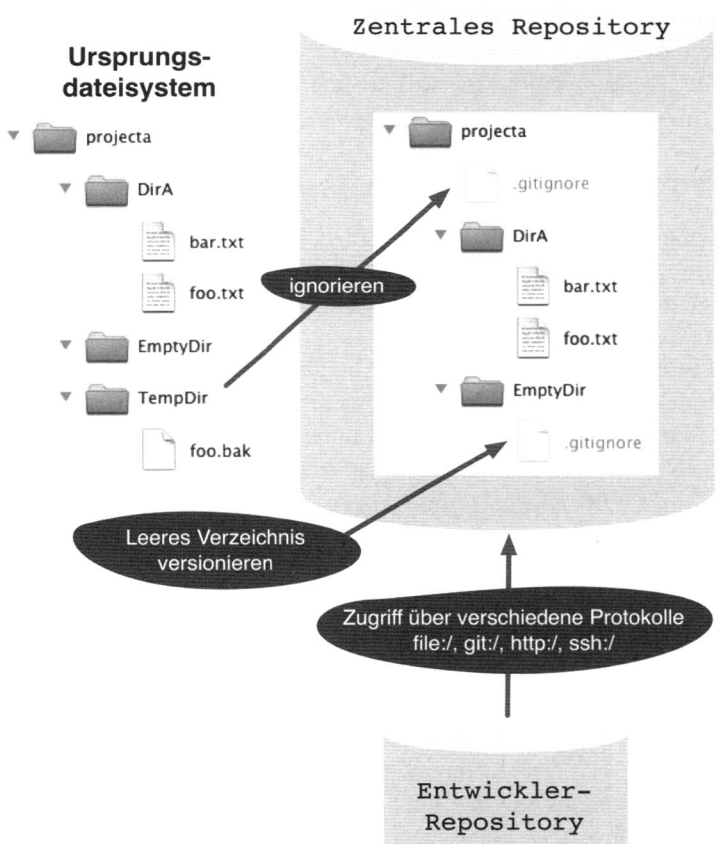

Abb. 14-1
Workflow im Überblick

14.1   Ablauf und Umsetzung

Die nachfolgenden Abläufe gehen von dem einfachen Beispielprojekt projecta in Abbildung 14-1 aus.

Neues Repository vom Projektverzeichnis anlegen

Dieser Abschnitt zeigt, wie für ein vorhandenes Projekt ein Bare-Repository erzeugt wird. Ein Bare-Repository ist die Voraussetzung, um das Repository später im Team zu teilen.

Der Ausgangspunkt ist ein Verzeichnis im Dateisystem, das schrittweise in das fertige Bare-Repository umgewandelt wird.

Schritt 1: Leere Verzeichnisse vorbereiten

Verzeichnisse speichern: Blob & Tree → Seite 38

Git ist im Kern ein Content-Tracker, d. h., Git kann sehr effizient Versionen von Dateien verschiedenen Typs verwalten. Dagegen werden Verzeichnisse nur als Strukturierungseinheiten betrachtet und nur im Zusammenhang mit Dateien versioniert.

Leere Verzeichnisse sind für Git also nicht relevant und können auch nicht mit dem add-Befehl zu einem Commit hinzugefügt werden.

Solange die Entwicklungsumgebung auch auf die leeren Verzeichnisse nicht angewiesen ist, kann man diesen Umstand einfach ignorieren. Einige Entwicklungsumgebungen bzw. -werkzeuge gehen jedoch von der Existenz dieser Verzeichnisse aus und es kommt zu Problemen, wenn sie fehlen.

Durch Anlegen einer beliebigen Datei kann man jedoch Git dazu bringen, auch ein leeres Verzeichnis zu beachten. Theoretisch kann man jeden beliebigen Dateinamen wählen, solange die Entwicklungsumgebung die Datei nicht beachtet.

Es hat sich durchgesetzt, diese Datei `.gitignore` oder `.gitkeep` zu nennen.[1] Die `.gitignore`-Datei wird normalerweise von Git benutzt, um bestimmte Dateien von der Versionierung auszuschließen. Das erweist sich gleich auch noch als nützlich.

Mit `.gitignore` Dateien unversioniert lassen → Seite 34

Als Beispiel soll das Verzeichnis EmptyDir aus Abbildung 14-1 dienen. Mit dem Unix-Kommando touch legt man eine leere Datei an.

```
> cd projecta/EmptyDir
> touch .gitignore
```

---

[1] Dateien, die mit einen Punkt beginnen, werden von Unix-Systemen als versteckte Dateien betrachtet und von vielen Entwicklungsumgebungen ebenso ignoriert.

Häufig werden in solchen leeren Verzeichnissen temporäre Dateien angelegt, z. B. Build-Ergebnisse. Um zu verhindern, dass diese zukünftig aus Versehen in ein Commit einfließen, kann man in der Datei `.gitignore` eine Zeile mit einem »*« einfügen. Dadurch werden alle Dateien in diesem Verzeichnis ignoriert und tauchen nicht beim `status`-Befehl als »untracked« auf.

Das folgende Unix-Kommando `echo` erzeugt eine neue Datei `.gitignore` und fügt das »*« ein.

```
> echo "*" > .gitignore
```

Schritt 2: Unnötige Dateien und Verzeichnisse ignorieren

Entwicklungs- und Build-Werkzeuge erzeugen häufig temporäre Dateien, z. B. `class`-Dateien in Java. Diese Dateien sollen nicht mitversioniert werden. Um das zu verhindern, legt man eine Datei `.gitignore` an und schließt alle nicht erwünschten Dateien und Verzeichnisse aus. Die `.gitignore`-Datei kann in jedem Verzeichnis angelegt werden. Die Einträge wirken immer ab dieser Ebene und in allen Unterverzeichnissen.

Dabei wird in jeder Zeile der Datei `.gitignore` ein Muster für einen Dateinamen angegeben. Im Beispiel aus Abbildung 14-1 sollen das Verzeichnis `TempDir` und alle Dateien mit der Endung `.bak` ausgeschlossen werden.

Mit `.gitignore` *Dateien unversioniert lassen → Seite 34*

```
#Inhalt von .gitignore
/TempDir
*.bak
```

Um einfach nachvollziehen zu können, welche Dateien ignoriert werden, hat es sich bewährt, nur in der Wurzel des Projekts die `.gitignore`-Datei anzulegen. Auch tiefere Unterverzeichnisse können dort ausgeschlossen werden. Eine Ausnahme bilden nur die `.gitignore`-Dateien in leeren Verzeichnissen, wo die Datei für die Versionierung sorgt.

Tipp: Legen Sie nur eine `.gitignore`-Datei im Wurzelverzeichnis an.

Schritt 3: Repository anlegen

Nachdem in den vorigen Schritten der Import der Projektdateien vorbereitet wurde, soll in diesem Schritt das Repository angelegt werden.

```
> cd projecta
> git init
```

Schritt 4: Behandlung der Zeilenenden definieren

Vor dem eigentlichen Import der Dateien muss noch entschieden werden, wie mit den Zeilenenden von Textdateien umgegangen werden soll.

Probleme mit Zeilenenden treten immer auf, wenn man gleichzeitig auf verschiedenen Betriebssystemen entwickelt bzw. Textdateien von verschiedenen Betriebssystemen benutzt.

Windows nutzt CRLF (Carriage Return and Line Feed), um Zeilenumbrüche zu codieren. Unix-Systeme und Mac-Rechner nutzen LF (Line Feed) für Zeilenumbrüche. In der Vergangenheit hatten Texteditoren auf den verschiedenen Plattformen Probleme, mit den Zeilenumbrüchen der anderen Plattformen umzugehen. Mittlerweile ist dieses Problem größtenteils gelöst.

Doch noch immer passiert es, dass ein Texteditor ohne oder mit Wissen des Benutzers die Zeilenumbrüche an die jeweilige Plattform anpasst. Das wiederum führt dazu, dass Git eine Zeile als geändert erkennt, obwohl inhaltlich nichts passiert ist. Man kann sich gut vorstellen, wie viele Merge-Konflikte daraus entstehen.

Git bietet als Lösung des Problems an, die Zeilenumbrüche im Repository auf LF zu standardisieren, d. h., wenn die Standardisierung aktiviert ist, wandelt Git bei jedem `commit`-Befehl alle Zeilenenden in LF um und beim Herausholen, wenn gewünscht, in den jeweils plattformabhängigen Standard.

Es gibt insgesamt drei verschiedene Möglichkeiten, mit Zeilenenden umzugehen:

core.autocrlf false: Die Zeilenenden werden nicht beachtet. Git speichert die Zeilenenden im Repository, so wie sie in der Datei vorliegen. Auch beim Herausholen bleiben die Zeilenenden unverändert.

core.autocrlf true: Die Zeilenenden werden beim Hinzufügen standardisiert (LF) und beim Herausholen an die jeweilige Plattform angepasst.

core.autocrlf input: Die Zeilenenden werden beim Hinzufügen standardisiert (LF), aber beim Herausholen nicht angepasst.

Da man meistens nicht ausschließen kann, dass ein Repository in Zukunft auch auf anderen Plattformen benutzt wird, ist es sinnvoll, von Anfang an mit standardisierten Zeilenumbrüchen zu arbeiten.

Auf Windows-Systemen ist deswegen die Einstellung »true« und auf Unix-Systemen die Einstellung »input« vor dem ersten Import zu setzen.[2]

---

[2] Sowohl bei »true« als auch bei »input« kann es zu Problemen kommen, wenn Git eine Datei als Textdatei erkennt und diese anpasst, die Datei aber

```
> git config --global core.autocrlf input
```

Schritt 5: Dateien importieren

Anschließend werden alle Dateien für das erste Commit mit dem `add`-Befehl hinzugefügt. Dabei werden alle vorhandenen Dateien, inklusive der `.gitignore`-Dateien, ins Commit aufgenommen und die ignorierten Dateien weggelassen.

Commits
zusammenstellen
→ *Seite 27*

Vor dem `add`-Befehl ist es sinnvoll, noch einmal mit dem `status`-Befehl zu überprüfen, welche Dateien als »untracked« erkannt werden. Manchmal vergisst man eine temporäre Datei oder ein Verzeichnis beim Ignorieren und fügt es so ungewollt zum Repository hinzu.

Tipp: Überprüfen Sie vor dem add-*Befehl mit dem* status-*Befehl die Dateien.*

```
> git status
> git add .
```

Zum Abschluss wird das Commit mit dem `commit`-Befehl abgeschlossen.

```
> git commit -m "init"
```

Schritt 6: Bare-Repository erzeugen

Bisher existiert ein normales Repository mit Workspace für das neue Projekt. Um im Team auf einem zentralen Repository mit `pull`-Befehlen und `push`-Befehlen zu arbeiten, muss das Repository noch in ein Bare-Repository ohne Workspace umgewandelt werden. Ein Bare-Repository besteht nur aus dem Inhalt des `.git`-Verzeichnisses.

Die Umwandlung erfolgt mithilfe des `clone`-Befehls und dem Parameter `--bare`. Bare-Repositorys bekommen typischerweise die Endung `.git`, um sie von normalen Repositorys zu unterscheiden.

```
> git clone --bare projecta projecta.git
```

`--bare`: Der Klon soll keinen Workspace bekommen, sondern nur die Repository-Objekte beinhalten.
projecta: Dieser Parameter ist der Name des vorbereiteten Repositorys.
projecta.git: Dieser Parameter ist der Name des neu zu erzeugenden Bare-Repositorys.

---

eigentlich binär ist. Mithilfe der Datei `.gitattribute` kann man die automatische Erkennung überschreiben. Schauen Sie in der Git-Hilfe nach den Einzelheiten.

Repository über Dateizugriffe teilen

Dieser Abschnitt beschreibt, wie ein Bare-Repository mithilfe eines gemeinsamen Netzlaufwerks geteilt werden kann.

Schritt 1: Bare-Repository kopieren

Nachdem ein Bare-Repository mit den Projektdateien angelegt wurde, kann es einfach auf einem für alle zugreifbaren Netzlaufwerk abgelegt werden.

```
> cp -R projecta.git /shared/gitrepos/.
```

In diesem Beispiel gehen wir davon aus, dass das Verzeichnis /shared/gitrepos ein Netzlaufwerk ist.

Schritt 2: Das zentrale Repository klonen

Beim Klonen eines Repositorys, das über ein Netzlaufwerk freigegeben wurde, wird einfach der Pfad zu dem zentralen Bare-Repository angegeben.

```
> git clone /shared/gitrepos/projecta.git
```

Der Pfad kann auch mit dem file://-Präfix angegeben werden.

```
> git clone file:///shared/gitrepos/projecta.git
```

Schritt 3: Lese- und Schreibrechte verwalten

Die Lese- und Schreibrechte auf das Repository werden bei dieser Variante über die Dateisystemrechte verwaltet. Das heißt, jedes Teammitglied, das auf das Repository lesend zugreifen will, braucht Leserechte auf dem Bare-Repository-Verzeichnis. Das Gleiche gilt für die Schreibrechte.

Vorteile und Nachteile

In vielen Unternehmensumgebungen existieren gemeinsame Netzwerklaufwerke.[3] Dann ist das Teilen über ein gemeinsames Dateisystem die einfachste Variante für ein zentrales Repository.

Dafür ist es schwieriger, diese Variante aufzusetzen, wenn man an unterschiedlichen Standorten arbeitet. Auch der Datenzugriff durch Git ist nicht der effizienteste, da die Remote-Git-Befehle (push, fetch und

---

[3] insbesondere beim Einsatz von Windows-Systemen.

pull) immer mit entfernten Daten arbeiten müssen. Bei den drei folgenden Servervarianten dagegen kann Git die Remote-Befehle jeweils auf dem Server ausführen und muss nur das Ergebnis zum lokalen Rechner übertragen.

Repository mit dem Git-Daemon teilen

Die Standard-Git-Installation beinhaltet einen eingebauten Serverdienst, der über ein einfaches Netzwerkprotokoll den Zugriff auf Repositorys ermöglicht.

Achtung! Erst mit der Git-Version 1.7.4 ist der Git-Daemon auch unter Windows-Systemen verfügbar.

Schritt 1: Bare-Repository für den Git-Daemon freigeben

Damit der Git-Daemon ein Repository exportiert, muss eine Datei `git-daemon-export-ok` im Wurzelverzeichnis des Bare-Repositorys angelegt werden. Die Datei benötigt keinen Inhalt und dient nur dazu, dass nicht ungewollt Repositorys im Netzwerk sichtbar sind.

```
> cd projecta.git
> touch git-daemon-export-ok
```

Schritt 2: Git-Daemon starten

Der Git-Daemon wird mit dem `daemon`-Befehl gestartet.

```
> git daemon
```

Anschließend kann man auf alle Repositorys des aktuellen Rechners zugreifen, die für den Export freigegeben sind. Dazu wird der vollständige Pfad zu dem Repository in der Git-URL angegeben.

Als Beispiel soll die folgende URL dienen:

```
git://server-42/shared/gitrepos/projecta.git
```

Das Präfix `git:` bestimmt, dass der Git-Daemon als Protokoll verwendet werden soll. Danach folgt der Rechnername `server-42` und anschließend der Pfad zu dem Verzeichnis `/shared/gitrepos/projecta.git`, in dem das Repository liegt.

Um die URL nicht so abhängig vom konkreten Verzeichnis zu machen, ist es häufig sinnvoll, einen Basispfad anzugeben. Das kann man über den Parameter `--base-path` tun.

```
> git daemon --base-path=/shared/gitrepos
```

Nun kann man auf das Repository über `git://server-42/projecta.git` zugreifen.

Der Standardaufruf des Git-Daemons exportiert alle Repositorys nur zum Lesen. Möchte man auch schreibend auf die Repositorys zugreifen, muss zusätzlich der Parameter `--enable=receive-pack` angegeben werden.

```
> git daemon --base-path=/shared/gitrepos \
          --enable=receive-pack
```

Der Git-Daemon kann auch als Dienst beim jeweiligen Betriebssystem konfiguriert werden. Nähere Details finden Sie in der Dokumentation des `daemon`-Befehls.

Schritt 3: Das zentrale Repository klonen

Beim Klonen eines Repositorys, das über den Daemon freigegeben ist, wird einfach die URL zu dem zentralen Bare-Repository angegeben.

```
> git clone git://server-42/projecta.git
```

Schritt 4: Lese- und Schreibrechte verwalten

Die Lese- und Schreibrechte können bei dieser Variante nicht für einzelne Entwickler separat definiert werden. Das heißt, jedes Repository, das zum Exportieren freigegeben wurde, kann von jedem gelesen werden, der Zugriff auf den Rechner hat.

Wurde der Git-Daemon mit der Möglichkeit des Schreibens gestartet, dann können alle exportierten Repositorys auch von jedem verändert werden.

Vorteile und Nachteile

Der Git-Daemon bietet die effizienteste und schnellste Übertragung von Daten vom und zum zentralen Repository.

Allerdings fehlt jegliche Möglichkeit zur Authentifizierung von Nutzern, d. h., in Umgebungen, wo das Lese- und Schreibrecht auf Repositorys eingeschränkt werden muss, ist der Git-Daemon nicht einsetzbar.

Bei verteilten Teams kann auch die Firewall noch ein Problem darstellen, da der Git-Daemon einen freigegebenen Port benötigt.

Repository über HTTP teilen

Die Standard-Git-Installation stellt ein CGI-Skript bereit, das es erlaubt, Repositorys über einen Webserver anzusprechen.[4]

Als Beispiel für den folgenden Ablauf wird die Integration des CGI-Skripts in eine Apache2-Infrastruktur beschrieben.

Die Konfiguration des Apache2 erfolgt typischerweise in einer Datei namens `httpd.conf`.

Im Folgenden ist beschrieben, welche Änderungen an der Apache2-Konfigurationsdatei vorgenommen werden müssen. Für die genauen Details und Hintergründe lesen Sie bitte die Apache2-Dokumentation.

Schritt 1: Apache2-Module aktivieren

Die Einbindung von CGI-Skripten ist mit Apache2 nur möglich, wenn das `mod_cgi`-Modul aktiviert ist. Zusätzlich wird noch das `mod_alias`-und das `mod_env`-Modul für die Git-Integration benötigt.

Soweit es nicht bereits geschehen ist, müssen Sie die Module aktivieren.

Achtung! Die genauen Pfade hängen von der jeweiligen Apache2-Installation und vom Betriebssystem ab.

```
LoadModule cgi_module libexec/apache2/mod_cgi.so
LoadModule alias_module libexec/apache2/mod_alias.so
LoadModule env_module libexec/apache2/mod_env.so
```

Schritt 2: Zugriff auf das CGI-Skript erlauben

Typische Apache2-Installationen schränken den Zugriff des Webservers auf bestimmte Verzeichnisse im Dateisystem ein. Möchte man das CGI-Skript direkt aus dem Installationsverzeichnis von Git benutzen, muss dieses Verzeichnis noch für den Zugriff freigegeben werden.

In diesem Beispiel liegt das CGI-Skript im Verzeichnis `/usr/local/git/libexec/git-core`. Das folgende Fragment erlaubt Apache2, das CGI-Skript von dort aufzurufen:

```
<Directory "/usr/local/git/libexec/git-core">
    AllowOverride None
    Options None
    Order allow,deny
    Allow from all
</Directory>
```

Achtung! Es ist wichtig, dafür zu sorgen, dass der Benutzer, unter dem der Apache2-Server läuft, Leserechte und Execute-Rechte für das CGI-Skript besitzt.

---

[4] Das CGI-Skript wurde erst mit der Git-Version 1.6.6 zur Verfügung gestellt. Davor war es auch schon möglich, per HTTP auf ein Repository zuzugreifen, jedoch war das »alte« Protokoll sehr ineffizient und langsam.

Schritt 3: Repository per HTTP freigeben

Damit das CGI-Skript ein Repository exportieren kann, muss eine Datei `git-daemon-export-ok` im Wurzelverzeichnis des Bare-Repositorys angelegt werden. Die Datei benötigt keinen Inhalt und dient nur dazu, dass nicht ungewollt Repositorys per HTTP sichtbar sind.[5]

```
> cd /shared/gitrepos/projecta.git
```

```
> touch git-daemon-export-ok
```

Achtung! Es ist wichtig, dafür zu sorgen, dass der Apache2-Server Lese- und Schreibrechte für das Repository-Verzeichnis und für alle enthaltenen Dateien und Unterverzeichnisse besitzt.

Nun muss in der `httpd.conf`-Datei das Wurzelverzeichnis spezifiziert werden, in dem sich die zu exportierenden Repositorys befinden. In diesem Beispiel ist es das Verzeichnis `/shared/gitrepos/`.

```
SetEnv GIT_PROJECT_ROOT /shared/gitrepos
```

Als Letztes muss noch für das CGI-Skript ein Alias eingerichtet werden. In diesem Fall soll es `/git` sein.

```
ScriptAlias /git/ /usr/local/git/libexec/git-core/git-http-backend/
```

Nachdem der Apache2 neu gestartet wurde, ist es möglich, auf alle Repositorys unter `/shared/gitrepos/` zuzugreifen.

Schritt 4: Das zentrale Repository klonen

Beim Klonen eines Repositorys wird einfach die URL zu dem zentralen Repository angegeben. Dabei folgt nach dem Rechnernamen der Skriptalias für das CGI-Skript und anschließend der Verzeichnisname des Repositorys.

```
> git clone http://server-42/git/projecta.git
```

In diesem Beispiel befindet sich auf dem Rechner `server-42` unter dem Skriptalias `git` das Repository `projecta.git`.

---

[5] Es ist auch möglich, per `SetEnv GITHTTPEXPORTALL` die Überprüfung auszuschalten, ob die Datei `git-daemon-export-ok` vorhanden ist.

Schritt 5: Lese- und Schreibrechte verwalten

Die Lese- und Schreibrechte können bei dieser Variante mit den normalen Webserver-Zugriffsrechten definiert werden.

Um zum Beispiel das Schreiben (push-Befehl) auf alle Repositorys nur mit Passwort zu ermöglichen, ist in der Apache2-Konfigurationsdatei folgender Eintrag notwendig:

```
<LocationMatch "^/git/.*/git-receive-pack$">
    AuthType Basic
    AuthName "Git Access"
    AuthUserFile /shared/gitrepos/git-auth-file
    Require valid-user
</LocationMatch>
```

Dabei werden alle Zugriffe auf `git-receive-pack` abgefangen und nur zugelassen, wenn der Nutzer authentifiziert ist. Der Zugriff auf `git-receive-pack` ist bei jedem `push`-Befehl notwendig. Lesende Zugriffe sind dagegen immer noch ohne Passwort möglich.

Um sowohl den lesenden wie auch den schreibenden Zugriff auf ein Repository abzusichern, muss der gesamte Zugriff auf die Repository-URL mit einem Passwort gesichert werden:

```
<Location /git/projekta.git>
    AuthType Basic
    AuthName "Git Access"
    AuthUserFile /shared/gitrepos/git-auth-file
    Require valid-user
</Location>
```

Weitere Beispiele für die Konfiguration des Webservers sind in der Dokumentation des `http-backend`-Befehls zu finden.

Vorteile und Nachteile

Die HTTP-Variante ermöglicht den einfachen Zugriff auf Repositorys im Webumfeld. Typische Probleme mit Firewalls sind durch die Nutzung des HTTP-Protokolls nicht zu erwarten. Die Authentifizierung kann über den Webserver erledigt werden.

Wenn es auf mehr Vertraulichkeit ankommt, kann auch das HTTPS-Protokoll verwendet werden.

Als Nachteil ist nur die Notwendigkeit eines Webservers zu nennen. Dieser muss betrieben und administriert werden.

Repository über SSH teilen

Um ein Repository per Secure-Shell (SSH) zu teilen, muss die notwendige SSH-Infrastruktur vorhanden sein. Das heißt, es muss mindestens einen Rechner mit SSH-Daemon geben und alle Beteiligten müssen einen SSH-Zugang auf diesem Rechner haben.

Schritt 1: Bare-Repository kopieren

Das Bare-Repository mit den Projektdateien wird einfach auf einen SSH-Rechner kopiert, auf den alle zugreifen dürfen. Der Befehl scp kopiert eine Datei per SSH.

```
> scp -r projecta.git \
        server-42:/shared/gitrepos/projecta.git
```

In diesem Beispiel gehen wir davon aus, dass der Rechner (server-42) einen SSH-Zugriff erlaubt und dass das Verzeichnis /shared/gitrepos auf diesem Rechner für die Ablage der Repositorys vorgesehen ist.

Schritt 2: Das zentrale Repository klonen

Beim Klonen eines Repositorys, das über SSH freigegeben wurde, wird einfach der normale SSH-Pfad zu dem zentralen Repository angegeben.

```
> git clone ssh://server-42:/shared/gitrepos/projecta.git
```

Das Präfix ssh:// kann auch weggelassen werden.

```
> git clone server-42:/shared/gitrepos/projecta.git
```

Schritt 3: Lese- und Schreibrechte verwalten

Die Lese- und Schreibrechte auf das Repository werden bei dieser Variante über die SSH- und die Dateisystemrechte verwaltet. Das heißt, jedes Teammitglied, das auf das Repository lesend zugreifen will, braucht den SSH-Zugang und Leserechte auf dem Repository-Verzeichnis. Das Gleiche gilt für die Schreibrechte.

Vorteile und Nachteile

Das Teilen eines Repositorys über SSH ist bei vorhandener SSH-Infrastruktur sehr einfach aufzusetzen. Dabei ist der Zugriff sehr effizient, da die meisten Git-Befehle auf dem SSH-Server stattfinden und nur die Ergebnisse per Netzwerk übertragen werden. Weiterhin erfolgt der Zugriff verschlüsselt, und es ist die abgesichertste Variante für den Zugriff auf ein Repository.

Wenn jedoch noch keine SSH-Infrastruktur besteht, kann das Aufsetzen dieser Infrastruktur aufwendig sein. Selbst bei vorhandener Infrastruktur kann die Verwaltung der Nutzerkonten aufwendig werden, da jeder Benutzer – selbst für den lesenden Zugriff – ein eigenes Konto benötigt.[6]

---

[6] Es gibt mit Gitolite (*https://github.com/sitaramc/gitolite*) und Gitosis (*https://github.com/tv42/gitosis*) zwei Softwarepakete, die die Administration der

14.2 Warum nicht anders?

Warum nicht auf Push verzichten?

Der beschriebene Workflow geht davon aus, dass jeder Entwickler Schreibrechte auf das zentrale Repository hat und somit mit dem push-Befehl seine Commits veröffentlichen kann.

Austausch zwischen Repositorys → Seite 73

In Open-Source-Projekten wird typischerweise ein reiner Pull-Ablauf benutzt. Dabei arbeiten alle Entwickler nur in ihren lokalen Repositorys und nur dedizierte Integrationsverantwortliche (Integratoren) haben das Recht, den zentralen Softwarestand zu ändern.

In Abbildung 14-2 ist dieser reine Pull-Workflow dargestellt.

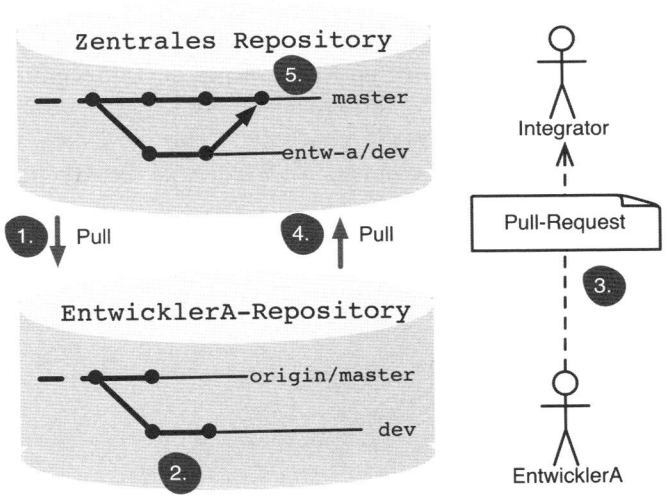

Abb. 14-2
Nur mit Pull-Befehlen arbeiten

Die Entwickler klonen das zentrale Repository und erzeugen neue lokale Commits. Anschließend schicken sie den Integratoren einen sogenannten Pull-Request. Ein Pull-Request ist die Aufforderung, von einem Entwickler-Repository einen Branch bzw. ein Commit zu importieren und mit dem Integrations-Branch im zentralen Repository zu vereinigen.

Der Integrator ist jetzt dafür verantwortlich, mit dem pull-Befehl, alle Änderungen der verschiedenen Entwickler in das zentrale Repository zusammenzuführen. Dabei übernimmt er auch die Rolle des Qua-

Network of Trust → Seite 257

SSH-Infrastruktur für Git vereinfachen. Gitolite ist sogar in der Lage, Lese- und Schreibrechte auf Branch-Ebene zu vergeben. Daneben gibt es auch noch Gerrit (*http://code.google.com/p/gerrit/*), das neben der Review-Funktionalität auch als SSH-Server fungieren kann.

litätssicherers. Nachdem der Integrator die Änderungen in das zentrale Repository eingepflegt hat, kann der Entwickler den offiziellen Stand aus dem zentralen Repository wieder mit dem `pull`-Befehl importieren.

Bei der normalen Projektarbeit oder Produktentwicklung kann dieser Ablauf schnell zu einer unnötigen Bremse werden. Dort wird hochfrequenter im Team gearbeitet und Entwickler müssen schnell die Änderungen der anderen Beteiligten sehen, z. B. wenn durch Refaktorierungen viele Dateien geändert werden. Auch die Releasezyklen sind bei agilen Projekten kürzer. In einem solchen Szenario kann der Integrator zu einem Nadelöhr werden und die Änderungen werden nicht schnell genug in das zentrale Repository eingebaut.

Der Vorteil, mehr Kontrolle bei Änderungen des offiziellen Standes zu haben, wiegt in den meisten Projekten den höheren Aufwand nicht auf.

Github – Hosting von
Repositorys
→ *Seite 249*

Ein weiteres Problem ist das Backup der Änderungen. Erst nachdem der Pull-Request abgearbeitet wurde, liegen die Daten im zentralen Repository. Meistens wird in Unternehmen nur dieses zentrale Repository durch ein Backup-System gesichert. Wenn die Daten auf dem Rechner des Entwicklers vorher zerstört werden, ist die Arbeitsleistung verloren.[7]

---

[7] Natürlich ist es auch möglich, die Entwickler-Repositorys zu sichern. Im Open-Source-Umfeld wird dafür häufig GitHub (*https://github.com/*) verwendet. Damit wird auch sichergestellt, dass der Integrator auf die Repositorys der Entwickler zugreifen kann.

15 Gemeinsam auf einem Branch entwickeln

Bei einer zentralen Versionsverwaltung, wie z. B. Subversion[1], arbeiten die Teams häufig auf einem gemeinsamen Branch. Dieser Branch wird von jedem Entwickler in seinen lokalen Workspace kopiert. Dort finden dann Änderungen statt, die anschließend in die Versionsverwaltung zurückgeschrieben werden.

Einen ganz ähnlichen Workflow kann man auch mit Git umsetzen. Diese Ähnlichkeit erleichtert den Umstieg und macht die Benutzung unkompliziert und schnell.

Jeder Entwickler legt einen Klon des zentralen Repositorys an und arbeitet auf seiner Kopie des master-Branch.

Sobald die Entwicklungsergebnisse anderen zur Verfügung gestellt werden sollen, wird der lokale master-Branch mit dem zentralen master-Branch vereinigt. Dabei entstehen Merge-Commits, wenn es in der Zwischenzeit Änderungen anderer Entwickler gab. Der Merge erfolgt im lokalen Repository, und der vereinigte Stand wird anschließend in das zentrale Repository übertragen.

Der Vorteil dieses Workflows ist das schnelle Erkennen von Konflikten, da regelmäßig und zeitnah die eigenen Änderungen mit den Änderungen anderer Entwickler vereinigt werden.

Andererseits entstehen bei diesem Workflow viele Merge-Commits, und damit wird die Commit-Historie unübersichtlich. Es ist auch nicht mehr möglich, die First-Parent-Historie sinnvoll einzusetzen, die im Workflow »Mit Feature-Branches entwickeln« (Seite 135) gezeigt wird.

Branches zusammenführen → Seite 53

Der Workflow in diesem Kapitel beschreibt,

- wie die lokale Entwicklung auf dem master-Branch funktioniert,
- wie die eigenen Ergebnisse im zentralen Repository veröffentlicht werden und
- wie die Ergebnisse anderer Entwickler benutzt werden können.

---

[1] http://subversion.apache.org/

Überblick

Abbildung 15-1 zeigt ein typisches Szenario für diesen Workflow. Oben ist das zentrale Repository zu sehen, links unten und rechts unten jeweils ein Entwickler-Repository (Entwickler A und Entwickler B).

Commits zusammenstellen → *Seite 27*

Jeder Entwickler startet auf seinem lokalen master-Branch mit der Arbeit. Er erzeugt kleinschrittige Commits, um notfalls zu einem alten Stand zurückkehren zu können und um seine Arbeitsschritte zu dokumentieren.

Austausch zwischen Repositorys → *Seite 73*

Nachdem eine Aufgabe abgeschlossen ist oder wenn ein anderer Entwickler den Zwischenstand benötigt, werden mit dem push-Befehl die Commits in das zentrale Repository übertragen. Solange sich der zentrale master-Branch in der Zwischenzeit nicht verändert hat, wird der push-Befehl erfolgreich sein.

Branches zusammenführen → *Seite 53*

Typischerweise wird es aber Commits anderer Entwickler auf dem zentralen master-Branch geben. Deswegen muss der pull-Befehl benutzt werden, um die Änderungen des zentralen Repositorys mit dem lokalen Repository zu vereinigen. Dabei entsteht ein Merge-Commit im lokalen Repository, das dann mit dem push-Befehl in das zentrale Repository übertragen wird. Das ist in Abbildung 15-1 gut an dem letzten Merge-Commit zu sehen. Der Entwickler A hatte bereits sein Commit übertragen, und der Entwickler B musste sein Commit mit dem vorhandenen Commit vereinigen.

Der pull-Befehl kann auch jederzeit benutzt werden, um die Änderungen der anderen Entwickler in das eigene Repository zu holen.

Voraussetzungen

»Schöne« Historie nicht notwendig: Die Commit-Historie wird nur als Sicherheitsnetz gegen Datenverlust und für Vergleiche mit alten Versionsständen benötigt. Im Workflow »Mit Feature-Branches entwickeln« (Seite 135) sind andere Einsatzmöglichkeiten der Commit-Historie beschrieben.

Mit einem Build-Server arbeiten → *Seite 165*

Continuous Integration für den zentralen master-Branch: Bei diesem Workflow entstehen viele Merge-Commits, und damit besteht immer auch die Gefahr, dass es zu Problemen mit den zusammengeführten Versionsständen kommt. Deswegen ist es wichtig, den master-Branch des zentralen Repositorys kontinuierlich zu bauen und zu testen, um die Entwickler schnell bei Problemen zu informieren.

Workflow kompakt

Gemeinsam auf einem Branch entwickeln

Alle Entwickler arbeiten auf dem gleichen Branch in ihren lokalen Repositorys und integrieren die Ergebnisse in den Hauptbranch des zentralen Repositorys.

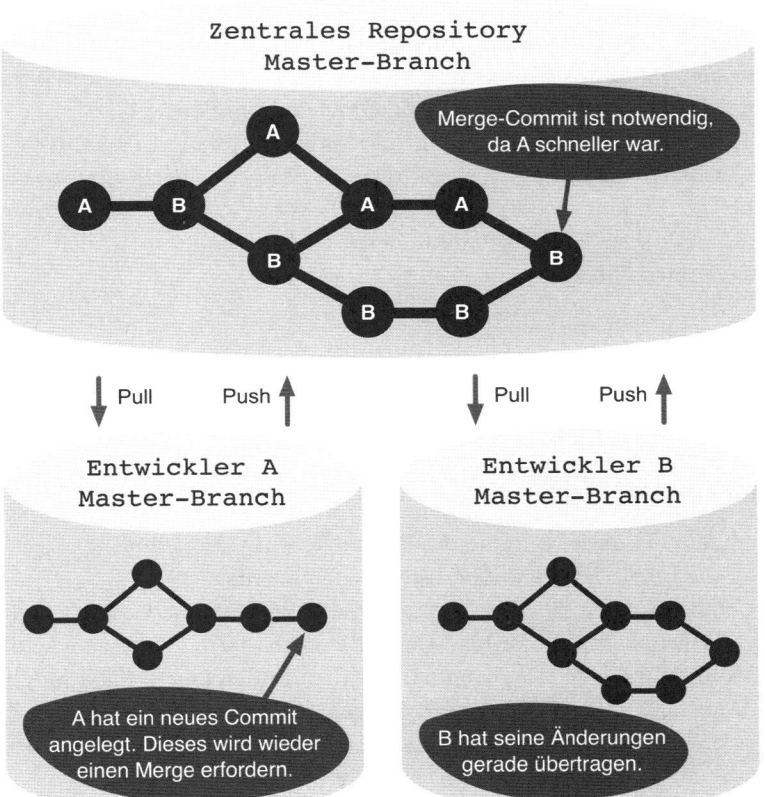

Abb. 15-1
Workflow im Überblick

15.1   Ablauf und Umsetzung

Für die folgenden Abläufe gehen wir von einem zentralen Repository und einem lokalen Klon für die Entwicklung aus.

Auf dem `master`-Branch arbeiten

Schritt 1: `master`-Branch aktualisieren

Bevor man mit einer neuen Aufgabe beginnt, ist es immer sinnvoll, den neuesten Stand aus dem zentralen Repository zu holen. Dadurch werden mögliche Konfliktszenarien an Dateien minimiert.

Austausch zwischen Repositorys → Seite 73

Wenn man sicher sein will, dass es keine lokalen Commits gibt, die bisher noch nicht in das zentrale Repository übertragen wurden, dann sollte man den Parameter `--ff-only` verwenden. Dieser Parameter verhindert, dass Git automatisch einen Merge mit den zentralen Änderungen durchführt.

```
> git pull --ff-only
```

Fast-Forward-Merges → Seite 59

`--ff-only`: Dieser Parameter verhindert Merge-Commits, indem nur Fast-Forward-Merges beim `pull`-Befehl erlaubt werden.

Schritt 2: Lokale Änderungen durchführen

Commits zusammenstellen → Seite 27

Nachdem der aktuelle Stand des Master-Repositorys geholt worden ist, kann die lokale Entwicklung durchgeführt werden.

Dabei werden in Git typischerweise kleinschrittige Commits angelegt, die genau eine Teilaufgabe, eine Refaktorisierung oder eine Fehlerbehebung umfassen. Dadurch wird es dem Entwickler einfach möglich sein, auf einen alten Stand zurückzugehen oder Dateien mit aktuellen Versionen zu vergleichen. Vor dem nächsten Schritt sollten immer die lokalen Änderungen durch ein Commit abgeschlossen werden.

```
> git commit -m "Methode X überarbeitet"
```

Schritt 3: Lokale Änderungen mit den zentralen Änderungen zusammenführen

Wenn die Entwicklungsaufgaben abgeschlossen sind oder wenn ein anderer Entwickler einen Zwischenstand einfordert, müssen die lokalen Änderungen in das zentrale Repository übertragen werden.

Da dies nur funktionieren wird, wenn es in der Zwischenzeit keine Änderungen im zentralen Repository gab, ist es immer sinnvoll, vorab mit dem `pull`-Befehl alle zentralen Änderungen zu holen.

```
> git pull
Already up-to-date.
```

Falls es keine Änderungen im zentralen Repository gab, wird das durch »up-to-date« mitgeteilt.

Wenn es Änderungen gibt, aber der Merge automatisch durchgeführt werden kann, wird Git keinen Konflikt (»CONFLICT«) melden und am Ende eine Statistik mit den geänderten Dateien ausgeben.

```
remote: Counting objects: 5, done.
remote: Compressing objects: 100% (2/2), done.
remote: Total 3 (delta 0), reused 0 (delta 0)
Unpacking objects: 100% (3/3), done.
From projektX
   2cd173f..e10bb4d  master     -> origin/master
Merge made by recursive.
 foo |    1 +
 1 files changed, 1 insertions(+), 0 deletions(-)
```

Wenn es Konflikte zwischen den zentralen und den lokalen Änderungen gibt, wird das in der Ausgabe mit einem *CONFLICT* gekennzeichnet.

Bearbeitungskonflikte
→ *Seite 56*
Commits
zusammenstellen
→ *Seite 27*

```
remote: Counting objects: 8, done.
remote: Compressing objects: 100% (3/3), done.
remote: Total 5 (delta 0), reused 0 (delta 0)
Unpacking objects: 100% (5/5), done.
From projektX
   9139636..fa60160  master     -> origin/master
Auto-merging foo
CONFLICT (content): Merge conflict in foo
```

Die Konfliktlösung kann mit den normalen Mitteln erfolgen. Die bereinigten Dateien werden durch den add-Befehl dem bisher unvollständigen Merge-Commit hinzugefügt. Anschließend muss der konfliktbehaftete Merge-Versuch noch mit dem commit-Befehl abgeschlossen werden.

```
> git add foo
> git commit
```

Wenn man bei diesem commit-Befehl keine Beschreibung übergibt, wird Git automatisch eine Merge-Beschreibung inklusive der aufgetretenen Konflikte generieren.

```
Merge branch 'master' of projektX

Conflicts:
foo
```

Schritt 4: Lokale Änderungen in das zentrale Repository übertragen

Wenn der vorige Schritt erfolgreich abgeschlossen wurde, gibt es einen konsolidierten Projektstand im lokalen Repository.

Tipp: Führen Sie lokale Tests durch. Bevor dieser Stand nun in das zentrale Repository übertragen wird, sollten unbedingt lokale Tests stattfinden, um Probleme aufzudecken.

Wenn man mit der Qualität der Version zufrieden ist, können mit dem push-Befehl die lokalen Änderungen in die Zentrale übertragen werden.

```
> git push
```

Wenn der push-Befehl ohne Fehlermeldung beendet wird, sind die Commits erfolgreich im zentralen Repository angekommen.

Konflikte beim Push *→ Seite 79* Hat in der Zwischenzeit jedoch ein anderer Entwickler Commits übertragen, wird der push-Befehl eine Fehlermeldung liefern:

```
To projektX.git
 ! [rejected]        master -> master (non-fast-forward)
error: failed to push some refs to '/Users/rene/temp/projekt.git/'
To prevent you from losing history, non-fast-forward updates were
rejected. Merge the remote changes (e.g. 'git pull') before pushing
again. See the 'Note about fast-forwards' section of
'git push --help' for details.
```

Branch-Zeiger umsetzen → Seite 49 Um die neuen Änderungen zu holen, ist wieder der pull-Befehl notwendig. Dabei würde ein weiterer Merge-Commit angelegt werden. Um die Historie nicht unnötig mit zwei Merge-Commits zu komplizieren, sollte man das erste Merge-Commit mit dem reset-Befehl löschen.

```
> git reset --hard ORIG_HEAD
```

--hard: Dieser Parameter rekonstruiert sowohl den Workspace als auch den Stage-Bereich auf das angegebene Commit.

ORIG_HEAD: Das ist ein symbolischer Name für das Commit vor dem letzten pull- bzw. merge-Befehl.

Anschließend geht man wieder zu Schritt 3 und holt die Änderungen des zentralen Repositorys mit dem pull-Befehl.

15.2   Warum nicht anders?

Warum kein Rebase anstelle von Merge?

Mit Rebasing die Historie glätten → Seite 65 Der beschriebene Workflow erzeugt viele Merge-Commits, und damit wird die Commit-Historie schwer lesbar.

Eine Alternative wäre es, die lokalen Änderungen durch ein Rebase mit den zentralen Änderungen zu vereinigen (Parameter --rebase beim pull-Befehl).

```
> git pull --rebase
```

Bei einem Rebase werden die lokalen Änderungen Commit für Commit noch mal auf dem zentralen master-Branch ausgeführt. Das heißt, es entstehen neue Commits, die jedoch die gleichen Änderungen beinhalten.

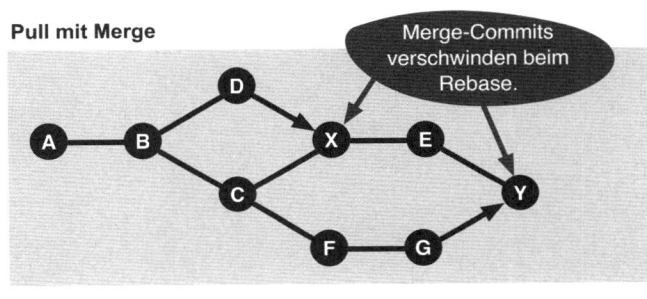

Pull mit Merge

Merge-Commits verschwinden beim Rebase.

Pull mit Rebase

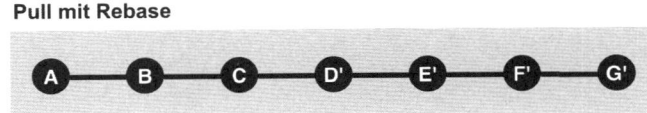

Abb. 15-2
Rebase anstelle von Merge

In Abbildung 15-2 sind die unterschiedlichen Commit-Historien dargestellt, die bei Merge und Rebase entstehen würden.

Auf den ersten Blick fällt auf, dass es beim Rebasing keine Verzweigung mehr gibt und somit die Historie linear ist. Diesem Vorteil steht entgegen, dass es jetzt Commits in der Historie gibt, die so niemals ein Entwickler in seiner lokalen Umgebung erarbeitet hat. Das passiert immer dann, wenn durch ein Rebase mehrere Commits kopiert werden. Dann wird der Entwickler nur das letzte Commit überprüfen und die mitkopierten Vorgänger werden nicht getestet.

Als Beispiel soll das F'-Commit dienen (siehe Abbildung 15-2 unten). Es ist durch ein Rebase des G-Commits entstanden. Solange es keine Konflikte beim Kopieren der Änderungen des F-Commits gibt, wird dieses nicht beachtet werden. Es ist jedoch denkbar, dass es inhaltliche Fehler gibt, die dazu führen, dass dieser Versionsstand nicht funktioniert.

Solange man nur wissen will, wer welche Änderungen wann eingebaut hat, sind diese »unbekannten« Commits irrelevant. Doch sobald man auf Fehlersuche in der Commit-Historie geht, stören diese Commits.

Inhaltliche Konflikte
→ Seite 55

Mit Bisection Fehler
suchen → Seite 153

Tipp: So definieren Sie
Rebase als Standard.

Falls man mit Rebase arbeiten möchte, dann kann man durch die folgende Konfigurationseinstellung Rebase als Standardverhalten des pull-Befehls definieren:

```
> git config branch.master.rebase true
```

branch.master.rebase: Dieser Parameter bestimmt, für welchen Branch Rebase als Standard aktiviert werden soll. Der mittlere Teil »master« kann durch andere Branch-Namen ersetzt werden.

16 Mit Feature-Branches entwickeln

Wenn alle im Team auf einem gemeinsamen Branch entwickeln, entsteht eine sehr unübersichtliche First-Parent-Historie mit vielen Merge-Commits. Dadurch wird es schwierig, Änderungen für ein bestimmtes Feature oder einen Bugfix[1] nachzuvollziehen. Insbesondere bei Codereviews und bei der Fehlersuche ist es hilfreich, genau zu wissen, welche Codezeilen für ein Feature geändert wurden. Durch den Einsatz von Feature-Branches kann man diese Informationen durch Git verwalten lassen. Während der Entwicklung von Features sind kleinschrittige Commits hilfreich, um jederzeit auf einen alten funktionierenden Stand zurückzufallen. Doch wenn man sich einen Überblick über die im Release enthaltenen neuen Features verschaffen will, sind grobgranulare Commits sinnvoller. Bei diesem Workflow werden die kleinschrittigen Commits auf dem Feature-Branch und die Release-Commits auf dem master-Branch angelegt. Die grobgranulare Historie des master-Branch kann gut als Grundlage für die Release-Dokumentation dienen. Auch die Tester werden die grobgranularen Commits mit klarem Feature-Bezug begrüßen. Dieser Workflow zeigt, wie Feature-Branches eingesetzt werden, sodass

Gemeinsam auf einem Branch entwickeln
→ *Seite 127*

Commits zusammenstellen
→ *Seite 27*

- die Commits, die ein Feature implementieren, einfach aufzufinden sind,
- die First-Parent-Historie des master-Branch nur grobgranulare Feature-Commits beinhaltet, die als Releasedokumentation dienen können,
- Teillieferungen von Features möglich sind und
- wichtige Änderungen des master-Branches während der Feature-Entwicklung benutzt werden können.

---

[1] In Git werden Features und Bugs unter dem Begriff *Topic* zusammengefasst. Entsprechend wird häufig auch von *Topic-Branches* gesprochen.

Überblick

Abbildung 16-1 zeigt die Grundstruktur, die beim Arbeiten mit Feature-Branches entsteht. Ausgehend vom master-Branch wird für jedes Feature oder jeden Bugfix (nachfolgend werden Bugs nicht mehr explizit aufgeführt) ein neuer Branch angelegt. Dieser Branch wird benutzt, um alle Änderungen und Erweiterungen durchzuführen. Sobald das Feature in den master-Branch integriert werden soll, muss ein Merge durchgeführt werden. Dabei muss darauf geachtet werden, dass der Merge immer ausgehend vom master-Branch angestoßen wird und dass Fast-Forward-Merges verhindert werden. Dadurch entsteht eine klare First-Parent-Historie auf dem master-Branch, die nur Merge-Commits von Features beinhaltet.

Branches zusammenführen
→ Seite 53

Fast-Forward-Merges
→ Seite 59

Gibt es Abhängigkeiten zwischen Features oder wird ein Feature inkrementell entwickelt, dann werden Teillieferungen in den master-Branch integriert, und danach wird auf dem Feature-Branch weiterentwickelt.

Der Entwickler des Feature-Branch kann sich notwendige Neuerungen des master-Branch jederzeit durch einen Merge in den Feature-Branch holen.

Voraussetzungen

Featurebasiertes Vorgehen: Die Planung des Projekts bzw. Produkts muss auf Features basieren, d. h., fachliche Anforderungen werden in Feature-Aufgabenpakete überführt. Features haben untereinander eine sehr geringe Überschneidung.

Kleine Features: Die Entwicklung eines Features, muss in Stunden oder Tagen abgeschlossen werden können. Je länger die Feature-Entwicklung parallel zu der restlichen Entwicklung läuft, umso größer ist das Risiko, dass bei der Integration des Features große Aufwände entstehen.

Lokale Regressionstests: Bevor das neue Feature in den master-Branch integriert wird, müssen lokale Regressionstests auf dem Rechner des Entwicklers ausgeführt werden können. Dabei wird überprüft, ob die Änderungen des Features mit den Änderungen anderer Features zusammenarbeiten und ob es keine unerwünschten Seiteneffekte gibt. Falls es keine solchen lokalen Regressionstests gibt, werden Fehler häufig erst im integrierten master-Branch entdeckt. Die Behebung dieser Fehler führt zu einer nicht featurebezogenen Verzweigung der Historie, und damit ist der Hauptvorteil von Feature-Branches dahin.

Workflow kompakt
Mit Feature-Branches entwickeln

Jedes Feature oder jeder Bugfix wird in einem separaten Branch entwickelt. Nach der Fertigstellung wird das Feature oder der Bugfix in den master-Branch integriert.

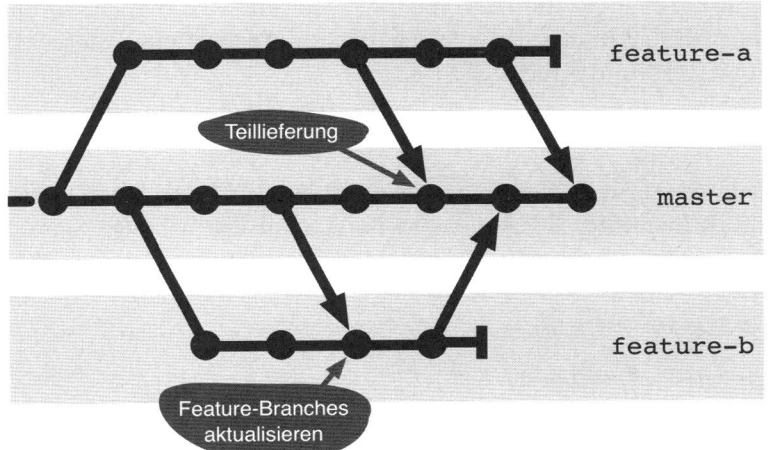

Abb. 16-1
Workflow im Überblick

16.1   Ablauf und Umsetzung

Für die folgenden Abläufe wird von einem zentralen Repository ausgegangen. Die Entwicklung findet wie immer in einem lokalen Klon statt. Das zentrale Repository wird im Klon über das Remote origin angesprochen.

Ein Projekt aufsetzen
→ *Seite 111*

Im nachfolgenden Ablauf wird der push-Befehl benutzt, um lokale Änderungen in das zentrale Repository zu übertragen.

Bei der Arbeit mit Feature-Branches hat man häufig mehrere Branches im lokalen Repository. Damit der push-Befehl ohne Branch-Parameter nur den gerade aktiven Branch zum Remote überträgt, kann man die push.default-Option setzen.

```
> git config push.default upstream
```

Der Standardwert matching würde alle lokalen Branches übertragen, für die es einen gleichnamigen Remote-Branch gibt. Man müsste also bei jedem push-Befehl den Branch explizit angeben, um nur diesen zu übertragen.

Feature-Branch anlegen

Sobald ein neues Feature bearbeitet werden soll, wird ein neuer Branch erzeugt. Dabei ist darauf zu achten, dass der Branch immer ausgehend vom master-Branch angelegt wird.

Schritt 1: master-Branch aktualisieren

Abholen von Daten
→ Seite 75

Wenn gerade Zugriff auf das zentrale Repository besteht, ist es sinnvoll, als Erstes den lokalen master-Branch auf den neuesten Stand zu bringen. Dabei kann es zu keinen Merge-Konflikten kommen, da bei featurebasierten Arbeiten im lokalen Repository nicht auf dem master-Branch gearbeitet wird.

```
> git checkout master
> git pull --ff-only
```

--ff-only: Nur ein Fast-Forward-Merge ist erlaubt. Das heißt, wenn lokale Änderungen vorliegen, wird der Merge abgebrochen.

Branches umpflanzen
→ Seite 68

Falls der Merge mit einer Fehlermeldung abbricht, dann wurde vorab aus Versehen direkt auf dem master-Branch gearbeitet. Diese Änderungen müssen als Erstes in einen Feature-Branch verschoben werden (»Commits auf einen anderen Branch verschieben« ab Seite 105).

Schritt 2: Feature-Branch anlegen

Branches verzweigen
→ Seite 45

Anschließend kann der neue Branch angelegt werden, und die Arbeit kann beginnen.

```
> git checkout -b feature-a
```

Tipp: Verwenden Sie einheitliche Namen für Branches.

Es ist sinnvoll, sich im Team auf eine einheitliche Namensgebung von Feature- und Bugfix-Branches festzulegen. Git unterstützt auch hierarchische Namen für Branches, z. B. feature/a.

Häufig werden Features und Bugfixes mit einem Tracking-Werkzeug verwaltet (z. B. Bugzilla[2], Mantis[3]). Diese Werkzeuge vergeben eindeutige Nummern oder Tokens für Features und Bugs. Diese Nummern können im Branchnamen verwendet werden.

---

[2] http://www.bugzilla.org
[3] http://www.mantisbt.org

Schritt 3: Optional: Feature-Branch zentral sichern

Häufig werden Feature-Branches nur lokal angelegt, insbesondere wenn sie nur eine kurze Lebenszeit haben.

Wenn die Implementierung eines Features jedoch länger dauert, die Sicherung der Zwischenergebnisse besonders wichtig ist oder mehrere Entwickler an einem Feature arbeiten sollen, dann kann der Branch auch im zentralen Repository gesichert werden.

Dazu wird der Branch im zentralen Repository mit dem push-Befehl angelegt.

Austausch zwischen Repositorys → Seite 73

```
> git push --set-upstream origin feature-a
```

`--set-upstream`: Dieser Parameter verknüpft den lokalen Feature-Branch mit dem neuen Remote-Branch. Das heißt, zukünftig kann bei allen push- und pull-Befehlen auf ein explizites Remote verzichtet werden.

`origin`: Das ist der Name des Remote (der Alias für das zentrale Repository), auf dem der Feature-Branch gesichert werden soll.

Änderungen an dem lokalen Feature-Branch können zukünftig durch einen einfachen push-Befehl zentral gesichert werden.

```
> git push
```

Feature in den `master`-Branch integrieren

Wie wir bereits in den Voraussetzungen definiert haben, ist es wichtig, dass Features nicht zu lange parallel existieren. Ansonsten nimmt die Gefahr von Merge-Konflikten und inhaltlichen Inkompatibilitäten stark zu. Selbst wenn das Feature noch nicht in das nächste Release einfließen soll, ist es sinnvoll, die Integration zeitnah durchzuführen und besser mit einem Feature-Toogle die Funktionalität zu deaktivieren.

In diesem Abschnitt wird beschrieben, wie das Feature mit dem `master`-Branch integriert wird. Dabei ist es wichtig, dass das notwendige Merge immer im `master`-Branch ausgeführt wird. Ansonsten erhält man keine sinnvolle First-Parent-Historie im `master`-Branch.

Schritt 1: `master`**-Branch aktualisieren**

Vor dem eigentlichen merge-Befehl muss der lokale master-Branch auf den aktuellsten Stand gebracht werden. Hierbei kann es zu keinen Konflikten kommen, da auf dem lokalen master-Branch nicht gearbeitet wird.

Abholen von Daten → Seite 75

```
> git checkout master
> git pull --ff-only
```

Schritt 2: Merge des Feature-Branch durchführen

Branches
zusammenführen
→ *Seite 53*

Die Änderungen des Feature-Branch werden mit einem merge-Befehl in den master-Branch übernommen. Damit die First-Parent-Historie des master-Branch als Feature-Historie dienen kann, muss ein Fast-Forward-Merge verhindert werden.

Abb. 16-2
Probleme mit
Fast-Forward und der
First-Parent-Historie

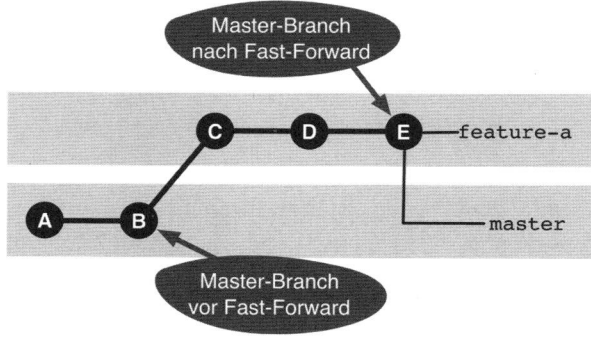

Fast-Forward-Merges
→ *Seite 59*

Abbildung 16-2 veranschaulicht die Probleme, die mit einem Fast-Forward-Merge auftreten können. Vor dem Merge zeigt der master-Branch auf das B-Commit und der Feature-Branch auf das E-Commit. Nach einem Fast-Forward-Merge zeigt der master-Branch nun auch auf das E-Commit. Die First-Parent-Historie des master-Branch würde jetzt die Zwischen-Commits D und C beinhalten.

Der folgende Befehl führt einen Merge durch und verhindert einen Fast-Forward-Merge:

```
> git merge feature-a --no-ff  --no-commit
```

--no-ff: Dieser Parameter verhindert einen Fast-Forward-Merge.
--no-commit: Es soll noch kein Commit durchführt werden, da die nachfolgenden Tests fehlschlagen könnten.

Abb. 16-3
Merge ohne
Fast-Forward

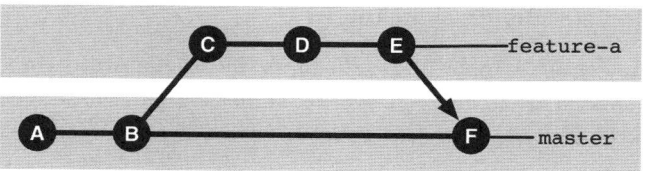

Abbildung 16-3 zeigt die Commit-Historie des Beispiels, wenn Fast-Forwards unterdrückt werden. Das neue Merge-Commit F ist zu sehen.[4] Die First-Parent-Historie des master-Branch beinhaltet nun nicht die Commits C bis E.

Während dieses Merge kann es zu Konflikten kommen, wenn andere Features die gleichen Dateien wie das lokale Feature geändert haben. Diese Konflikte müssen mit den normalen Mitteln behoben werden.

Bearbeitungskonflikte
→ *Seite 56*

Schritt 3: Regressionstests durchführen und Commit anlegen

Nachdem der Merge durchgeführt wurde, müssen die Regressionstests durchgeführt werden. Dabei wird überprüft, ob das neue Feature Fehler in anderen Features hervorruft.

Wenn die Tests zu Fehlern führen, müssen diese analysiert werden. Für die Fehlerbehebung wird der gerade durchgeführte Merge mit dem reset-Befehl wieder verworfen:[5]

Branch-Zeiger
umsetzen → *Seite 49*

```
> git reset --hard HEAD
```

--hard: Alle Änderungen werden im Stage-Bereich und im Workspace
    verworfen.
HEAD: Der aktuelle Branch wird auf das letzte abgeschlossene Commit
    zurückgesetzt.

Anschließend wird der Feature-Branch wieder aktiviert. Die Fehler werden dort behoben, und dann wird wieder bei Schritt 1 dieses Ablaufs begonnen.

Falls es zu keinen Fehlern im Regressionstest kommt, kann das Commit abgeschlossen werden.

```
> git commit -m "Lieferung feature-a"
```

Um die Historie des master-Branch als Dokumentation zu benutzen, sollte der Kommentar des Merge-Commits einheitlich festgelegt werden. Insbesondere ist es sinnvoll, die eindeutige Identifikation des Features, z. B. die Nummer, mit unterzubringen. Dadurch wird es später einfach möglich sein, mit dem log-Befehl und dem Parameter --grep nach den Features auf dem master-Branch zu suchen.

Tipp: Legen Sie den
Merge-Kommentar
einheitlich fest.

---

[4] Dieses Commit ist durch die Option -no-commit noch nicht endgültig festgeschrieben, sondern nur vorbereitet.

[5] Git besitzt die Möglichkeit, einmal durchgeführte Konfliktauflösungen zu speichern und diese automatisch anzuwenden, wenn derselbe Konflikt noch einmal auftritt. Dazu gibt es den rerere-Befehl. Der Abschnitt »ReReRe – Konfliktauflösungen automatisieren« (Seite 148) beschreibt, wie ReReRe angewendet wird.

Schritt 4: `master`-Branch in das zentrale Repository übertragen

Nach den letzten Schritten liegt im lokalen Repository die Zusammenführung des Features mit dem `master`-Branch vor. Im nächsten Schritt
muss der `master`-Branch mit dem `push`-Befehl in das zentrale Repository
übertragen werden.

```
> git push
```

Falls es bei diesem Befehl zu Fehlern kommt, dann wurde in der Zwischenzeit bereits ein anderes Feature in den `master`-Branch integriert
und ein Fast-Forward-Merge ist nicht mehr möglich. Normalerweise
würde man jetzt einen `pull`-Befehl absetzen und die Änderungen lokal zusammenführen. Dabei würde aber die *First-Parent-Historie* nicht
mehr nutzbar sein.

Abb. 16-4
Keine verwendbare
First-Parent-Historie
nach dem pull-Befehl

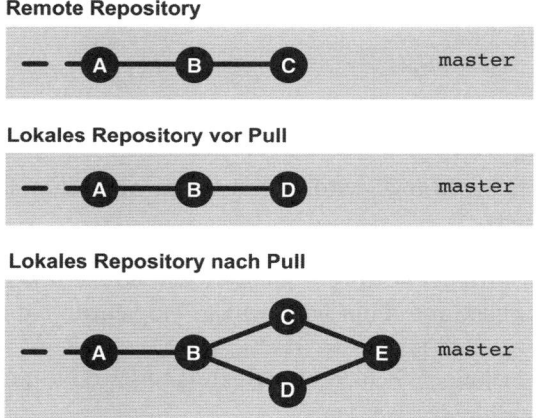

In Abbildung 16-4 – oben und in der Mitte – ist die beschriebene Situation skizziert: Remote wurde das `C`-Commit und lokal das `D`-Commit
angelegt. Würde man jetzt einen `pull`-Befehl absetzen, dann entstünde
ein neues Merge-Commit `E` (siehe Abbildung 16-4 – unten). Damit würde in der First-Parent-Historie des `master`-Branch das `C`-Commit nicht
mehr enthalten sein.

Branch-Zeiger
umsetzen → Seite 49

  In der First-Parent-Historie sollen aber alle Features enthalten
sein, deswegen muss bei einem fehlgeschlagenen `push`-Befehl das lokale
Feature-Merge-Commit mit dem `reset`-Befehl entfernt werden:[6]

---

[6] Auch hier bietet es sich wieder an, mit dem `rerere`-Befehl zu arbeiten, um
bei einem erneuten Merge die Konflikte nicht noch mal lösen zu müssen – siehe
»ReReRe – Konfliktauflösungen automatisieren« (Seite 148).

```
> git reset --hard ORIG_HEAD
```

`ORIG_HEAD`: Referenziert das Commit, das vor dem Merge im aktuellen Branch aktiv war.

Anschließend muss wieder mit Schritt 1 dieses Ablaufes begonnen werden, d. h., das neue Commit wird mit dem `pull`-Befehl aus dem `master`-Branch geholt.

Falls der `push`-Befehl erfolgreich war, ist das neue Feature jetzt im zentralen Repository enthalten.

Schritt 5: Feature-Branch löschen oder weiterbenutzen

Variante 1: Feature-Branch löschen

Wenn die Entwicklung des Features nach dem Zusammenführen mit dem `master`-Branch abgeschlossen ist, kann der Feature-Branch gelöscht werden.

Branch löschen
→ Seite 50

```
> git branch -d feature-a
```

`-d`: Löscht den übergebenen Branch.

Falls das Löschen zu einer Fehlermeldung führt, dann wurde typischerweise vergessen, den Feature-Branch mit dem `master`-Branch zusammenzuführen. Die Option `-d` löscht einen Branch nur dann, wenn alle Commits eines Branch durch einen anderen Branch referenziert werden. Möchte man einen Feature-Branch löschen, ohne alle Commits in den `master`-Branch zu übernehmen, kann man die Option `-D` benutzen.

Falls der Feature-Branch im zentralen Repository gesichert wurde, muss der Branch dort ebenso gelöscht werden.

```
> git push origin :feature-a
```

Achtung! Der Doppelpunkt vor dem Namen des Branch ist wichtig. Der Befehl bedeutet: Kopiere nichts in den Feature-Branch.

Variante 2: Feature weiterentwickeln

Falls die Entwicklung des Features noch nicht abgeschlossen ist (d. h., die erste Integration mit dem `master`-Branch war nur eine Teillieferung), kann der Feature-Branch weiterbenutzt werden.

Abb. 16-5
Weiterarbeiten mit
Feature-Branch

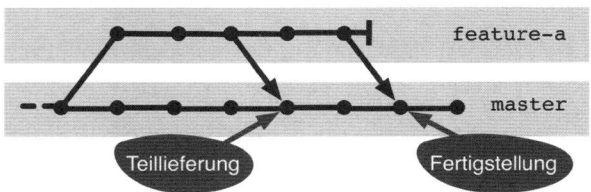

Aktiver Branch
→ Seite 47
In Abbildung 16-5 ist die Weiterarbeit nach einer Teillieferung skizziert. Es wird einfach der Feature-Branch weiterbenutzt.

```
> git checkout feature-a
```

Sobald die nächste Lieferung fertig ist, wird die normale Integration mit dem master-Branch erneut durchgeführt. Dabei ist Git so schlau, nur die Änderungen der neuen Commits in den master-Branch zu übernehmen.

Änderungen des master-Branch in den Feature-Branch übernehmen

Im besten Fall findet die Entwicklung eines Features unabhängig von anderen Features statt.

Manchmal gibt es jedoch auf dem master-Branch wichtige Änderungen, die für die Entwicklung des Features notwendig sind, z. B. große Refaktorierungen oder Neuerungen an grundlegenden Services. Dann müssen diese Änderungen des master-Branch in den Feature-Branch übernommen werden.

Abb. 16-6
Änderungen aus dem
Master- in den
Feature-Branch
übernehmen

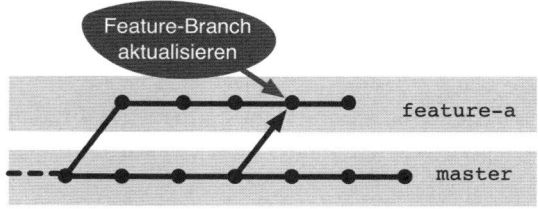

Abbildung 16-6 veranschaulicht die Situation. Es soll ein Merge vom master-Branch in den Feature-Branch durchgeführt werden.

Schritt 1: master-Branch aktualisieren

Als Erstes müssen die Änderungen des master-Branch in das lokale Repository importiert werden.

```
> git checkout master
> git pull --ff-only
```

`--ff-only`: Es wird nur Fast-Forward-Merge zugelassen. Damit wird
verhindert, dass aus Versehen ein Merge auf dem `master`-Branch
durchgeführt wird.

Schritt 2: Änderungen in den Feature-Branch übernehmen

Im zweiten Schritt müssen die Änderungen durch einen Merge in den
Feature-Branch übernommen werden.

Branches
zusammenführen
→ *Seite 53*

```
> git checkout feature-a
> git merge --no-ff master
```

`--no-ff`: Fast-Forward-Merge verbieten. Ein Fast-Forward-Merge
kann an dieser Stelle nur passieren, wenn direkt vor diesem Merge
der Feature-Branch mit dem `master`-Branch zusammengeführt wurde. Ein Fast-Forward-Merge würde dann die First-Parent-Historie
des Feature-Branch zerstören.

Falls es zu Konflikten kommt, müssen diese mit den normalen Mitteln
gelöst werden.

Der Zwischenstand kann beliebig oft vom Master in den Feature-
Branch übernommen werden. Git kann sehr gut mit mehrfachen Merges umgehen. Allerdings wird dadurch die Commit-Historie komplexer
und schwerer lesbar.

Git-Erweiterungen
Git-Flow: High-Level-Operationen

Git-Flow[7] ist eine Sammlung von Skripten, um den Umgang mit Branches, insbesondere Feature-Branches, zu vereinfachen.
So kann ein neuer Feature-Branch folgendermaßen erzeugt und gleichzeitig aktiviert werden:

```
> git flow feature start feature-a
```

Am Ende kann der Feature-Branch in den `master`-Branch übernommen
und gleichzeitig gelöscht werden.

```
> git flow feature finish feature-a
```

---

[7] https://github.com/nvie/gitflow

16.2   Warum nicht anders?

Warum nicht nach Teillieferungen auf dem zusammengeführten Stand weiterarbeiten?

Wenn eine Teillieferung eines Features in den master-Branch erfolgt, ergibt sich im master-Branch ein Merge-Commit mit den Änderungen des eigenen Features und den Neuerungen anderer Features. Auf dem Feature-Branch dagegen existieren die Neuerungen anderer Features bisher nicht (siehe Teillieferungs-Commit in Abbildung 16-7).

Abb. 16-7
Weiterer Merge nach
Teillieferung

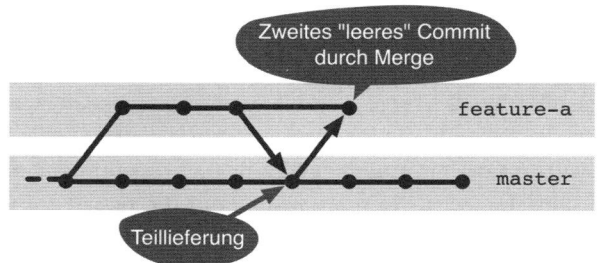

Wäre es nicht sinnvoll, einen Merge vom master-Branch in den Feature-Branch durchzuführen und somit auf den zusammengeführten Branches zu arbeiten?

Die kurze Antwort lautet: Die Historie wird nur unnötig komplex, und in den meisten Fällen bringt diese Vorgehensweise keinen Nutzen für die Weiterentwicklung des Features.

Fast-Forward-Merges
→ Seite 59

Ein Merge des master-Branch in den Feature-Branch direkt nach der Teillieferung führt normalerweise immer zu einem Fast-Forward-Merge, d. h., beide Branches würden auf dasselbe Commit zeigen. Damit würde aber die First-Parent-Historie des Feature-Branch zerstört werden – es wäre nicht mehr nachvollziehbar, welche Änderungen im Zuge der Feature-Entwicklung durchgeführt wurden. Deswegen muss man den Fast-Forward-Merge unterdrücken, was wiederum zu einem neuen »leeren« Merge-Commit führt. Das heißt, es würde für jede Teillieferung eines Features immer zwei Merge-Commits geben (siehe Abbildung 16-7).

In den meisten Fällen ist es für die Weiterentwicklung eines Features auch nicht wichtig, auf dem aktuellsten Stand des master-Branch zu arbeiten.

Wenn es notwendig ist, die Neuerungen zu übernehmen, dann kann man das tun, doch es sollte kein Automatismus nach jeder Teillieferung sein.

Warum Feature-Branches nicht erst kurz vor dem Release integrieren?

Bei der Arbeit mit Feature-Branches kommt das Releasemanagement häufig auf die Idee, die Entscheidung, welche Features in das neue Release kommen sollen, erst kurz vor dem Liefertermin zu treffen.

Konzeptionell scheint das mit dem Feature-Branch-Ansatz auch sehr einfach zu gehen. Jedes Feature wird in einem Branch vollständig entwickelt, jedoch noch nicht in den master-Branch integriert. Kurz vor dem entscheidenden Tag wird erst beschlossen, welche Features in den master-Branch integriert werden sollen.

In einer idealen Welt – mit völlig unabhängigen Features und ohne Programmierfehler – wäre dieses Vorgehen auch anwendbar. In der Realität führt dieses Vorgehen jedoch meistens zu größeren Merge-Konflikten bei der Integration und zu langen Stabilisierungsphasen.

Außerdem wird es komplizierter, abhängige Features zu entwickeln. Normalerweise würde man bei Abhängigkeiten zwischen Features eine Teillieferung eines Features in den master-Branch stellen, und das andere Feature könnte sich diese holen. Bei der Lösung mit der späten Integration müssen die Feature-Branches direkt die Änderungen austauschen (siehe folgender Abschnitt). Damit wäre die unabhängige Integration dieser Features kurz vor dem Release unmöglich.

Auch bewährte Prozesse für qualitative Software, wie Continuous Integration und Refaktorierungen, sind bei der späten Integration kaum umzusetzen.

Mit einem Build-Server arbeiten → Seite 165

Warum nicht direkt Commits zwischen Feature-Branches austauschen?

Der beschriebene Workflow sieht keinen direkten Austausch von Commits zwischen Feature-Branches vor. Die Integration findet immer über Teillieferungen im master-Branch statt.

Wäre es nicht einfacher, direkt zwischen Feature-Branches Merges durchzuführen?

Der entscheidende Vorteil von Feature-Branches ist die einfache und nachvollziehbare Historie. Finden Merges direkt zwischen Feature-Branches statt, wird dieser Vorteil verspielt.

Schritt für Schritt

ReReRe – Konfliktauflösungen automatisieren

Manuelle Konfliktauflösungen in Dateien werden gespeichert. Tritt derselbe Konflikt wiederholt auf, wird die Lösung automatisch angewendet. Dies nennt man »Reuse recorded resolution«, kurz: ReReRe.

1. ReReRe aktivieren

Die Möglichkeit, Konfliktauflösungen zu speichern, muss für ein Repository einmalig aktiviert werden.

```
> git config rerere.enabled 1
```

ReReRe speichert Konfliktauflösungen nur lokal, d. h., in jedem Klon muss ReReRe aktiviert werden.

2. Konfliktauflösung speichern

Sobald ReReRe aktiviert ist, werden bei jedem `commit`-Befehl automatisch die durchgeführten Konfliktauflösungen an Dateien gespeichert. Wird jedoch kein Commit durchgeführt (z. B. wenn der Versuch mit einem `reset`-Befehl verworfen wird) muss der `rerere`-Befehl explizit aufgerufen werden:

```
> git rerere
Recorded resolution for 'foo.txt'.
```

3. Konfliktauflösungen anwenden

Sobald ReReRe aktiviert ist, wird bei jedem Merge versucht, die Konflikte automatisch aufzulösen. Dabei werden zwar bei bereits gelösten Konflikten die Dateien geändert, jedoch wird noch kein `add`-Befehl aufgerufen, um die Konfliktauflösung zu bestätigen.

```
> git merge featureE
Auto-merging foo.txt
CONFLICT (content): Merge conflict in foo.txt
Resolved 'foo.txt' using previous resolution.
Automatic merge failed; fix conflicts and then commit the result.
```

Nach der Kontrolle der Konfliktlösung muss mit dem `add`-Befehl die betroffene Datei zum nächsten Commit hinzugefügt werden.

```
> git add foo.txt
```

Schritt für Schritt

Offene Feature-Branches anzeigen

Es werden alle noch nicht mit dem master-Branch zusammengeführten Feature-Branches angezeigt.

1. Offene Feature-Branches anzeigen

Arbeitet man konsequent mit Feature-Branches, hat man häufig mehr als einen aktiven Feature-Branch in seinem Repository. Mit dem branch-Befehl können alle noch nicht integrierten Branches angezeigt werden:

```
> git branch --no-merged master
```

--no-merged master: Zeigt alle Branches mit Commits an, die nicht im master-Branch enthalten sind, d. h. alle Feature-Branches, die noch nicht mit dem master-Branch zusammengeführt wurden.

Schritt für Schritt

Alle Änderungen eines integrierten Features anzeigen

Alle Änderungen des Features werden als Diff angezeigt.

Insbesondere bei Codereviews ist es wichtig, herauszufinden, welche Änderungen vorgenommen wurden.
In Abbildung 16-8 ist ein Beispiel eines Feature-Branch mit einer Teillieferung und einer Endlieferung zu sehen. Nachfolgend werden die Commits entsprechend dieser Abbildung referenziert.

1. Commits des Features finden

Für einen Diff benötigt man alle Commits im master-Branch, die zu dem Feature gehören. Normalerweise wird dies nur ein Merge-Commit sein, außer wenn Teillieferungen stattgefunden haben: Dann sind es mehrere Commits. Im Beispiel werden die Commits H und G gefunden.

```
> git checkout master
> git log --first-parent --oneline --grep="featureC"

c52ce0a Lieferung featureC
c3a00bc Teillieferung featureC
```

--grep: Sucht in der Log-Meldung nach einem bestimmten Text.

2. Diff durchführen

Die Änderungen können angezeigt werden, indem ein Diff der gefundenen Commits mit dem jeweiligen First Parent des Commits durchgeführt wird. Damit werden genau die Änderungen sichtbar, die dieses Feature in Bezug auf den master-Branch eingebracht hat. Im Beispiel werden die Änderungen zwischen Commit B und G und zwischen Commit G und H angezeigt.

```
> git diff c3a00bc^1 c3a00bc
> git diff c52ce0a^1 c52ce0a
```

Abb. 16-8
Beispiel eines
Feature-Branch

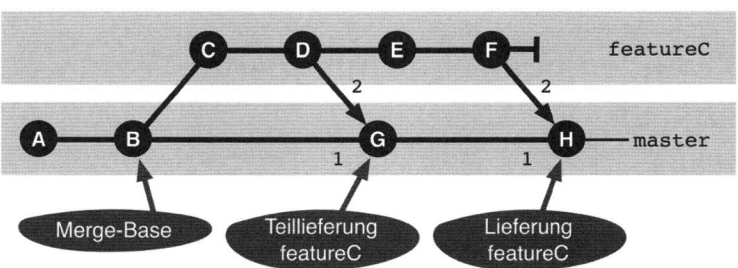

Schritt für Schritt
Alle Commits eines Feature-Branch finden
Alle Commits, die während der Feature-Entwicklung angelegt wurden, werden angezeigt.

Während eines Codereviews will man genauer nachvollziehen, wie Änderungen eines Feature-Branch eingebaut wurden. Dazu kann es sinnvoll sein, alle Commits des Feature-Branch einzeln anzuschauen.
In Abbildung 16-8 ist ein Beispiel für ein Feature-Branch mit einer Teillieferung und einer Endlieferung zu sehen. Nachfolgend werden die Commits entsprechend dieser Abbildung referenziert.

1. Merge-Commits des Features finden

Als Erstes benötigt man alle Commits auf dem master-Branch, die etwas mit dem Feature zu tun haben. Normalerweise wird dies nur ein Merge-Commit sein, außer wenn Teillieferungen stattgefunden haben: Dann sind es mehrere Commits. Im Beispiel werden die Commits H und G gefunden.

```
> git checkout master
```

```
> git log --first-parent --oneline --grep="featureC"
c52ce0a Lieferung featureC
c3a00bc Teillieferung featureC
```

--grep: Sucht in der Log-Meldung nach einem bestimmten Text.

2. Feature-Branch-Start finden

Um alle Commits anzuzeigen, wird das Commit des master-Branch gesucht, von dem der Feature-Branch abgezweigt ist. Ausgangspunkt ist das unterste Commit, das im vorherigen Schritt gefunden wurde (Commit G). Dieses muss ein Merge-Commit sein und hat zwei Parents. Mit dem merge-base-Befehl wird das Commit gesucht, das der gemeinsame Ausgangspunkt des ersten (Commit B) und des zweiten Parent (Commit D) ist – die Merge-Base (Commit B).

```
> git merge-base c3a00bc^2 c3a00bc^1
ca52c7f9bfd010abd739ca99e4201f56be1cfb42
```

3. Feature-Commits anzeigen

Nachdem der Ausgangspunkt gefunden wurde, können jetzt mit dem log-Befehl alle Commits des Feature-Branch angezeigt werden. Dazu wird gefragt, welche Commits notwendig sind, um von der Merge-Base (Commit B) auf das letzte Commit des Feature-Branch zu kommen. Das letzte Commit des Feature-Branch ist der zweite Parent (Commit F) der letzten Lieferung (Commit H).

```
> git log --oneline ca52c7f..c52ce0a^2
```

17   Mit Bisection Fehler suchen

Während der Entwicklung passiert es häufig, dass plötzlich ein Fehler in bereits erfolgreich getesteten Funktionalitäten auftaucht, der in früheren Versionen nicht vorhanden war. Eine Erfolg versprechende Strategie bei der Fehlersuche besteht darin, das Commit zu suchen, in dem der Fehler zum ersten Mal beobachtet werden kann. Da beim Arbeiten mit Git typischerweise kleine Commits entstehen, sind deren Änderungen rasch analysiert und somit die Fehlerursache schnell gefunden.

Commits zusammenstellen → *Seite 27*

Git unterstützt einen solchen Suchprozess nach fehlerhaften Commits mittels *Bisection*.

Bisection beruht auf einer binären Suche. Ausgehend von einem bekannten fehlerfreien Commit und einem bekannten fehlerbehafteten Commit wird die Historie »halbiert« und der »mittlere« Commit im Workspace aktiviert. Das nun aktuelle Commit kann auf das Vorhandensein des Fehlers untersucht werden. Je nachdem, ob der Fehler darin vorhanden ist oder nicht, wird der verbliebene Bereich der Historie, in dem sich der Fehler verstecken muss, wieder »halbiert« und das neue »mittlere« Commit ausgewählt. Am Ende wird es normalerweise ein Commit geben, in dem der Fehler zum ersten Mal beobachtet werden kann.

Dieser Workflow zeigt

- wie man Bisection nutzt, um effizient fehlerhafte Commits zu finden, und
- wie man die Fehlersuche mit Bisection automatisieren kann.

Überblick

In Abbildung 17-1 ist eine Historie dargestellt, in der ein Commit als fehlerfrei – in Bezug auf einen bestimmten Fehler – erkannt wurde und ein anderes Commit als fehlerhaft. Die Historie muss nicht linear sein. Es muss jedoch ein Weg über die Parent-Beziehungen vom fehlerhaften zum fehlerfreien Commit vorliegen.

Wenn der Bisection-Prozess gestartet wird, ermittelt Git ein geeignetes Commit in der Mitte der Historie. Dieses Commit kann manuell oder per Skript auf das Vorhandensein des Fehlers getestet werden und als »gut« oder »schlecht« markiert werden. Danach ermittelt der Bisection-Prozess ein weiteres mögliches Commit, und zwar so lange, bis ein Commit übrig bleibt, das den Fehler aufweist und dessen Vorgänger fehlerfrei ist.

Voraussetzungen

Reproduzierbare Fehlererkennung: Der Fehler muss reproduzierbar nachgewiesen werden können, d. h., es ist möglich, einen Versionsstand ganz klar als fehlerfrei oder fehlerhaft zu erkennen. Um eine Automatisierung durchzuführen, muss der Fehler durch einen Testcase bzw. ein Skript erkannt werden können.

Die Fehlererkennung darf nicht teuer sein: Die Fehlererkennung muss schnell gehen und darf keine großen Kosten verursachen. Mit Bisection sind je nach Anzahl der zu untersuchenden Commits mehrere Fehlererkennungen notwendig. Wenn die benötigte Zeit oder die Kosten zu groß sind, ist eine analytische Suche der Fehlerursache effizienter.

Workflow kompakt
Mit Bisection Fehler suchen

Während der Entwicklung tritt ein Fehler auf, der in vergangenen Versionen nicht vorhanden war. Bisection sucht in der Commit-Historie das Commit, das den Fehler eingeschleppt hat.

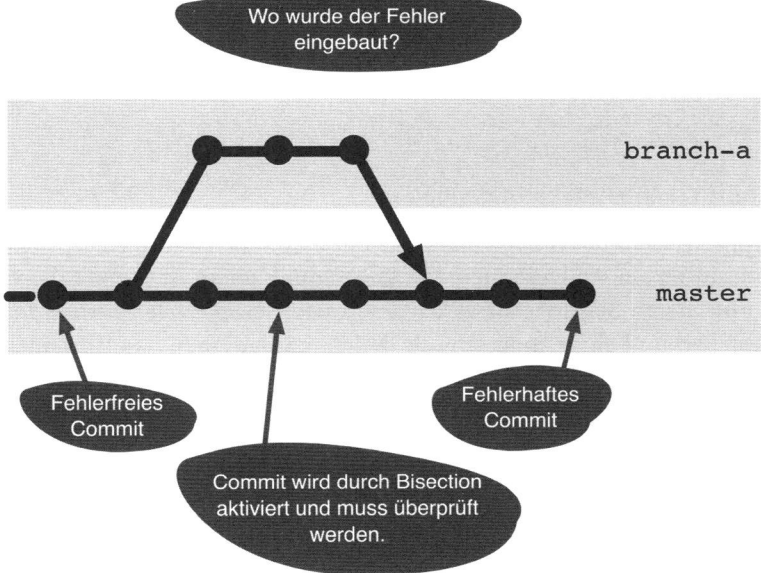

Abb. 17-1
Workflow im Überblick

17.1   Ablauf und Umsetzung

Für die folgenden Abläufe gehen wir von einem kleinen Beispielprojekt aus, das verschiedene mathematische Funktionen implementiert. Unter anderem berechnet es auch die Fakultät einer Zahl und gibt eine Liste aller Fakultäten bis 5 aus.

```
>  java FakultaetMain

Fakultät von 1 = 1
Fakultät von 2 = 2
Fakultät von 3 = 6
Fakultät von 4 = 24
Fakultät von 5 = 120
```

In einer späteren Version hat sich ein Fehler eingeschlichen, und die Ausgabe sieht nun folgendermaßen aus:

```
Fakultät von 1 = 1
Fakultät von 2 = 1
Fakultät von 3 = 2
Fakultät von 4 = 6
Fakultät von 5 = 24
```

Manuelle Fehlersuche mit Bisection

Der erste Ablauf beschreibt das prinzipielle Vorgehen mit Bisection, wobei der Test auf das Vorhandensein des Fehlers manuell durchgeführt wird.

Schritt 1: Fehlerindikator definieren

Typischerweise wird ein Fehler von Entwicklern, Testern oder Anwendern durch ein Fehlverhalten der Anwendung erkannt.

Im ersten Schritt geht es darum, analytisch die Fehlersituation zu verstehen und einen Indikator zu finden, an dem man das Vorhandensein des Fehlers erkennt.

Folgende Punkte sind Beispiele für Fehlerindikatoren:

- Eine Aktion bzw. ein Funktionsaufruf führt zu einer Exception, einem Programmabbruch bzw. einer Fehlermeldung.
- Eine Funktion liefert bei bestimmten Eingaben ein fehlerhaftes Ergebnis.
- Ein Testcase schlägt fehl.

In unserem Beispiel ist an der falschen Ausgabe der Fakultät von 3 zu erkennen, dass ein Fehler vorhanden ist.

In vielen Fällen führt allein diese Analyse schon zum Finden der Fehlerursache und es ist gar kein Bisection mehr notwendig.

Schritt 2: Fehlerfreies und fehlerbehaftetes Commit finden

Der Bisection-Prozess benötigt ein fehlerfreies und ein fehlerbehaftetes Commit. Gute Kandidaten für ein fehlerfreies Commit sind das letzte Release oder der letzte Meilenstein.

Stellt man auf der Suche nach einem fehlerfreien Commit fest, dass der mögliche Kandidat den Fehler auch noch beinhaltet, geht man weiter in der Historie zurück.

Ein fehlerbehaftetes Commit zu finden ist nicht schwer, da der Fehler ja bereits gemeldet wurde. Wenn jedoch auf der Suche nach fehlerfreien Commits weitere fehlerbehaftete Commits gefunden werden, ist es sinnvoll, das älteste bekannte fehlerbehaftete Commit auszuwählen. Nachfolgend ist für unser Beispiel eine Log-Ausgabe der Historie zu sehen:

Commit-Historie zeigen → Seite 24

```
> git log --oneline
202d25d modulo fertig
e36fead multiply fertig
918ed2f sub fertig
ebe741d add fertig
87ac59e Fakultätsrechner fertig
39cbdc0 init
```

Eine Analyse zeigt, dass das Commit 87ac59e Fakultätsrechner fertig fehlerfrei und das Commit 202d25d modulo fertig fehlerhaft ist.

Schritt 3: Fehlersuche mit Bisection

Nachdem nun der Bereich der Historie mit der Fehlerursache eingegrenzt ist, kann das eigentliche Suchen des Fehlers mit Bisection beginnen.

Bisection wird mit dem bisect-start-Befehl gestartet. Dabei ist als erster Parameter das fehlerhafte Commit und als zweiter Parameter das fehlerfreie Commit anzugeben.

```
> git bisect start 202d25d 87ac59e
Bisecting: 1 revision left to test after this (roughly 1 step)
[918ed2f29a44e468d690fb770aab1ad2dbae1a5a] sub fertig
```

Der bisect-start-Befehl markiert das erste übergebene Commit als »bad« und das zweite als »good«. Anschließend wird das Commit aktiviert, das sich in der Mitte zwischen den beiden Commits befindet – in diesem Fall das Commit 918ed2f sub fertig.

Im Workspace befinden sich jetzt die Dateien eines Commits, bei dem noch nicht klar ist, ob es fehlerhaft oder fehlerfrei ist. Durch den gefundenen Fehlerindikator kann der Versionsstand nun getestet werden.

```
> java FakultaetMain
Fakultät von 1 = 1
Fakultät von 2 = 1
Fakultät von 3 = 2
Fakultät von 4 = 6
Fakultät von 5 = 24
```

In unserem Beispiel ist der Fehler immer noch zu beobachten, d. h., dieses Commit ist fehlerhaft.

Je nach Ergebnis muss das aktuelle Commit jetzt mit dem bisect-Befehl als gut oder als schlecht markiert werden.

bisect good: Der Fehler war nicht zu beobachten; das Commit ist fehlerfrei.

bisect bad: Der Fehler war zu beobachten; das Commit ist fehlerhaft.

bisect skip: Das aktuelle Commit kann nicht getestet werden. Typischerweise ist es nicht kompilierbar oder es fehlen Dateien. Bisection aktiviert ein anderes Commit für den Test.

In unserem Beispiel ist der Fehler noch vorhanden und das Commit wird als »bad« markiert.

```
> git bisect bad
Bisecting: 0 revisions left to test after this (roughly 0 steps)
[ebe741de3366a3fc08fbedfdfa408517dd172ca3] add fertig
```

Als Antwort teilt Git mit, dass jetzt das Commit `ebe741d` `add fertig` aktiviert wurde. Git teilt weiterhin mit, das dieses Commit das letzte ist, das getestet werden muss.

Der erneute Test unseres Fakultätsrechners zeigt, dass dieses Commit fehlerfrei ist, und das Commit wird als »good« markiert.

```
> git bisect good
commit 918ed2f29a44e468d690fb770aab1ad2dbae1a5a
Author: Rene Preissel <rp@eToSquare.de>
Date:   Fri Jun 24 08:04:43 2011 +0200

    sub fertig

:040000 040000 0e5bfb07e859072a564eaca073461e4a12a0ed61 \
 329e7f864bac874c69be4531452c753cf56be794 M      src
```

Git informiert jetzt, dass das Commit `918ed2f` `sub fertig` das erste Commit ist, in dem der Fehler auftritt. Jetzt können mit den bekannten Git-Befehlen (z. B. `git show 918ed2f`) die Änderungen des fehlerbehafteten Commits analysiert werden.

In unserem Beispiel zeigte sich, dass durch eine Refaktorisierung die Fakultät nur bis zu `n-1` berechnet wurde.

Achtung! Vor der Fehlerbehebung muss der Workspace wieder auf den HEAD des aktuellen Branch gesetzt werden. Dies wird im nächsten Schritt beschrieben.

Schritt 4: Bisection beenden bzw. abbrechen

Nach erfolgreicher Ursachenforschung mit Bisection oder wenn der Bisection-Vorgang abgebrochen werden soll, muss der Workspace mit dem `bisect-reset`-Befehl wieder in den normalen Entwicklungszustand zurückgesetzt werden.

```
> git bisect reset
Previous HEAD position was ebe741d... add fertig
Switched to branch 'master'
```

Automatisierte Fehlersuche mit Bisection

Im vorigen Ablauf wurde der Test, ob ein Commit einen Fehler beinhaltet, manuell durchgeführt. Wenn der zu überprüfende Bereich der Historie sehr lang ist oder der Test manuell sehr aufwendig ist, dann kann man den Test auch automatisieren und Bisection per Skript arbeiten lassen.

Schritt 1: Fehlerindikator definieren

Der Fehlerindikator wird genauso wie bei der manuellen Fehlersuche mit Bisection definiert. Es ist nur darauf zu achten, dass der gefundene Indikator per Skript automatisiert überprüft werden kann.

Schritt 2: Testskript bereitstellen

Will man die Fehlersuche mit Bisection automatisieren, muss man ein Shell-Skript bereitstellen, das den Fehlerindikator automatisch erkennt. Das Shell-Skript muss je nach Vorhandensein des Fehlers einen anderen Exitcode liefern.

Exitcode 0: Der Fehler wurde nicht gefunden. Bisection soll das Commit als »good« markieren.

Exitcode 1-124, 126, 127: Der Fehler wurde gefunden. Bisection soll das Commit als »bad« markieren.

Exitcode 125: Der Test konnte nicht durchgeführt werden, weil die Anwendung nicht funktioniert. Typischerweise ist diese Version nicht kompilierbar. Bisection soll das Commit überspringen.

Unsere Rechneranwendung ist in Java implementiert. Als Beispiel zeigen wir, wie in diesem Umfeld die Fehlersuche mit Bisection automatisiert werden kann. Bei anderen Entwicklungsumgebungen müssen die einzelnen Skripte entsprechend angepasst werden.

Die eigentliche automatische Überprüfung des Fehlers wird durch einen JUnit[1]-Test durchgeführt. Dabei wird einfach geprüft, ob die Fakultät von 3 auch wirklich 6 ergibt. Wenn das Ergebnis falsch ist, dann wird der Test fehlschlagen.

```
public class FakultaetsBisectTest {
    @Test
    public void testFakultaet3() {
        long result = Rechner.fakultaet(3);
        Assert.assertEquals(6, result);
    }
}
```

---

[1] http://www.junit.org/

Achtung! Dabei ist es wichtig, diesen Test in einer neuen Datei zu implementieren. Diese Datei darf nicht in Git versioniert werden. Beim Bisection-Prozess werden im Workspace nacheinander verschiedene Commits aktiviert. Wenn die Testdatei unter Git-Kontrolle steht, würde beim Aktivieren eines alten Commits diese Datei nicht mehr vorhanden sein. Nicht versionierte Dateien werden dagegen beim Wechsel des Commits einfach im Workspace belassen.

Der automatisierte Bisection-Prozess benötigt ein Shell-Skript. Dieses Shell-Skript muss für unser Java-Beispiel als Erstes die Quelldateien kompilieren und anschließend den Test starten.

Als Build-System wird in unserem Beispiel Ant[2] benutzt. Im Rechnerprojekt gibt es eine Build-Datei `build.xml`, die bereits in der Lage ist, einen sauberen Build durchzuführen (`ant clean compile`). Für die Ausführung des Bisection-Tests wird eine neue Build-Datei `bisect-build.xml` angelegt, die nur ein Target zum Starten des Tests beinhaltet. Auch diese Datei darf nicht mit Git versioniert werden.

```
<target name="test">
    <junit>
        <classpath refid="build.classpath" />
        <test name="FakultaetsBisectTest"
                haltonerror="true"
                haltonfailure="true"/>
    </junit>
</target>
```

Um die verschiedenen Ant-Targets aufzurufen, wird noch das Shell-Skript `bisect-test.sh` angelegt. Auch dieses wird wieder nicht mit Git versioniert.

```
#!/bin/bash

ant clean compile
if [ $? -ne 0 ];then
    exit 125;
fi

ant -f bisect-build.xml
if [ $? -ne 0 ];then
    exit 1;
else
    exit 0;
fi
```

---

[2] http://ant.apache.org/

Dieses Skript ruft die einzelnen Build-Targets auf und überprüft den Exitcode von Ant. Ant gibt bei einem Fehler einen Exitcode ungleich 0 zurück. Dieser muss noch in die von dem Bisection-Prozess gewünschten Codes umgewandelt werden.

Falls der Build fehlschlägt, wird der Exitcode 125 zurückgeliefert. Falls der Test erfolgreich ist, wird der Exitcode 0 zurückgeliefert. Falls der Test fehlschlägt, wird der Exitcode 1 geliefert.

Schritt 3: Fehlerfreies und fehlerbehaftetes Commit finden

Die Suche nach fehlerfreien und fehlerbehafteten Commits unterscheidet sich nicht vom manuellen Ablauf. Man kann jedoch auch dabei bereits den JUnit-Test nutzen, um auf den Fehler zu prüfen. Als Beispiel aktivieren wir das Commit 87ac59e Fakultätsrechner fertig und prüfen, ob es fehlerfrei ist.

```
> git checkout 87ac59e
```

```
> ant -f bisect-build.xml
Buildfile: bisect-build.xml

test:

BUILD SUCCESSFUL
Total time: 0 seconds
```

Achtung! Vergessen Sie am Ende nicht, den master-Branch wieder zu aktivieren.

Aktiver Branch
→ *Seite 47*

```
> git checkout master
```

Schritt 4: Automatisierte Fehlersuche mit Bisection

Auch bei der automatisierten Fehlersuche mit Bisection wird als Erstes der Bisection-Prozess mit dem bisect-start-Befehl gestartet. Auch hier wird als erster Parameter das fehlerhafte Commit und als zweiter Parameter das fehlerfreie Commit übergeben.

```
> git bisect start 202d25d 87ac59e
Bisecting: 1 revision left to test after this (roughly 1 step)
[918ed2f29a44e468d690fb770aab1ad2dbae1a5a] sub fertig
```

Anschließend wird der bisect-run-Befehl benutzt, um das erzeugte Shell-Skript bisect-test.sh auszuführen.

```
> git bisect run ./bisect-test.sh
```

Die folgende Ausgabe wurde gekürzt und zeigt nur die letzten Zeilen des `bisect-run`-Befehls. Es ist gut zu erkennen, dass das Commit `918ed2f` `sub fertig` als das erste fehlerhafte Commit gefunden wurde.

```
..
Buildfile: bisect-build.xml

test:

BUILD SUCCESSFUL
Total time: 0 seconds
918ed2f29a44e468d690fb770aab1ad2dbae1a5a is the first bad commit
commit 918ed2f29a44e468d690fb770aab1ad2dbae1a5a
Author: Rene Preissel <rp@eToSquare.de>
Date:   Fri Jun 24 08:04:43 2011 +0200

    sub fertig

:040000 040000 0e5bfb07e859072a564eaca073461e4a12a0ed61 \
 329e7f864bac874c69be4531452c753cf56be794 M       src
bisect run success
```

Schritt 5: Bisection beenden

Nach erfolgreicher Fehlersuche muss der Bisection-Prozess mit dem `bisect-reset`-Befehl beendet werden.

```
> git bisect reset
```

```
Previous HEAD position was ebe741d... add fertig
Switched to branch 'master'
```

17.2   Warum nicht anders?

Warum nicht mit Merge die Testskripte in alte Commits einfügen?

Der beschriebene Ablauf nutzt die Fähigkeit von Git aus, dass nicht versionierte Dateien beim Wechseln der Commits im Workspace verbleiben. Dadurch ist es möglich, die »neuen« Testskripte auch in alten Commits auszuführen.

Branches
zusammenführen
→ Seite 53

Eine alternative Lösung besteht darin, die Testskripte in einen neuen Branch einzubauen (siehe den `bisect-test`-Branch in Abbildung 17-2).

Im Bisection-Shell-Skript wird nun vor jedem Testlauf ein Merge des `bisect-test`-Branch in das aktuell von Bisection ausgewählte Commit durchgeführt. Dabei wird die Option `--no-commit` benutzt, um ein dauerhaftes Commit zu verhindern.

Nachdem der Test durchgeführt wurde, werden die Änderungen des Merge mit dem reset-Befehl wieder zurückgenommen.

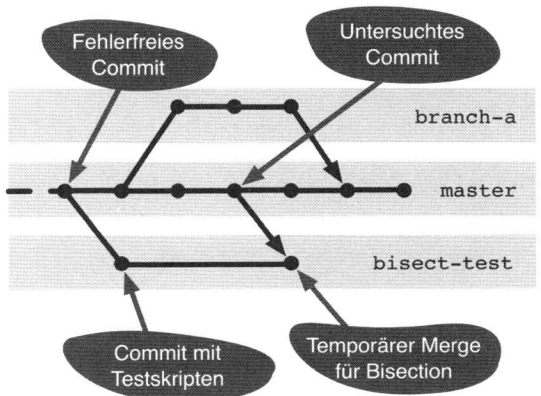

Abb. 17-2
bisect-test-*Branch*
benutzen

Dieser Ablauf und ein Beispielskript ist in der Onlinedokumentation des bisect-Befehls im Example-Abschnitt zu finden.

Die Lösung mit dem bisect-test-Branch kann dann sinnvoll sein, wenn nicht nur ein Testcase und Testskripte neu hinzukommen, sondern wenn auch vorhandener Code für den Test angepasst werden muss, zum Beispiel weil die Überprüfung auf Daten zugreifen muss, die in alten Commits nicht sichtbar sind.

Der von uns beschriebene Ablauf mit unversionierten Dateien ist jedoch in den meisten Fällen ausreichend und einfacher umzusetzen.

18 Mit einem Build-Server arbeiten

Viele Projekte nutzen einen Build-Server wie »Hudson«[1], »Jenkins«[2] oder »Cruise Control«[3], um regelmäßig automatische Builds mit Unit Tests und Integrationstests durchzuführen. Git kann dabei natürlich als Quelle für die zu bauenden Softwarestände dienen. Interessant wird es, wenn Informationen über erfolgreiche Builds auch in das Git-Repository fließen. Wenn ein Repository weiß, welche Version zuletzt erfolgreich gebaut und getestet wurde, kann der Entwickler mit einem einfachen diff-Befehl sehen, was seinen lokalen Entwicklungsstand von dieser Version unterscheidet. Darüber hinaus ist es möglich, einen Branch mit einer Historie aus erfolgreich getesteten Versionen aufzubauen. Dies ist sehr hilfreich, wenn man später knifflige Fehler beheben möchte, die durch die Tests nicht aufgedeckt wurden.

Mit Bisection Fehler suchen → *Seite 153*

Dieser Workflow zeigt, wie man Git dabei so integriert, dass

- der aktuelle Entwicklungsstand regelmäßig gebaut und getestet wird,
- die Entwickler jederzeit ihren Arbeitsbereich mit der letzten erfolgreich getesteten Version vergleichen können und
- eine Historie von erfolgreich getesteten Versionen zur Unterstützung bei der Fehlersuche aufgebaut wird.

---

[1] http://hudson-ci.org/
[2] http://jenkins-ci.org/
[3] http://cruisecontrol.sourceforge.net/

Überblick

Das Herzstück dieses Workflows ist der Build-Server (siehe Abbildung 18-1 unten). Er wird so konfiguriert, dass er regelmäßig die aktuellen Commits vom master-Branch des zentralen Repositorys in das Build-Repository holt. Dort werden die Quellen gebaut und getestet.

Branches verzweigen
→ Seite 45
Dabei entstehen zwei Branches im Build-Repository. Der last-build-Branch verweist einfach auf jene Version im master-Branch, die zuletzt erfolgreich gebaut wurde. Auf dem Branch build-history entsteht eine Folge aus allen erfolgreich gebauten Versionen der Software.

Der last-build-Branch wird durch den Build-Server nach jedem erfolgreichen Build in das zentrale Repository übertragen. Mit einem diff-Befehl gegen den last-build-Branch kann sich jeder Entwickler immer zeigen lassen, welche Änderungen noch nicht erfolgreich getestet wurden.

Mit Bisection Fehler
suchen → Seite 153
Im Falle eines schwer zu findenden Fehlers kann sich der Entwickler den build-history-Branch vom Build-Server in sein lokales Repository holen und überprüfen, in welchen der erfolgreich gebauten Versionen der Fehler erstmalig auftritt.

Voraussetzungen

Ein Projekt aufsetzen
→ Seite 111
Zentrales Repository: Das Projekt nutzt ein zentrales Repository, das den gültigen Stand der Software definiert.

Continuous Integration: Die Entwicklung für das nächste Release wird regelmäßig in einem gemeinsamen Branch (master-Branch) integriert. Diese Integration findet nicht erst am Ende der Entwicklung statt, sondern zeitnah nach Vollendung einer Änderung.

Build-Server: Im Projekt ist ein Build-Server im Einsatz, der Builds und Tests automatisiert durchführt.

Testsuite: Es muss eine Suite von Unit Tests und/oder Integrationstests geben, die per Skript in der Testumgebung gestartet werden kann.

Workflow kompakt
Mit einem Build-Server arbeiten

Ein Build-Server baut und testet regelmäßig den aktuellen Entwick-
lungsstand der Software. Als Ergebnis entsteht eine Historie von erfolg-
reich gebauten Versionsständen. Zusätzlich wird der letzte erfolgreiche
Build im zentralen Repository markiert.

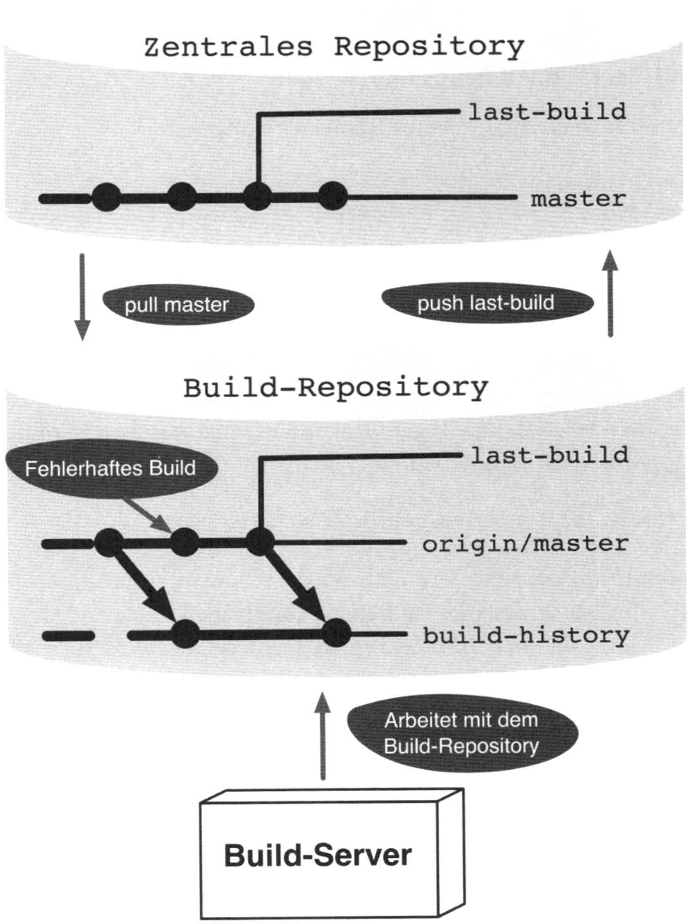

Abb. 18-1
Workflow im Überblick

18.1   Ablauf und Umsetzung

Build-Server vorbereiten

Für den Build-Server muss ein eigenes Repository eingerichtet werden.

Der einfachste Weg, ein Build-Repository anzulegen, ist der bekannte `clone`-Befehl. Dabei würde allerdings das gesamte zentrale Repository mit allen Branches geklont werden.

Da für den Build-Server nur der `master`-Branch benötigt wird, ist ein `init`-Befehl und ein anschließender selektiver `fetch`-Befehl effektiver.

Schritt 1: Leeres Build-Repository anlegen

Als Erstes wird ein neues leeres Repository angelegt.

```
> mkdir buildrepo
> cd buildrepo
> git init
```

Schritt 2: `master`-Branch des zentralen Repositorys holen

Anderen Repositorys einen Namen geben
→ Seite 75

Mit dem `remote-add`-Befehl wird das Build-Repository mit dem zentralen Repository verknüpft. Um zu verhindern, dass alle Branches bei dem `fetch`- oder `pull`-Befehl geholt werden, wird mit dem Parameter `-t` explizit ein Branch angegeben.

```
> git remote add -t master origin <zentrales repo>
```

`-t master`: Nur der `master`-Branch wird bei einem zukünftigen `fetch`-, `pull`- und `push`-Befehl automatisch übertragen.

`origin`: Name des neu hinzugefügten Remote. Es wird hier bewusst derselbe Remote-Name gewählt, der auch bei einem `clone`-Befehl angelegt würde.

`<zentrales repo>`: Die URL zu dem zentralen Repository.

Abholen von Daten
→ Seite 75

Bisher wurden noch keine Commits vom zentralen Repository in das Build-Repository übertragen. Erst ein `fetch`-Befehl überträgt die Daten.

```
> git fetch
```

Schritt 3: `build-history`-Branch anlegen

Branches verzweigen
→ Seite 45

Als letzter Schritt der Vorbereitung muss ein neuer Branch für die Historie der erfolgreichen Builds angelegt werden (`build-history`).

Dabei ist es sinnvoll, den Branch beim ersten Commit des `origin/master`-Branch beginnen zu lassen. Würde man den build-history-Branch beim aktuellen Commit des origin/master-Branch anfangen lassen, dann würden in der Build-Historie auch bereits vorhandene Commits des origin/master-Branch enthalten sein.

Commit-Historie zeigen → Seite 24

Leider gibt es in Git keinen einfachen Befehl, um das erste Commit eines Branch zu ermitteln. Der beste Weg besteht darin, das Log auszugeben und den letzten Eintrag zu suchen.

```
> git log --oneline --first-parent origin/master| tail -1
3a05e26 init
```

--oneline: Die Commit-Logs werden nur einzeilig ausgegeben.

--first-parent: Für die Ausgabe wird nur der erste Parent der Commits beachtet. Dies führt zu weniger Ausgaben und somit zu einem schnelleren Ergebnis.

origin/master: Für den master-Branch des zentralen Repositorys soll das erste Commit ermittelt werden.

| tail -1: Gibt nur die letzte Zeile der Log-Ausgabe aus.

Branch erstellen → Seite 47

Nachdem das erste Commit gefunden wurde, kann der build-history-Branch angelegt und aktiviert werden. Beim checkout-Befehl wird zusätzlich zum Branch-Namen das Start-Commit angegeben.

```
> git checkout -b build-history 3a05e26
```

-b: Diese Option erzeugt einen neuen Branch und aktiviert ihn im Workspace.

Git auf dem Build-Server

Die folgenden Schritte beschreiben die Arbeit mit Git auf dem Build-Server. Typischerweise würden sie in einem Skript implementiert und in die jeweilige Build-Server-Infrastruktur integriert werden.

Der Build-Server arbeitet immer auf dem build-history-Branch.

Schritt 1: Änderungen aus dem zentralen Repository holen

Vom zentralen Repository werden die neuesten Commits des master-Branch übertragen.

Abholen von Daten → Seite 75

```
> git fetch
```

Schritt 2: Überprüfen, ob ein Build erforderlich ist

Remote-Tracking-
Branches: Wissen, was
in anderen Repositorys
»los« ist → Seite 77

Es wird überprüft, ob frische Commits vorliegen, indem der aktuelle `build-history`-Branch mit dem `origin/master`-Branch verglichen wird (diff-Befehl). Wird kein Unterschied festgestellt, muss das Build gar nicht erst gestartet werden. Dieser Ablauf wird beendet.

```
> git diff --shortstat --exit-code origin/master
1 files changed, 68 insertions(+), 144 deletions(-)
```

`--shortstat`: Durch diese Option werden nicht alle Änderungen im Detail angezeigt, sondern nur eine kurze Statistik über die Anzahl der geänderten Dateien.

`--exit-code`: Die Option `--exit-code` sorgt dafür, dass eine 1 als Prozess-Exitcode geliefert wird, wenn Unterschiede vorhanden sind (anderenfalls 0). So kann man das Ergebnis in Skripten einfach auswerten.

`origin/master`: Die Differenz soll gegen den `master`-Branch des zentralen Repositorys ermittelt werden.

Schritt 3: Den Workspace aufräumen

Branch-Zeiger
umsetzen → Seite 49

Wenn ein voriges Build fehlgeschlagen ist, befinden sich im lokalen Arbeitsbereich noch Merge-Ergebnisse dieses fehlerhaften Builds. Deswegen wird sicherheitshalber der Workspace zurückgesetzt.

```
> git reset --hard HEAD
```

Mit dem `clean`-Befehl werden zusätzlich alle nicht versionierten Dateien gelöscht.

```
> git clean --force
```

`--force`: Durch diese Option wird der `clean`-Befehl erst ausgeführt.

Schritt 4: Änderungen in den lokalen `build-history`-Branch holen

Branches
zusammenführen
→ Seite 53
Fast-Forward-Merges
→ Seite 59

Die neuen Commits des `master`-Branch müssen in den `build-history`-Branch übernommen werden. Da im `build-history`-Branch keine Entwicklung stattfindet, würde ein `merge`-Befehl immer zu einem Fast-Forward-Merge führen, d. h., der `build-history`-Branch würde einfach nur auf das aktuelle Commit des `master`-Branch verweisen.

Da wir aber die First-Parent-Historie des `build-history`-Branch nutzen wollen, um die erfolgreichen Builds wiederzufinden, wird mit der Option `--no-ff` ein Merge-Commit erzwungen.

```
> git merge --no-ff --no-commit origin/master
```

`--no-ff`: Es wird kein Fast-Forward-Merge durchgeführt.

`--no-commit`: Durch diese Option wird der Merge zwar im Workspace durchgeführt, aber es erfolgt zunächst kein Commit. Erst nach dem erfolgreichen Bauen und Durchführen der Tests soll das Commit angelegt werden.

Schritt 5: Build durchführen

Jetzt wird der Build-Server dazu benutzt, den aktuellen Arbeitsbereich zu bauen und zu testen. Git ist hierbei nicht beteiligt. Im Falle eines Fehlers wird der Workflow abgebrochen und die Entwickler werden typischerweise vom Build-Server per Mail informiert.

Schritt 6: Commit durchführen

Falls das Bauen erfolgreich ist, wird das vorbereitete Commit tatsächlich ausgeführt. Die Commit-Meldung sollte die vom Build-Server vergebene Build-Nummer enthalten:[4]

Commits zusammenstellen
→ Seite 27

```
> git commit -m "build <build-nummer>"
```

Falls das Bauen und Testen nicht erfolgreich ist, können wir an dieser Stelle einfach abbrechen. Im nächsten Zyklus wird der Arbeitsbereich wieder zurückgesetzt (siehe Schritt 3).

Schritt 7: Letztes erfolgreiches Build markieren

Der `last-build`-Branch des zentralen Repositorys soll immer auf das zuletzt erfolgreich gebaute Commit des `origin/master`-Branch zeigen.

Dazu wird erst ein lokaler `last-build`-Branch im Build-Repository erzeugt bzw. auf das richtige Commit gesetzt. Etwas knifflig ist es, diesen Branch auf das richtige Commit des `origin/master`-Branch zu setzen statt auf das Merge-Commit des aktuellen `build-history`-Branch.

Man kann die verschiedenen Vorgänger (Parents) eines Merge-Commits in Git über die ^-Syntax adressieren: ^1 steht dabei für das Parent-Commit aus dem aktuellen Branch und ^2 für das Parent-Commit aus dem hinzugefügten Branch.

---

[4] Die Build-Nummer kann typischerweise als Environment-Variable oder als Property-Datei auf dem Build-Server ermittelt werden.

In Abbildung 18-2 kann man das gut am Commit Z nachvollziehen. Der
erste Parent ist das Commit Y aus dem build-history-Branch, und der
zweite Parent ist das Commit D aus dem origin/master-Branch.

Abb. 18-2
build-history-Branch
und master-Branch

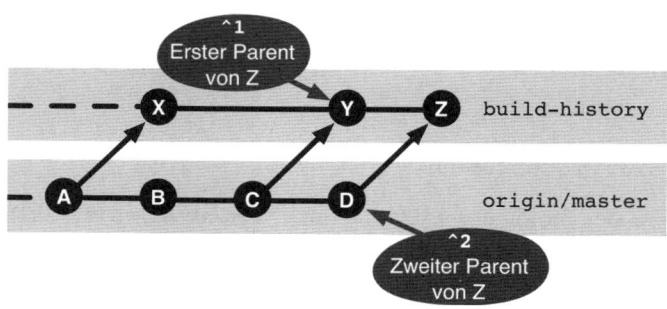

Der folgende branch-Befehl erzeugt einen neuen last-build-Branch oder
verändert den vorhandenen Branch, sodass dieser auf das Commit aus
dem origin/master-Branch zeigt:

Branch erstellen
→ Seite 47

```
> git branch --force last-build HEAD^2
```

--force: Diese Option sorgt dafür, dass der lokale last-build-Branch
immer neu angelegt wird, auch wenn er schon existiert.
HEAD^2: Dieser Parameter referenziert das gebaute Commit aus dem
origin/master-Branch.

Push – das Gegenstück
zu Pull → Seite 79

Nachdem der Branch lokal auf das richtige Commit zeigt, muss er noch
in das zentrale Repository übertragen werden. Dazu wird der push-
Befehl verwendet.

```
> git push --force origin last-build:last-build
```

--force: Diese Option sorgt dafür, dass der lokale last-build-Branch
im zentralen Repository immer auf das neue Commit versetzt wird,
auch wenn das Commit kein Nachfolger des letzten Last-Build-
Commits ist.
origin: Dieser Parameter referenziert das zentrale Repository.
last-build:last-build: Dieser Parameter definiert, dass der lokale
last-build-Branch in den zentralen last-build-Branch übertragen
wird.

Lokale Entwicklerversion mit dem letzten erfolgreichen Build vergleichen

Kommt es in einem Entwickler-Repository nach einem Merge mit dem zentralen Repository zu inhaltlichen Fehlern, ist es sinnvoll, die Änderungen in Bezug auf den letzten erfolgreichen Build zu ermitteln.

Der folgende Abschnitt beschreibt, wie man seinen lokalen Versionsstand mit der letzten erfolgreich gebauten Version des Build-Servers vergleichen kann.

Schritt 1: Zentrale Commits überprüfen

Als Erstes sollte man überprüfen, ob es im zentralen Repository noch nicht erfolgreich gebaute Commits anderer Entwickler gibt, denn der Fehler könnte von jemand anderem stammen.

Dazu kann man den `log`-Befehl benutzen, um zu ermitteln, ob es im zentralen `origin/master`-Branch Commits gibt, die noch nicht im `origin/last-build`-Branch enthalten sind. Im Beispiel aus Abbildung 18-3 würde das Commit `C` gefunden werden.

Commit-Historie zeigen → *Seite 24*

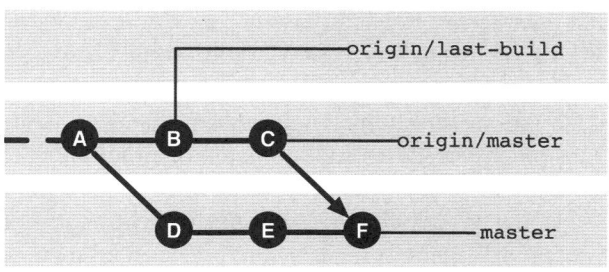

Abb. 18-3 last-build-Branch benutzen

```
> git log  origin/last-build..origin/master
```

Falls Commits ausgegeben werden, hilft der `diff`-Befehl, die konkreten Änderungen zu finden.

Branches vergleichen → *Seite 77*

```
> git diff origin/last-build origin/master
```

Schritt 2: Lokale Commits überprüfen

Als Nächstes kann man überprüfen, welche Änderungen der eigenen Version gegenüber dem letzten erfolgreichen Build vorhanden sind.

Remote-Tracking-Branches: Wissen, was in anderen Repositorys »los« ist → *Seite 77*

```
> git diff origin/last-build
```

Im Beispiel aus Abbildung 18-3 würde dadurch der Inhalt des `F`-Commits mit dem Inhalt des `B`-Commits verglichen werden. Alle Änderungen der Commits `C`, `D`, `E` und `F` würden sichtbar werden.

Fehlersuche mit der Build-Historie

Mit Bisection Fehler
suchen → *Seite 153*

In den meisten Fällen ist es ganz einfach, jene Stelle im Code zu finden, die einen Fehler verursacht hat. Oft reicht es, die Fehlerbeschreibung zu lesen, um zu wissen, an welcher Stelle etwas schiefgelaufen sein muss. Gelegentlich schleichen sich jedoch Fehler ein, die nur schwer zu finden sind. Dann kann es sehr hilfreich sein, genau zu wissen, ab wann der Fehler in der Software sichtbar ist. Da man mit Git ältere Stände der Software schnell wiederherstellen kann, ist es möglich, den Fehler systematisch einzugrenzen. Man beginnt mit einer alten Version, in der der Fehler noch nicht auftritt. Dann holt man sich mit Git einen neueren Stand und überprüft, ob der Fehler dort auftritt. Durch Hin- und Hergehen in der Versionsgeschichte kann man sich an jenes Commit herantasten, in dem der Fehler zum ersten Mal auftritt. Mit etwas Glück ist das dazugehörende `diff` klein, und man hat den Fehler sehr genau eingegrenzt.

Das Verfahren kann jedoch recht mühsam sein. Deshalb bietet Git den `bisect`-Befehl an, der hierbei unterstützt. Der `bisect`-Befehl findet das fehlerhafte Commit, indem im betroffenen Commit-Bereich immer das »mittlere« Commit aktiviert und getestet wird und anschließend der jeweils linke oder rechte Bereich derselben Prozedur unterzogen wird. Dabei ist Git so intelligent, auch bei Merge-Commits beide Vorgänger-pfade mit zu betrachten.

Dieses Verfahren funktioniert am effizientesten, wenn man dabei nur jene Versionen betrachten muss, die zuvor mindestens einmal erfolgreich gebaut und getestet wurden. Anderenfalls würde man viel Zeit mit alten Versionen verschwenden, die sich gar nicht bauen lassen oder aufgrund schwerer Fehler gar nicht benutzt werden können.

Hier kommt unsere Build-Historie ins Spiel, da bei dieser garantiert ist, dass sie nur Commits enthält, die erfolgreich gebaut wurden, und dass alle Unittests ausgeführt worden sind.

Die Build-Historie ist bisher allerdings nicht im lokalen Repository enthalten, da auch im zentralen Repository dieser Branch nicht vorhanden ist. Mit dem `fetch`-Befehl ist es jedoch möglich, Commits aus anderen Repositorys zu importieren.

Schritt 1: Build-Repository anbinden

Anderen Repositorys
einen Namen geben
→ *Seite 75*

Um auf das Build-Repository zuzugreifen, legen wir ein *Remote* mit dem Namen »build« im Entwickler-Repository an.

```
> git remote add build <build-repo-url>
```

Schritt 2: Build-Historie übertragen

Die Build-Historie wird in das lokale Entwickler-Repository durch einen `fetch`-Befehl übertragen.

Abholen von Daten
→ *Seite 75*

```
> git fetch build
```

Schritt 3: Lokalen Branch anlegen

Es ist sinnvoll, einen lokalen Branch anzulegen, der auf dem build-history-Branch basiert.

Branch erstellen
→ *Seite 47*

```
> git checkout -b history build/build-history
```

Schritt 4: Bisect durchführen

Ein geeignetes »gutes« Ausgangs-Commit wird definiert, und die Fehlersuche wird mit dem `bisect`-Befehl gestartet.

*Mit Bisection Fehler
suchen* → *Seite 153*

```
> git bisect start HEAD <good-commit>
```

Git wählt jetzt einen »mittleren« Commit zum Testen aus. Wir führen unseren Test durch und definieren je nach Ergebnis das aktuelle Commit als »gut«

```
> git bisect good
```

oder als »schlecht«.

```
> git bisect bad
```

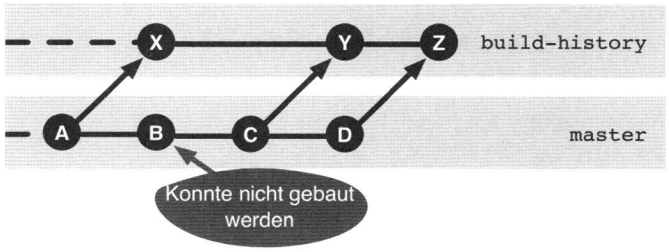

*Abb. 18-4
Fehlersuche mit Bisect*

Da Git bei Merge-Commits beide Vorgänger betrachtet, kann es passieren, dass das von Git gewählte Commit gar nicht aus unserem build-history-Branch stammt. In Abbildung 18-4 ist eine typische Commit-Historie dargestellt. Wenn der Algorithmus von Git zwischen den Commits X und Z nach einem Fehler sucht, dann können auch die Commits B bis D aus dem master-Branch ausgewählt werden.

Dies erkennt man jedoch leicht am Kommentar eines Commits. In unserem build-history-Branch hat der Kommentar ja immer die Form build <build-nummer>. Wenn Git ein Commit auswählt, das nicht so einen Kommentar trägt, dann markiert man dieses einfach ohne vorherigen Test als good. So wird Git wieder auf die richtige Spur geschickt.

Schritt 5: Ergebnis interpretieren

Nach erfolgreichem Bisection-Prozess ist das fehlerhafte Commit in der Build-Historie gefunden. Hinter einem Commit der Build-Historie können jedoch mehrere Commits des master-Branch stecken (siehe Commit Y in Abbildung 18-4). Um die Log-Meldungen der möglichen fehlerhaften Commits auszugeben, ist wieder ein wenig »ˆ«-Akrobatik notwendig.

Der zweite Parent (»ˆ2«) eines jeden Build-Commits entspricht immer dem Commit auf dem master-Branch. Der erste Parent (»ˆ1«) des Build-Commits entspricht dem vorherigen Build-Commit.

Commit-Historie zeigen → *Seite 24*
Der folgende log-Befehl ermittelt ausgehend von einem »fehlerhaften« Build-Commit alle Commits im master-Branch, die zu dem Fehler geführt haben könnten:

```
> git log <bad-commit>^1^2..<bad-commit>^2
```

Wenn in Abbildung 18-4 das Commit Y als fehlerhaft erkannt worden ist, dann würde der log-Befehl die Commits B und C als mögliche Fehlerursache anzeigen.

Schritt 6: Aufräumen

Nachdem der bisect-Befehl abgeschlossen wurde, können aus dem Entwickler-Repository wieder alle unnötigen Branches, Commits und Remotes entfernt werden:

```
> git bisect reset
> git checkout master
> git branch -D build-history
> git remote rm build
```

18.2   Warum nicht anders?

Warum keine Tags?

Versionen markieren → *Seite 83*
Eine alternative Umsetzung der Build-Historie wäre es, die erfolgreichen Builds nicht als Merge-Commits in einem eigenständigen Branch, sondern als Tags abzulegen. Dies würde den Ablauf sogar vereinfachen,

da man dann auf das Vorbereiten und auf das Durchführen des Merge-Commits verzichten kann. Dagegen sprechen die folgenden Punkte:

- Es entstehen sehr viele Tags, und die Nicht-Build-Tags wären schwer zu finden.
- Die effizientere Fehlersuche mit Bisection nur auf den erfolgreich gebauten und getesteten Commits wäre nicht mehr möglich.
- Die logische Reihenfolge der Builds (Tags) wäre nur durch die Build-Nummer implizit zu erkennen.

Auch für den `last-build`-Branch könnte man ein Tag anstelle des Branch nutzen. Dazu müsste das Tag nach jedem erfolgreichen Build gelöscht und neu angelegt werden. Das funktioniert in einem lokalen Repository, doch sobald ein Tag in das zentrale Repository übertragen wurde, gibt es Probleme.

Es ist zwar noch möglich, ein Tag zentral zu löschen und neu anzulegen, doch alle Klone werden das geänderte Tag nicht durch den `pull`-Befehl erhalten – dieser ignoriert alle vorhandenen Tags.

Warum die Build-Historie nicht im zentralen Repository ablegen?

In der beschriebenen Umsetzung wird die Build-Historie nicht im zentralen Repository veröffentlicht, sondern ist nur im Build-Repository sichtbar.

Warum ist es nicht sinnvoll, die Build-Historie im zentralen Repository abzulegen?

Der Hauptgrund ist, dass ansonsten die normale Commit-Historie durch sehr viele Merge-Commits »verunstaltet« wird. Jedes erfolgreiche Build erzwingt ein neues Merge-Commit, das auf dem `origin/master`- und `build-history`-Branch basiert. In der normalen Betrachtung einer Projekthistorie ist es unerheblich, welcher Stand erfolgreich gebaut wurde. Die Merge-Commits würden aber die Log-Ausgabe durch Build-Nachrichten unübersichtlich erscheinen lassen.

Verschlimmert wird das Ganze, wenn es nicht nur einen Build-Server, sondern mehrere gibt, zum Beispiel weil sowohl der `master`-Branch wie auch der `codefreeze`-Branch gebaut werden. Dann würde es noch mehr Build-Commits im zentralen Repository geben.

Das Schöne an dem Git-Ansatz ist, dass es immer möglich ist, die Commits der Build-Historie und die normalen Projekt-Commits in einem Repository zusammenzubringen. Dazu wird ein Fetch sowohl vom zentralen Repository als auch vom Build-Repository durchgeführt.

Ein Release durchführen → *Seite 179*

Austausch zwischen Repositorys → *Seite 73*

19 Ein Release durchführen

Bei jedem Projekt oder Produkt gibt es den Zeitpunkt, an dem ein Release erstellt werden soll. Dieser Prozess ist je nach Unternehmen bzw. Organisation verschieden.

Git macht keine Vorgaben, wenn es um den Releaseprozess geht. Mit Tags und Branches stellt Git jedoch mächtige Werkzeuge bereit, um ein sehr breites Spektrum von Releaseprozessen zu unterstützen.

Versionen markieren
→ *Seite 83*
Branches verzweigen
→ *Seite 45*

Dieser Workflow beschreibt beispielhaft einen Releaseprozess für ein typisches Webprojekt. Bei unserem Webprojekt gibt es immer nur ein produktives Release und ein zukünftiges Release. Im produktiven Release sollen schwerwiegende Fehler und Sicherheitsrisiken sehr schnell behoben werden (sogenannte Hotfixes). Das neue Release soll vor dem Veröffentlichen eine ausführliche mehrtägige Testphase (Codefreeze-Phase) durchlaufen. Parallel soll die Weiterentwicklung für das nächste Release erfolgen können.

Dieser Workflow zeigt, wie ein Releaseprozess für ein Projekt mit Git so umgesetzt wird, dass

Hotfixes auf dem produktiven Release unterstützt werden,
die parallele Arbeit am neuen Release während der Codefreeze-Phase möglich ist,
garantiert ist, dass alle Fehler, die als Hotfix oder während der Testphase behoben werden, in den Entwicklungsstand zurückfließen,
die Historie der Releases und Hotfixes einfach abzurufen ist und
Vergleiche zwischen Releases und Entwicklungsständen einfach möglich sind.

Überblick

Abbildung 19-1 zeigt die Branches, die für die Entwicklung und den Releaseprozess benötigt werden.

Mit Feature-Branches entwickeln → *Seite 135*

Die Entwicklung findet auf dem `master`-Branch statt. Dabei ist es unerheblich, ob Feature-Branches benutzt werden oder nicht. Wichtig ist nur, dass der `master`-Branch den Code enthält, der zum nächsten Release führen soll.

Gemeinsam auf einem Branch entwickeln → *Seite 127*

Während der Vorbereitung des Release wird ein eigener `codefreeze`-Branch benutzt, um das zukünftige Release zu stabilisieren. Parallel kann auf dem `master`-Branch für das nächste Release weiterentwickelt werden.

Sobald die Stabilisierung abgeschlossen ist, wird ein Release-Commit auf dem `stable`-Branch angelegt und gleichzeitig ein Release-Tag erzeugt.

Tritt im produktiven Release ein schwerwiegender Fehler auf, wird ein neuer `hotfix`-Branch angelegt. Nach der Fehlerbehebung wird ein Hotfix-Commit auf dem `stable`-Branch ausgeführt und ein Release-Tag angelegt.

Der `codefreeze`-Branch und die `hotfix`-Branches existieren nur so lange, wie die Stabilisierung bzw. die Fehlerbehebung stattfindet.

Die Änderungen während der Stabilisierung und des Hotfix werden immer durch Merges in den `master`-Branch zurückgeführt.

Voraussetzungen

Nur ein produktives Release: Es gibt nur ein produktives Release, d. h., es werden nicht mehrere Versionen des Produkts oder Projekts parallel gepflegt.[1]

Stabiler Entwicklungsstand: Der Entwicklungs-Branch ist gut getestet und die zu erwartenden Fehler in der Codefreeze-Phase sind überschaubar, sodass diese in wenigen Tagen abgeschlossen werden kann.

Vollständiges Release: Es gehen immer alle Neuerungen bzw. Änderungen des Entwicklungs-Branches in das nächste Release ein.

---

[1] Natürlich kann Git auch mit mehreren Releases umgehen. Doch der hier vorgestellte Workflow ist nur für ein produktives Release ausgelegt. Ansonsten würde man mehr Branches und Cherry-Picking benötigen.

Workflow kompakt

Ein Release durchführen

Für ein Projekt wird ein Release erstellt. Die Vorbereitung des Release findet in einem separaten Branch statt. Auf dem produktiven Release können Hotfixes durchgeführt werden.

Abb. 19-1
Workflow im Überblick

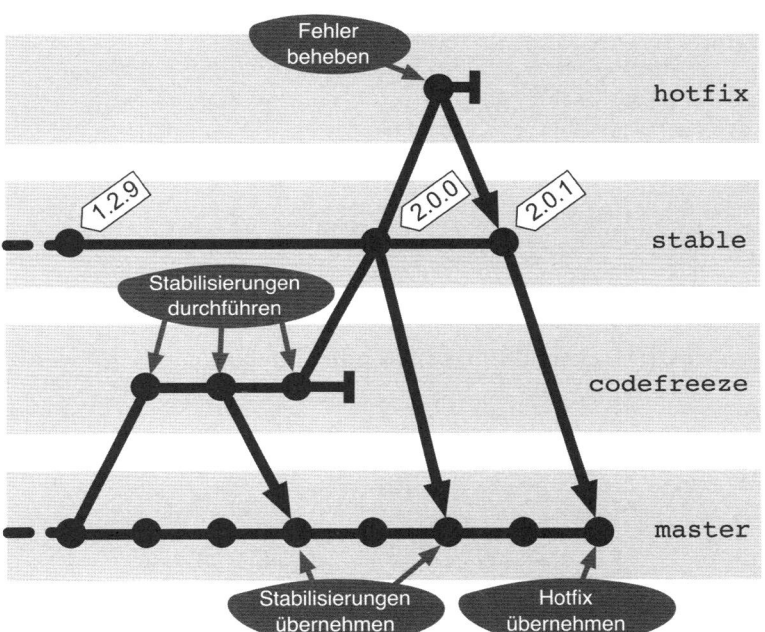

19.1   Ablauf und Umsetzung

Vorbereitung: `stable`-Branch anlegen

Der folgende Abschnitt beschreibt die einmalige Vorbereitung des Repositorys, um Releases durchzuführen.

Commit-Historie zeigen → *Seite 24*

Für den Workflow wird ein `stable`-Branch benötigt. Dieser soll nur Commits enthalten, die ein neues Release oder ein Hotfix-Release darstellen. Die First-Parent-Historie des `stable`-Branch kann als Release-Historie benutzt werden, z. B. mit dem `log`-Befehl.

```
> git checkout stable
> git log --first-parent --oneline
5901ec9 Hotfix-Release-2.0.1
b955c9c Release-2.0.0
5d0173d Release-1.0.0
3a05e26 init
```

`--first-parent`: Bei einem Commit wird nur der erste Vorgänger (Parent) betrachtet.

`--oneline`: Die Commit-Logs sollen nur einzeilig ausgegeben werden.

Abb. 19-2
`stable`-*Branch beim ersten Release beginnen lassen*

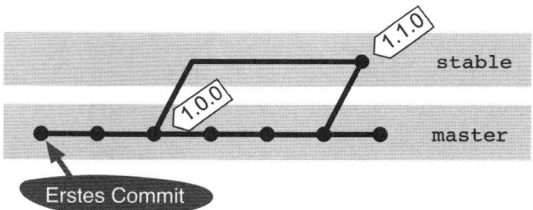

Es ist wichtig, den Anfang des `stable`-Branch korrekt festzulegen. Wenn der `stable`-Branch beim ersten Release-Commit angelegt wird, dann sind in der First-Parent-Historie die bisherigen Commits des `master`-Branch enthalten (siehe Abbildung 19-2).

Abb. 19-3
`stable`-*Branch beim ersten Commit beginnen lassen*

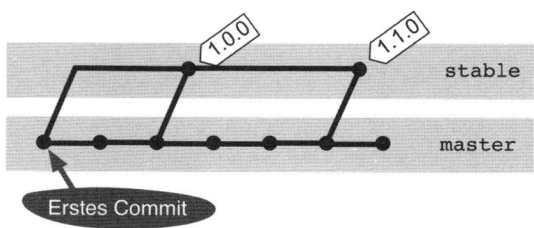

Besser ist es, den `stable`-Branch beim ersten Commit des `master`-Branch beginnen zu lassen. Dann wird nur ein unnötiges Commit (siehe »Erstes Commit« in Abbildung 19-3) in der Release-Historie enthalten sein.

Schritt 1: Erstes Commit ermitteln

Leider gibt es in Git keinen einfachen Befehl, um das erste Commit eines Branch zu ermitteln. Der beste Weg besteht darin, das Log auszugeben und den letzten Eintrag zu suchen.

```
> git log --oneline --first-parent | tail -1

3a05e26 init
```

`--oneline`: Die Commit-Logs werden nur einzeilig ausgegeben.

`--first-parent`: Für die Ausgabe wird nur der erste Parent der Commits beachtet. Dies führt zu weniger Ausgaben und somit zu einem schnelleren Ergebnis.

`| tail -1`: Gibt von der Log-Ausgabe nur die letzte Zeile aus.

Schritt 2: `stable`-Branch anlegen

Nachdem das erste Commit gefunden wurde, kann der `stable`-Branch angelegt werden. Beim `branch`-Befehl wird zusätzlich zum Branch-Namen das Start-Commit angegeben.

Branch erstellen
→ Seite 47

```
>  git branch stable 3a05e26
```

Release vorbereiten und erstellen

Der folgende Abschnitt beschreibt, welche Schritte notwendig sind, um ein Projekt mit Git zu releasen.

Die Entwicklung des Projekts findet auf dem `master`-Branch statt. Auf diesem werden auch die notwendigen Unittests und Integrationstests durchgeführt.

Sobald die Entwicklung abgeschlossen ist und das Release durchgeführt werden soll, werden typischerweise noch weitere und intensivere Tests vorgenommen. Diese Phase wird häufig als »Codefreeze« bezeichnet. Das bedeutet, dass am Code nur noch releasekritische Bugfixes und ggf. Workarounds implementiert werden. Wie lange diese Phase dauert, hängt stark vom Entwicklungsprozess, von der vorhandenen Codequalität und von den Testaufwänden ab. Es kann sich dabei um einige Stunden oder um mehrere Wochen handeln.

Damit nicht die Entwicklung für das nächste Release während der Codefreeze-Phase stockt, wird die Stabilisierung des Release in einem eigenen codefreeze-Branch durchgeführt. Dieser existiert nur so lange, bis das neue Release stabilisiert wurde. Beim nächsten Release wird wieder ein neuer codefreeze-Branch angelegt.

Schritt 1: codefreeze-Branch anlegen

Branch erstellen
→ Seite 47

Der codefreeze-Branch wird basierend auf dem aktuellen master-Branch angelegt. Der checkout-Befehl kann genutzt werden, um den neuen Branch anzulegen und zu aktivieren.

```
> git checkout -b codefreeze master
```

Schritt 2: Stabilisierung mit dem codefreeze-Branch

Im codefreeze-Branch werden nur Fehler behoben, die ein Release verhindern. Die Fehlerbehebung erfolgt dabei nach dem Grundsatz der minimalen Änderung. Falls es keine einfache minimale Lösung des Fehlers gibt, wird notfalls ein Workaround implementiert.

Branches
zusammenführen
→ Seite 53

Die neuen Commits auf dem codefreeze-Branch müssen regelmäßig in den master-Branch gebracht werden. Dadurch werden einmal behobene Fehler auch in der aktuellen Entwicklung beseitigt.

```
> git checkout master
> git merge codefreeze
```

Wurden im codefreeze-Branch Workarounds eingebaut, so werden diese auch in den master-Branch übernommen. Im master-Branch können die Workarounds ausgebaut (z. B. mit dem revert-Befehl) und durch eine bessere Implementierung ersetzt werden (siehe Abbildung 19-4).

Abb. 19-4
Umgang mit Bugfixes
und Workarounds

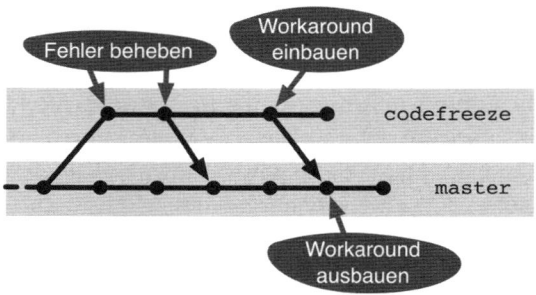

Schritt 3: Release erstellen

Nachdem der `codefreeze`-Branch erfolgreich getestet wurde, kann das Release erstellt werden.

Dafür muss ein Merge vom `codefreeze`-Branch in den `stable`-Branch durchgeführt werden. Dabei ist es wichtig, dass es keine Commits im `stable`-Branch gibt, die noch nicht im `codefreeze`-Branch getestet worden sind.[2] Solche Commits würden zu einem Merge führen, sodass im `stable`-Branch ein Release entsteht, das in dieser Zusammenstellung nicht getestet wurde.

Der folgende `log`-Befehl überprüft, ob es Commits gibt, die im `stable`-Branch vorhanden sind, aber im `codefreeze`-Branch fehlen. Keine Ausgabe bedeutet dabei, dass es keine neuen Commits im `stable`-Branch gibt.

Commit-Historie zeigen → Seite 24

```
> git log codefreeze..stable --oneline
```

Falls der `log`-Befehl zu einer Ausgabe führt, so ist ein erneuter Merge vom `stable`- in den `codefreeze`-Branch notwendig und die Tests für das Release sind nochmals durchzuführen.

Falls die Log-Ausgabe leer bleibt, kann das Merge des `codefreeze`-Branch in den `stable`-Branch durchgeführt werden.

Normalerweise würde Git bei diesem Merge einen Fast-Forward durchführen, da wir ja vorab getestet haben, dass es keine neuen Commits im `stable`-Branch gibt. Um jedoch eine sinnvolle First-Parent-Historie auf dem `stable`-Branch zu erreichen, erzwingt die Option `--no-ff` ein neues Commit. Im Kommentar des neuen Commits sollten die wichtigen Informationen zu dem Release hinterlegt werden.

Fast-Forward-Merges → Seite 59

```
> git checkout stable
> git merge codefreeze --no-ff -m "Release-2.0.0"
```

`--no-ff`: Keinen Fast-Forward-Merge durchführen, d. h., es wird immer ein neues Commit angelegt.

Neben dem Commit soll ein neues Tag für das Release angelegt werden. Das Tag dient dazu, schnell auf das Release-Commit zugreifen zu können, z. B. für den `diff`-Befehl.

Versionen markieren → Seite 83

```
> git tag -a release-2.0.0 -m "Release-2.0.0"
```

Zum Abschluss wird der `codefreeze`-Branch gelöscht. Dieser diente nur zur Stabilisierung und wird beim nächsten Release wieder neu angelegt.

Branch löschen → Seite 50

```
> git branch -d codefreeze
```

---

[2] Das kann zum Beispiel passieren, wenn ein Hotfix durchgeführt und das Ergebnis nicht mit dem `codefreeze`-Branch vereinigt wurde.

Schritt 4: `master`-**Branch aktualisieren**

Nachdem nun das Release durchgeführt wurde, soll garantiert werden, dass alle Änderungen des Release auch im `master`-Branch enthalten sind.

Abb. 19-5
Commits beim Releasen

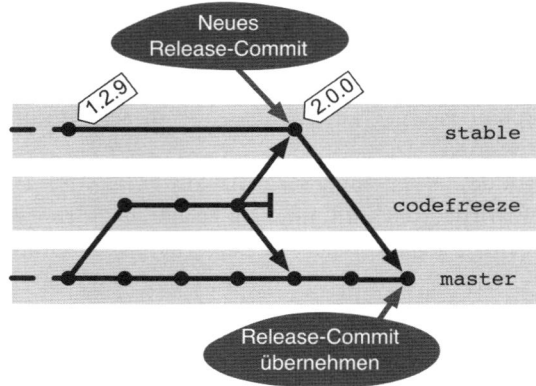

Branches
zusammenführen
→ Seite 53
Auch wenn bereits alle Bugfix-Commits des `codefreeze`-Branch in den `master`-Branch übernommen wurden, existiert immer noch das neue Release-Commit (siehe Abbildung 19-5). Dieses Release-Commit verändert zwar keine Dateien und ist somit unbedeutend für den `master`-Branch, doch bei Abfragen wie »Welches Commit ist im `stable`-Branch, aber nicht im `master`-Branch?« würde dieses Commit regelmäßig auftauchen. Deswegen wird der `stable`-Branch mit dem `master`-Branch zusammengeführt.

```
> git checkout master
> git merge stable -m "Nach Release-2.0.0"
```

Damit ist das neue Release aus Sicht der Versionsverwaltung vollständig angelegt worden.

Hotfix durchführen

Ein Hotfix ist eine dringliche Änderung, die schnellstmöglich und unabhängig von anderen Änderungen ausgespielt werden soll. Ein Hotfix wird direkt gegen den Stand des aktuellen Release implementiert. Weniger wichtige Fehler werden in Webanwendungen typischerweise mit dem nächsten Release behoben. Doch ein Fehler, der das Arbeiten mit dem System unmöglich macht bzw. zu Sicherheitsrisiken führen kann, muss sofort behoben werden.

Schritt 1: `hotfix`**-Branch anlegen und Fehler beheben**

Die Behebung des Fehlers findet in einem eigenen `hotfix`-Branch statt. Um auch die parallele Bearbeitung von mehreren Hotfixes zu ermöglichen, bekommt jeder Hotfix einen eigenen Branch.

Ausgangspunkt ist dabei der `stable`-Branch. Dieser zeigt auf das letzte produktive Release.

Branch erstellen
→ Seite 47

```
> git checkout -b hotfix-a1 stable
```

Nun können die notwendigen Änderungen am Projekt durchgeführt werden.

Schritt 2: Überprüfen, ob parallele Hotfixes stattgefunden haben

Ist der Fehler behoben und soll ein neues Release erzeugt werden, muss überprüft werden, ob es in der Zwischenzeit bereits einen anderen Hotfix gab. Dazu nutzt man den `log`-Befehl, um Commits zu finden, die im `stable`-Branch enthalten sind, aber nicht im `hotfix`-Branch.

Commit-Historie
zeigen → Seite 24

```
> git log hotfix-a1..stable --oneline
```

Falls es zu einer Ausgabe von Commits kommt, dann gab es zwischenzeitlich Änderungen am `stable`-Branch. Bevor der Hotfix eingespielt werden kann, muss überprüft werden, ob die anderen Änderungen mit dem Hotfix zusammen funktionieren. Damit die Historie linear bleibt, wird der Hotfix mittels Rebasing auf das letzte Commit des `stable`-Branches aufgesetzt (siehe Abbildung 19-6).

Mit Rebasing die
Historie glätten
→ Seite 65

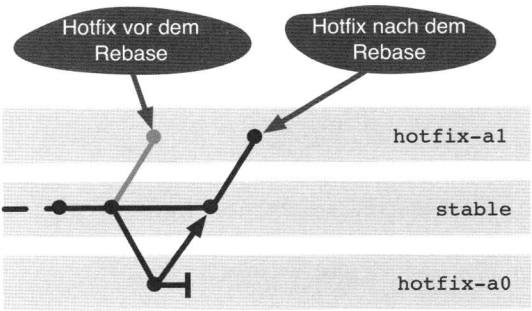

Abb. 19-6
Rebase des
Hotfix-Branch

```
> git rebase stable
```

Jetzt basieren die Hotfix-Commits auf den letzten Commits des `stable`-Branch. Anschließend führt man nochmals die notwendigen Tests durch.

Schritt 3: Hotfix freigeben

Fast-Forward-Merges
→ Seite 59

Um den Hotfix offiziell freizugeben, wird der `hotfix`-Branch mit dem `stable`-Branch vereinigt. Auch hier wird ein Fast-Forward-Merge unterdrückt, um ein neues Commit anzulegen. Im Kommentar des Merge gibt man die notwendigen Release-Informationen an.

```
> git checkout stable
> git merge hotfix-a1 --no-ff -m "Hotfix-Release-2.0.1"
```

Versionen markieren
→ Seite 83

Neben dem Commit wird wieder ein neues Tag für das Release angelegt.

```
> git tag -a release-2.0.1 -m "Hotfix-Release 2.0.1"
```

Branch löschen
→ Seite 50

Zum Schluss kann der `hotfix`-Branch gelöscht werden.

```
> git branch -d hotfix-a1
```

Schritt 4: Hotfix-Änderungen in andere Branches übernehmen

Fehler, die mit einem `hotfix`-Branch behoben wurden, müssen in die anderen aktiven Branches übertragen werden.

Abb. 19-7
Hotfixes in den
codefreeze- und den
master-Branch
übernehmen

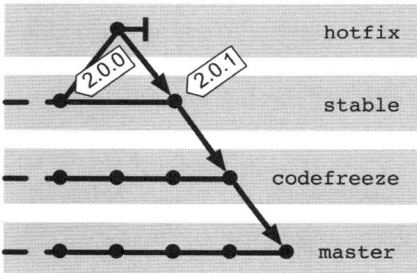

Branches
zusammenführen
→ Seite 53

Trat der Hotfix während einer Codefreeze-Phase auf, dann muss der Hotfix erst in den `codefreeze`-Branch gebracht werden. Anschließend werden dann die Änderungen des `codefreeze`-Branch in den `master`-Branch übertragen (siehe Abbildung 19-7).

```
> git checkout codefreeze
> git merge stable -m "Hotfix 2.0.1"
> git checkout master
> git merge codefreeze -m "Hotfix 2.0.1"
```

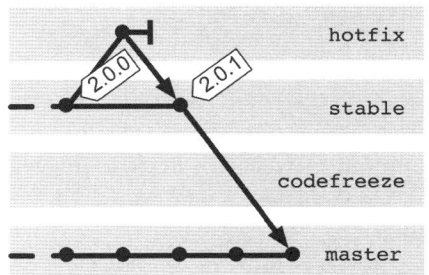

Abb. 19-8
*Hotfixes in den
master-Branch
übernehmen*

Trat der Hotfix nicht während einer Codefreeze-Phase auf, werden die Änderungen direkt in den `master`-Branch übernommen (siehe Abbildung 19-8).

```
> git checkout master
> git merge stable -m "Hotfix 2.0.1"
```

19.2   Warum nicht anders?

Warum nicht nur mit Tags?

In dem beschriebenen Workflow werden ein `stable`-Branch und zusätzlich Tags für die Kennzeichnung der Releases benutzt. Würde der Einsatz von Tags nicht ausreichend sein?

Versionen markieren
→ *Seite 83*

Zum reinen Kennzeichnen und damit Reproduzieren der Releases würde tatsächlich der Einsatz von Tags reichen.

Wenn es jedoch darum geht, die Historie der Releases und der Hotfix-Releases nachzuvollziehen, dann sind Tags alleine unpraktisch. So kann anhand der Tag-Namen die chronologische Reihenfolge nur erraten werden. Mit einem `stable`-Branch kann man dagegen die First-Parent-Historie benutzen.

Warum nicht auf Tags verzichten?

Tags sind symbolische Namen für Commits. Möchte man den aktuellen Entwicklungsstand mit einem bestimmten Release vergleichen (`diff`-Befehl), dann sind Tags praktischer als die Hashwerte.

```
> git diff release-1.0.0
```

Würde man auf Tags verzichten, müsste man als Erstes im `stable`-Branch das richtige Commit suchen und dann den Hashwert angeben.

```
> git diff 5d0173d
```

Warum keine Fast-Forward-Merges?

Fast-Forward-Merges
→ *Seite 59*

In Git sind Branches nur Referenzen auf Commits. Wenn ein Branch aktiviert ist (checkout-Befehl), dann wird die Referenz bei jedem neuen Commit automatisch aktualisiert. Es gibt keine historischen Informationen, welches Commit in welchem Branch angelegt wurde. Die einzige »heuristische« Möglichkeit besteht darin, die First-Parent-Historie eines Branch zu nutzen.

Ein Fast-Forward-Merge führt dazu, dass zwei Branches auf dasselbe Commit zeigen.[3] Wenn jetzt die First-Parent-Historie benutzt wird, ist nicht mehr nachvollziehbar, in welchem der beiden Branches die Vorgänger-Commits angelegt wurden.

Unterdrückt man einen Fast-Forward-Merge, wird immer ein neues Commit angelegt. Der erste Parent zeigt auf das letzte Commit des aktuellen Branch und der zweite Parent auf das hinzugefügte Commit.

Warum den Hotfix nicht direkt auf dem stable-Branch implementieren?

Der Workflow beschreibt, dass für das Beheben eines schweren Fehlers ein separater hotfix-Branch angelegt werden soll. Prinzipiell wäre es auch möglich, direkt im stable-Branch zu arbeiten.

Dadurch würden jedoch unter Umständen in der First-Parent-Historie des stable-Branch Commits auftauchen, für die es keine zugeordneten Releases gab. Das passiert immer dann, wenn für einen Hotfix mehr als ein Commit angelegt werden muss.

Auch das parallele Erstellen von Hotfixes kann erschwert werden.

---

[3] Dieses Verhalten ist auch in vielen Fällen sinnvoll, z. B. wenn zwei Branches gegenseitig den merge-Befehl aufrufen. Auf diese Weise entstehen keine unnötigen leeren Commits.

20 Große Projekte aufteilen

Häufig beginnt ein Softwareprojekt als kleines monolithisches System. Im Laufe der Entwicklung wächst das Projekt und das Team wird größer. Modularisierung wird immer wichtiger. Als Erstes wird typischerweise die interne Struktur des Projekts modularisiert. Irgendwann möchte man auch einzelne Module separat entwickeln und einem eigenen Releasezyklus unterwerfen.

Da Git-Repositorys immer als Ganzes versioniert werden, muss für separat zu releasende Module auch ein neues Git-Repository angelegt werden.

Repositorys können nur vollständig verwendet werden → Seite 256

Die Herausforderung bei der Modularisierung eines Git-Repositorys ist, so viel wie möglich der alten Dateiversionen in das neue Repository zu übernehmen. Gleichzeitig soll das neue Repository keine Dateien enthalten, die nicht innerhalb des Moduls verwendet werden. Auch Commits, in denen keine Änderungen an den Dateien des Moduls durchgeführt wurden, werden nicht benötigt.

Im Gesamt-Repository wird die Historie des Moduls nicht entfernt, damit auch alte Projektstände reproduziert werden können. In der Konsequenz werden dann die historischen Daten des separierten Moduls in beiden Repositorys liegen.

Meistens wird das separierte Modul weiterhin vom Gesamtprojekt benötigt und soll als externes Modul integriert werden. Für diese Art der externen Einbindung gibt es in Git das Submodulkonzept.

Abhängigkeiten zwischen Repositorys → Seite 87

Dieser Workflow zeigt, wie man mit Git ein Modul so extrahiert, dass

nur die notwendigen Dateien des Moduls in ein neues Repository übertragen werden,

die Historie der Moduldateien im neuen Repository erhalten bleibt und

das Modul wieder als externes Submodul eingebunden werden kann.

Überblick

Für den folgenden Ablauf nehmen wir eine Projektstruktur wie in Abbildung 20-1 oben an.

Das Beispiel für diesen Workflow orientiert sich an einer Java-Verzeichnisstruktur. In einem Gesamtprojekt gibt es drei Module. Die Dateien der Module sind auf die Unterverzeichnisse src und test aufgeteilt. Das heißt, ein Modul besteht jeweils aus zwei getrennten Teilen. Das modul3 soll in ein eigenes Git-Repository separiert werden.

Im ersten Schritt werden aus einem Klon des originalen Repositorys mit dem filter-branch-Befehl alle unnötigen Dateien und Commits entfernt. Anschließend wird die Verzeichnisstruktur des neuen Modul-Repositorys angepasst. Als Letztes wird im Gesamtprojekt das modul3 entfernt und das neue Modul-Repository als Submodul im Verzeichnis extern wieder eingebunden. Das Ergebnis sieht wie in Abbildung 20-1 unten aus.

Im neuen Modul-Repository wird es möglich sein, die historischen Änderungen an den Dateien nachzuvollziehen, d. h. zu verfolgen, wer wann was geändert hat. Es wird jedoch meistens nicht möglich sein, alte Versionen vollständig (compile-fähig) zu reproduzieren. Das liegt daran, dass ein Modul häufig aus Dateien anderer Module hervorgegangen ist. Würde man versuchen, eine alte Projektversion aus dem Modul-Repository wiederherzustellen, entstünde ein Flickenteppich von Dateien in verschiedenen Verzeichnissen. Außerdem war in der Vergangenheit das Modul bestimmt abhängig von anderen Dateien, die nun nicht mehr vorhanden sind.

Im Gesamt-Repository sind alte Versionen des Gesamtprojekts inklusive der Moduldateien immer wiederherstellbar.

Voraussetzungen

Interne Modularisierung: Das Projekt wurde bereits intern modularisiert, d. h., es gibt ein Modul, das separat entwickelt und versioniert werden kann.

Moduldateien liegen in wenigen Verzeichnissen: Beim Extrahieren der alten Versionen der Moduldateien muss jedes Verzeichnis separat behandelt werden. Wenn die Dateien sehr verstreut sind, wird der Aufwand sehr groß.

Workflow kompakt
Große Projekte aufteilen

Ein Modul wird aus einem Projekt entfernt und in ein eigenes Repository migriert. Die Commit-Historie bleibt erhalten, unnötige Dateien und Commits werden entfernt. Das separierte Modul wird als externes Submodul wieder integriert.

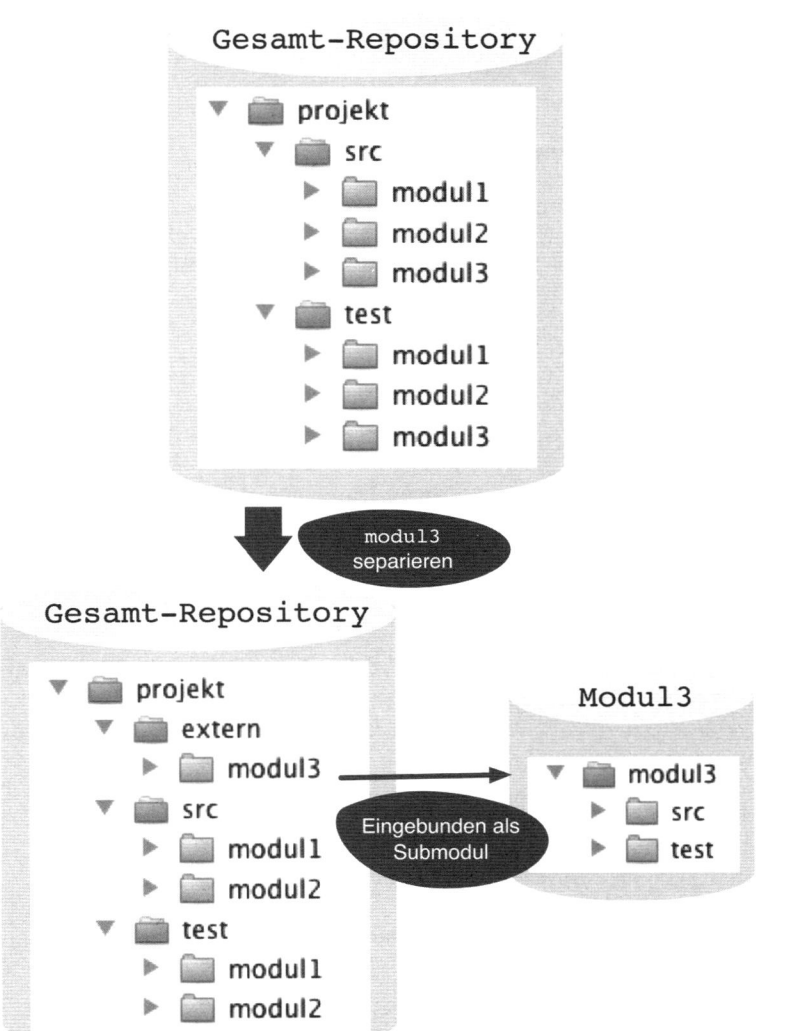

Abb. 20-1
Workflow im Überblick

20.1   Ablauf und Umsetzung

Versehentlich gelöschten Branch wiederherstellen
→ Seite 50

Achtung! Einige der folgenden Befehle verändern das Repository sehr grundlegend. Auch wenn es in Git oft möglich ist, Änderungen rückgängig zu machen, sollten Sie unbedingt ein Backup Ihres Repositorys anlegen, bevor Sie mit den weiteren Schritten beginnen.

```
> git clone --no-hardlinks --bare projekt.git projekt.backup.git
```

`--no-hardlinks`: Die Option garantiert, dass das geklonte Repository und das originale Repository keine Dateien teilen.

Modul-Repository separieren

Schritt 1: Gesamt-Repository klonen

Als Ausgangspunkt für das Modul-Repository wird eine Kopie des Gesamt-Repositorys erzeugt.

```
> git clone --no-hardlinks
       --bare projekt.git modul3-work.git
```

Schritt 2: Unnötige Dateien und Commits entfernen

Als Nächstes müssen die unnötigen Dateien und Commits entfernt werden. Das ist der aufwendigste Schritt und entscheidend für die Erhaltung der Historie.

Zum Entfernen von Repository-Inhalten gibt es den `filter-branch`-Befehl. Dieser erzeugt für jedes vorhandene Commit ein neues Commit. Durch unterschiedliche Filter können die neuen Commits verändert werden.

Der folgende `filter-branch`-Befehl entfernt das Verzeichnis `src/modul1` aus den Commits:

```
> cd modul3
```

```
> git filter-branch --force
      --index-filter
        'git rm -r --cached --ignore-unmatch src/modul1'
      --tag-name-filter cat
      --prune-empty -- --all
```

`-index-filter 'git rm -r -cached -ignore-unmatch ...'`: Mit dieser Option können Dateien aus einem Commit entfernt werden. Der enthaltene `rm`-Befehl wird für jedes Commit ausgeführt. In unserem Beispiel entfernen wir das `src/modul1`-Verzeichnis.

Wenn Ihr Projekt nicht so modular aufgebaut ist, dann müssen Sie entsprechend mehr Dateien und Verzeichnisse entfernen.[1]

-tag-name-filter cat: Diese Option erzeugt für Tags an vorhandenen Commits gleichnamige Tags an den neuen Commits.

-prune-empty: Die Option entfernt alle Commits, die durch die vorherigen Filter keine Dateien mehr enthalten – also »unnötig« sind.

-all: Die Option wendet den Filter auf alle Branches des Projekts an.

Für das Beispielprojekt müssen wir den Befehl mehrfach auch für die Verzeichnisse test/modul1, src/modul2 und test/modul2 aufrufen.

Die genaue Beschreibung aller Optionen entnehmen Sie bitte der Git-Hilfe für den filter-branch-Befehl.

Schritt 3: Unnötige Branches und Tags entfernen

In dem enstandenen Modul-Repository sind nicht alle Tags und Branches sinnvoll, z. B. die Tags und Branches, die keinen Bezug zum extrahierten Modul haben. Die unnötigen Branches und Tags werden entfernt.

Versionen markieren
→ *Seite 83*

Branch löschen
→ *Seite 50*

```
> git tag -d v1.0.1
> git branch -D v2.0_bf
```

Schritt 4: Verkleinern des Modul-Repositorys

Damit Git auch wirklich alle unnötigen Dateien aus den internen Verwaltungsdaten entfernt, ist ein nochmaliges Klonen notwendig:[2]

```
> git clone --no-hardlinks
--bare modul3-work.git modul3.git
```

Das bisherige Modul-Repository modul3-work.git wird nicht mehr benötigt und kann gelöscht werden.

```
> rm -rf modul3-work.git
```

---

[1] Wenn Ihr Modul in der Projekthistorie aus anderen Modulen hervorgegangen ist, können Sie mit dem log-Befehl die Vorgängerdateien suchen. Wenn Sie auch diese Versionen erhalten wollen, dürfen diese Dateien nicht mit dem filter-branch-Befehl gelöscht werden.

[2] Der gc-Befehl wäre nicht ausreichend, um sofort alle unnötigen Dateien zu löschen. GC ist sehr defensiv implementiert und löscht unnötige Commits, Trees und Blobs erst nach einer konfigurierbaren Wartezeit.

Schritt 5: Verzeichnisstruktur des Modul-Repositorys anpassen

Bisher sieht die Verzeichnisstruktur des neuen Modul-Repositorys genauso aus wie die des Gesamtprojekts. Nur die unnötigen Module fehlen. Die Anpassung der Verzeichnisstruktur kann nun durch normale Dateioperationen erfolgen. Dazu ist ein Klon mit Workspace notwendig.

```
> git clone modul3.git modul3
```

Das src/modul3-Verzeichnis wird in src umbenannt und das test/modul3-Verzeichnis in test.

```
> cd modul3
> mv src/modul3 modul3
> rmdir src
> mv modul3 src
> mv test/modul3 modul3
> rmdir test
> mv modul3 test
```

Commits
zusammenstellen
→ Seite 27

Anschließend werden die Änderungen normal mit dem commit-Befehl bestätigt und mit dem push-Befehl ins Bare-Repository übertragen.

```
> git add --all
> git commit -m "Verzeichnisstruktur angepasst"
> git push
```

Falls es weitere Branches im Modul-Repository gibt, dann müssen die Dateioperationen auf allen Branches durchgeführt werden.

Tipp: Alte Branches
ignorieren

    Es ergibt häufig wenig Sinn, die Branches des Gesamtprojekts zu übernehmen. Das Modul beginnt einen neuen Releasezyklus, und die alten Branches sind uninteressant.

Schritt 6: Modulverzeichnisse aus Gesamt-Repository entfernen

Nachdem das separierte Modul in ein eigenes Repository migriert wurde, wird in den nächsten Schritten das Gesamt-Repository angepasst. Die nun unnötigen Verzeichnisse des separierten Moduls müssen entfernt werden: src/modul3 und test/modul3. Die Anpassung erfolgt ganz normal auf Dateiebene in einem Klon des Gesamt-Repositorys.

    Falls es im Projekt weitere Branches gibt, die an die neue Struktur angepasst werden sollen, müssen die Änderungen dort ebenso vorgenommen werden. Der cherry-pick-Befehl kann hilfreich sein, um die Änderungen automatisch in mehrere Branches zu übertragen.

Modul-Repository als externes Repository einbinden

Nach dem vorherigen Ablauf gibt es zwei getrennte Repositorys. Normalerweise wird das Gesamtprojekt aber weiterhin das separierte Modul benötigen – deswegen ist eine Integration notwendig.

Die Integrationsmöglichkeiten hängen sehr stark von der verwendeten Entwicklungsplattform ab. So würde man in Java-Maven-Projekten das separierte Modul einzeln bauen und die entstehenden Artefakte in einem Maven-Repository ablegen. Im Gesamtprojekt würde man die Artefakte als Abhängigkeit definieren und während des Builds aus dem Maven-Repository holen.

Falls man die Integration mit Git durchführen möchte, steht das Konzept der Submodule zur Verfügung. Mit Submodulen können Verzeichnisse in einem Git-Repository mit anderen Git-Repositorys verknüpft werden.

Komplizierter Umgang mit Submodulen
→ *Seite 254*

Schritt 1: Externes Modul ins Gesamt-Repository einbinden

In unserem Beispiel wollen wir das Repository von `modul3` in das Verzeichnis `extern/modul3` des Gesamtprojekts einbinden. Ausgangspunkt ist ein Klon des Gesamt-Repositorys. Wir befinden uns im Wurzelverzeichnis des Projekts und fügen mit dem `submodule-add`-Befehl das Modul-Repository hinzu. Der erste Parameter ist der Pfad oder die URL zu dem Modul-Repository, und der zweite Parameter ist das zukünftige Verzeichnis im aktuellen Repository:

Submodule einbinden
→ *Seite 89*

```
> git submodule add /global-path-to/modul3.git
                extern/modul3
```

Der `submodule-add`-Befehl erzeugt einen Klon des externen Repositorys in dem angegebenen Verzeichnis. Zusätzlich wird im aktuellen Repository protokolliert, dass das Verzeichnis ein externes Repository referenziert.

Das Verzeichnis `extern/modul3` zeigt jetzt auf den aktuellsten Commit (HEAD) des externen Repositorys. In der Anleitung »Neue Version eines Submoduls verwenden« (Seite 91) erfahren Sie, wie ein anderes Commit ausgewählt werden kann.

Noch ist das Submodul nur im Workspace sichtbar. Erst durch einen `commit`-Befehl werden die Änderungen in das Repository übernommen:

Commits zusammenstellen
→ *Seite 27*

```
> git add --all
> git commit -m "Modul3 hinzugefügt"
```

Mit dem bekannten push-Befehl können die Submodulverknüpfungen zum zentralen Repository übertragen werden.

Die Anleitung »Projekt mit Submodulen klonen« (Seite 90) erläutert, wie ein Repository mit Submodulen geklont werden kann.

20.2   Warum nicht anders?

Warum kein neues Repository?

Ein Projekt aufsetzen
→ *Seite 111*

Eine Alternative zu diesem Workflow wäre es, für das Modul einfach ein neues Repository anzulegen. Damit würde es keine Projekthistorie des Moduls im neuen Repository geben. Es wäre weiterhin möglich, im Gesamt-Repository die alten Stände zu finden.

Solange diese Einschränkung Sie nicht stört, ist diese Lösung sehr einfach umzusetzen.

Warum nicht den --subdirectory-filter verwenden?

In diesem Workflow wird der filter-branch-Befehl mit dem --index-filter benutzt. Dieser erlaubt es, Dateien aus Commits zu entfernen.

Der Subdirectory-Filter --subdirectory-filter des filter-branch-Befehls entfernt dagegen alle Dateien außer dem angegebenen Verzeichnis. Zusätzlich wird das ausgewählte Verzeichnis zur neuen Wurzel des Repositorys.

Solange das zu separierende Modul genau in einem Verzeichnis liegt, ist dieser Befehl einfach anzuwenden. In unserem Beispiel war jedoch das Modul auf zwei Verzeichnisse aufgeteilt, und somit konnte dieser Filter nicht eingesetzt werden.

Auch wenn einzelne Dateien des Moduls ehemals in anderen Verzeichnissen lagen oder das Modulverzeichnis umbenannt wurde, wird der Subdirectory-Filter die Historien nur unvollständig importieren.

21 Kleine Projekte zusammenführen

In der Anfangsphase eines Projekts werden häufig Prototypen für kritische Designentscheidungen und Technologien implementiert. Ist die Evaluierung abgeschlossen, möchte man die erfolgreichen Prototypen als Grundlage für die erste Version des Gesamtprojekts kombinieren.

In einem solchen Szenario werden die Prototypen häufig in einem eigenen Repository versioniert. Sobald das Gesamtprojekt gestartet wird, ist ein gemeinsames Repository erwünscht, d. h., die Dateien der verschiedenen Prototypen müssen zusammengeführt werden.

In einem anderen Szenario wurden anfangs Projekte zu stark modularisiert und in unterschiedlichen Repositorys versioniert. Später stellt sich heraus, dass oft gleichzeitige Änderungen vorgenommen werden und Dateien häufig zwischen Repositorys verschoben werden müssen. Auch in diesem Fall ist ein Gesamt-Repository sinnvoller.

Dieser Workflow zeigt, wie man mit Git mehrere Repositorys so zusammenführt, dass

die Historien aller Dateien und
die Tags aller Repositorys erhalten bleiben.

Überblick

Abholen von Daten

→ *Seite 75*

Dieser Workflow basiert auf der Fähigkeit von Git, in ein Repository Commits von verschiedenen Remote-Repositorys zu importieren
(fetch-Befehl). Git setzt nicht voraus, dass die importierten Commits
einen gemeinsamen Ursprung haben.

In Abbildung 21-1 sind oben exemplarisch zwei Repositorys namens backend und ui dargestellt.

Nach dem Importieren der Commits in ein Repository existie-
ren zwei getrennte Commit-Historien. Wechselt man zwischen den
Commits des backend-Projekts und des ui-Projekts, dann werden im
Workspace immer nur die Dateien des jeweiligen Projekts zu sehen sein.

Branches
zusammenführen
→ *Seite 53*

Der entscheidende Schritt zu einem gemeinsamen Projektstand ist,
durch einen merge-Befehl die unabhängigen Commit-Historien zusammenzuführen.

Als Vorbereitung für den Merge ist es sinnvoll, bei jedem der Projekte ein neues Wurzelverzeichnis (backend bzw. ui) anzulegen und alle vorhandenen Dateien in dieses Verzeichnis zu verschieben. Nach
dem Merge sind dann im Wurzelverzeichnis des Gesamtprojekts das
backend-Verzeichnis und das ui-Verzeichnis parallel vorhanden (siehe
Abbildung 21-1 unten).

Dieses Vorgehen verhindert, dass es während des merge-Befehls zu
Konflikten kommt.

Voraussetzungen

Versionen markieren
→ *Seite 83*

Unterschiedliche Tag-Namen: Die Projekte müssen eindeutige Tag-
Namen benutzen, d. h., es darf keine gleichnamigen Tags in verschiedenen Repositorys geben.[1]

---

[1] Falls es gleichnamige Tag-Namen gibt, muss man diese Tags löschen und
neue Tags mit eindeutigen Namen anlegen.

Workflow kompakt

Kleine Projekte zusammenführen

Mehrere Projekte mit eigenem Repository werden in einem gemeinsamen Repository vereinigt. Die Commit-Historien der Projekte bleiben erhalten.

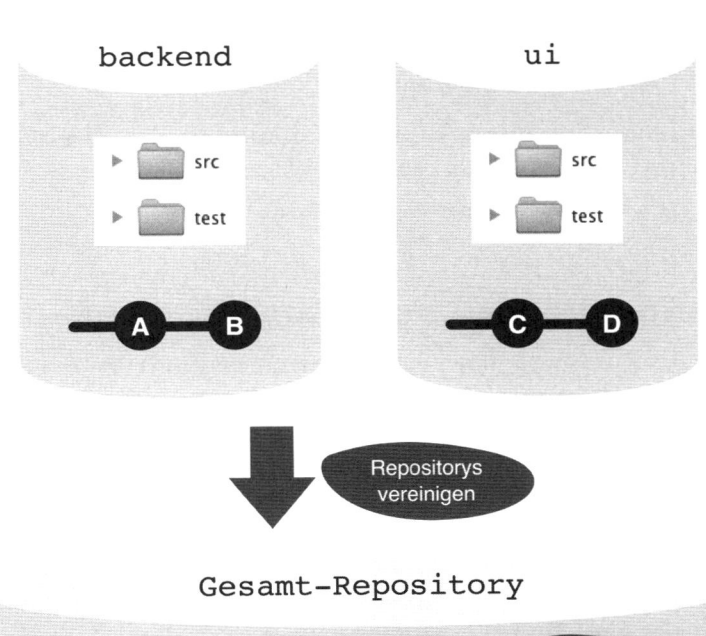

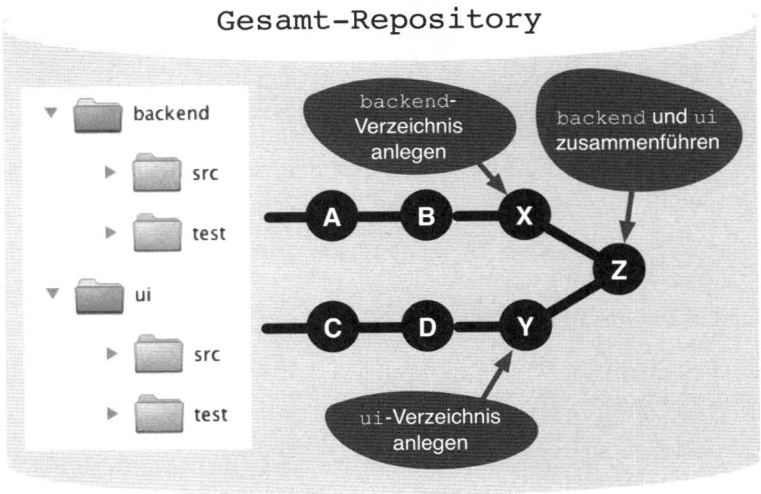

Abb. 21-1
Workflow im Überblick

21.1   Ablauf und Umsetzung

Repositorys vereinigen

Im folgenden Ablauf gehen wir exemplarisch von zwei Repositorys (ui und backend) mit jeweils einem master-Branch aus. Als Ergebnis soll ein Gesamt-Repository entstehen, das ebenso nur einen master-Branch enthält.

Schritt 1: Gesamt-Repository anlegen

Als Erstes wird das neue Gesamt-Repository als Klon des backend-Repositorys angelegt und in den neuen Workspace gewechselt.

```
> git clone backend gesamt
> cd gesamt
```

Schritt 2: Dateien in Projektverzeichnis verschieben (erstes Repository)

Damit das Zusammenführen mit einem weiteren Projekt zu keinen Dateikonflikten führt, wird ein neues Verzeichnis angelegt.

```
> mkdir backend
```

Commits zusammenstellen
→ Seite 27

Anschließend werden alle Dateien in das neue Verzeichnis verschoben. Dazu nutzt man den mv-Befehl. Dieser verschiebt Dateien und Verzeichnisse auf Betriebssystemebene und führt gleichzeitig die notwendigen add-Befehle und rm-Befehle aus, um die Änderungen ins nächste Commit aufzunehmen:[2]

```
> git mv src test backend
```

Als Letztes werden die Änderungen mit dem commit-Befehl noch abgeschlossen.

```
> git commit -m "backend-Verzeichnis angelegt"
```

Schritt 3: Zweites Repository importieren

Anderen Repositorys einen Namen geben
→ Seite 75

Um das ui-Repository zu importieren, legen wir ein neues Remote im Gesamt-Repository an.

```
> cd gesamt
> git remote add ui ../ui/
```

---

[2] Der mv-Befehl ist nur eine Erleichterung für die Kommandozeilennutzung. Git erkennt das Verschieben von Dateien auch selbstständig, wenn direkt auf Dateiebene gearbeitet wird. Dann muss nur anschließend das Commit mit dem add-Befehl und dem rm-Befehl vorbereitet werden.

Mit dem `fetch`-Befehl werden alle Git-Objekte (Branches, Tags, Commits) des `ui`-Repositorys in das Gesamt-Repository importiert.

Abholen von Daten
→ Seite 75

```
> git fetch ui
```

Achtung! Wenn es im `ui`-Repository Tag-Namen gibt, die im Gesamt-Repository bereits vorhanden sind, werden diese einfach ignoriert.

Schritt 4: Dateien in Projektverzeichnis verschieben

Als Nächstes soll im importierten UI-Projekt auch ein neues Projektverzeichnis `ui` angelegt werden. Da der Branch im UI-Projekt auch `master` heißt, dieser Name aber schon vom Branch des Backend-Projekts benutzt wird, muss man einen anderen Namen für den lokalen Branch wählen (`uimaster`).

Branch erstellen
→ Seite 47

```
> git checkout -b uimaster ui/master
```

-b: Es wird ein neuer Branch angelegt und aktiviert.
uimaster: Der Name des lokalen Branch.
ui/master: Die Referenz auf den Branch `master` im Remote des `ui`-Repositorys

Das Anlegen des Projektverzeichnisses und das Verschieben der Dateien ist identisch mit Schritt 2.

```
> mkdir ui
> git mv src test ui
> git commit -m "ui-Verzeichnis angelegt"
```

Schritt 5: Projekte zusammenführen

Nachdem beide Projekte in das Gesamt-Repository importiert wurden und jeweils in einem eigenen Projektverzeichnis liegen, wird in diesem Schritt der Merge durchgeführt.

Der Merge soll im `master`-Branch stattfinden, deswegen wird dieser nun aktiviert.

Branches
zusammenführen
→ Seite 53

```
> git checkout master
```

Mit dem `merge`-Befehl wird der `uimaster`-Branch mit dem `master`-Branch zusammengeführt. Da beide Projekte unterschiedliche Projektverzeichnisse haben, kann es zu keinen Merge-Konflikten kommen.

```
> git merge uimaster
```

Das Ergebnis der Merge-Operation kann man sich mit dem »grafischen« log-Befehl veranschaulichen. Es ist sehr gut zu erkennen, dass die Commits der beiden originalen Projekte unabhängig voneinander entstanden sind.

```
> git log --graph --oneline
*   e40fcb2 Merge branch 'uimaster'
|\
| * ace51c9 ui-Verzeichnis angelegt
| * 40feb24 foo und bar hinzugefuegt
* f8bd134 backend-Verzeichnis angelegt
* fa1482a bar hinzugefuegt
* bddfa53 foo hinzugefuegt
```

Branch löschen
→ Seite 50

Der uimaster-Branch kann nun gelöscht werden, da er nur temporär für den Merge benötigt wurde.

```
> git branch -d uimaster
```

Damit existiert ein Gesamt-Repository, in dem die Historien und die Tags beider Projekt-Repositorys enthalten sind.

21.2   Warum nicht anders?

Warum nicht ohne neue Projektverzeichnisse?

Kann man nicht auf Schritt 2 und 4 verzichten? Warum müssen die Dateien der Projekte in eigene Verzeichnisse verschoben werden?

Würde man die neuen Verzeichnisse nicht anlegen, dann versucht der merge-Befehl die Wurzelverzeichnisse der beiden Projekte und die enthaltenen Dateien zu vereinigen. Gleichnamige Dateien würden vereinigt werden, ggf. müssten Merge-Konflikte gelöst werden.

Wenn man zwei bisher autarke Projekte vereinigt, dann ist es in den seltensten Fällen sinnvoll, gleichnamige Dateien zusammenzubringen. In den meisten Fällen wird man eine Datei umbenennen oder verschieben wollen. Das wiederum ist einfacher direkt auf Dateiebene durchzuführen als mitten in einer Merge-Operation.

Der beschriebene Ablauf mit neuen Modulverzeichnissen ermöglicht es, nach dem Merge die Dateien auf Dateiebene neu zu organisieren und anschließend wieder zu versionieren.

22 Lange Historien auslagern

Git-Repositorys haben – trotz effizienter Speicherverwaltung[1] – die Tendenz, im Laufe der Zeit immer größer zu werden. Dieser Effekt ist meistens vernachlässigbar, wenn im Repository nur Sourcecode versioniert wird. Die Größe eines solchen Repositorys ist für aktuelle Festplatten und Netzwerkbandbreiten nicht relevant.

Werden jedoch auch große binäre Dateien (Bibliotheken, Release-Artefakte, Testdatenbanken, Bilder) versioniert, kann die Repository-Größe unangenehm auffallen.

Ressourcenverbrauch bei großen binären Dateien → Seite 255

Was bei einer zentralen Versionsverwaltung nur auf dem Serversystem zu mehr Ressourcenverbrauch führen wird, trifft bei einer dezentralen Versionsverwaltung alle Entwickler. Beim Klonen wird immer das gesamte Repository mit allen historischen Dateien kopiert.

Dieser Workflow beschreibt, wie man die Historie eines Git-Repositorys so auslagern kann, dass

- das neue Projekt-Repository weniger Ressourcen verbraucht und
- es trotzdem möglich ist, Recherchen (log-Befehl, blame-Befehl, annotate-Befehl) mit den alten Commits durchzuführen.

---

[1] Dateien werden nur einmal gespeichert, unabhängig davon, ob sie in verschiedenen Commits vorkommen. Zusätzlich werden alle Dateien gepackt.

Überblick

Dieser Workflow hat drei Säulen:

grafts-**Datei:** Mit der grafts-Datei können Vorgänger (Parents) von
   Commits im lokalen Repository entfernt werden.
filter-branch-**Befehl:** Der filter-branch-Befehl kann alle Commits eines Repositorys kopieren und dabei verändern. Die manipulierte
   Vorgängerbeziehung wird dauerhaft entfernt.
alternates-**Datei:** Mit der alternates-Datei können Commits aus anderen Repositorys eingebunden werden.

In Abbildung 22-1 ist oben der Ausgangsstand unseres Projekt-
Repositorys skizziert. Es gibt drei Commits: A, B und C. Die Historie
vor dem C-Commit soll entfernt werden.[2]

Als Erstes wird mithilfe der grafts-Datei der Vorgänger des C-
Commits entfernt. Anschließend wird mit dem filter-branch-Befehl
ein neues Projekt-Repository erzeugt, das nur noch das veränderte C-
Commit beinhaltet. Damit ist die Auslagerung auch schon abgeschlos-
sen. Die Entwicklung findet nun nur noch auf dem neuen Projekt-
Repository statt. Das bisherige Projekt-Repository dient nur noch als
Archiv.

Um Recherchen in der ganzen Historie durchzuführen, wird mit der
alternates-Datei das Archiv-Repository in das neue Projekt-Repository
eingebunden. Mit der grafts-Datei bekommt das C'-Commit den historisch korrekten Vorgänger zugewiesen (siehe Abbildung 22-1 unten).

Voraussetzungen

Koordinierte Unterbrechung: Alle   Teammitglieder   müssen   einer
   gleichzeitigen Unterbrechung der Arbeit mit dem Repository
   zustimmen und anschließend auf dem neuen Klon weiterarbeiten.
Historie wird nur selten benötigt: Wenn die historischen Informationen sehr häufig und von vielen Entwicklern benötigt werden, dann
   ist es sinnvoller, den größeren Ressourcenverbrauch zu akzeptieren.
Commit-Hashwerte sind egal: Die Hashwerte von Git können benutzt
   werden, um unerlaubte Änderungen an alten Versionsständen zu
   entdecken. Dieser Workflow unterbricht jedoch die Historie und
   erzeugt neue Commits.

---

[2] Natürlich ist es auch möglich, mehr von der Historie im Entwicklungs-
Repository zu belassen.

Workflow kompakt

Lange Historien auslagern

Ein Repository, das eine sehr lange Commit-Historie mit vielen und großen Dateien enthält, wird verkleinert. Die älteren Commits werden in ein separates Repository ausgelagert. Recherchen in der Historie sind weiterhin möglich.

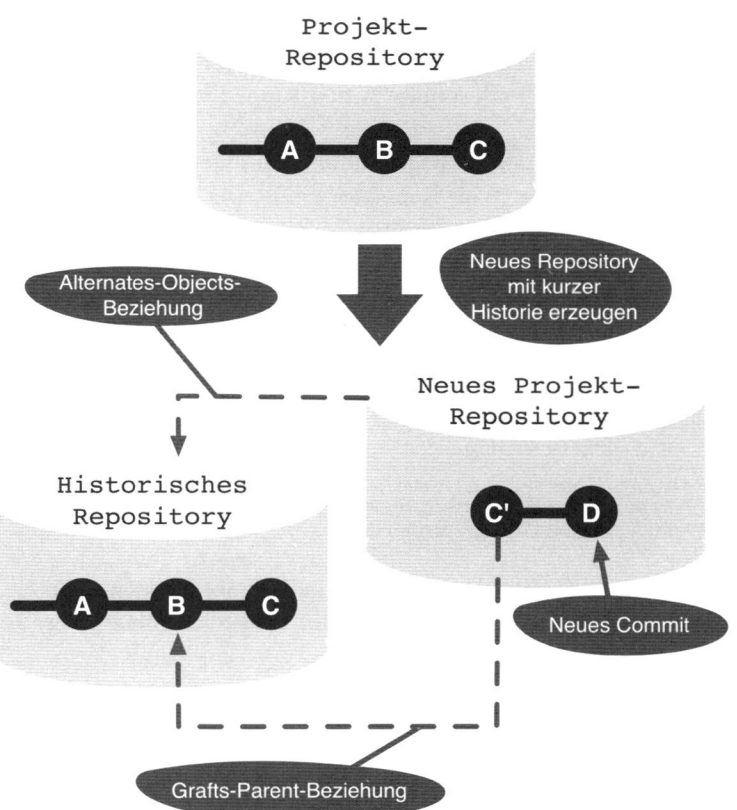

Abb. 22-1
Workflow im Überblick

22.1   Ablauf und Umsetzung

Historie auslagern

Dieser Ablauf beschreibt im Detail, wie die Historie eines Repositorys ausgelagert werden kann. Genauer gesagt wird ein neues Repository erzeugt, das nur noch die gekürzte Historie beinhaltet.

Achtung! Die Klone des alten Repositorys werden nicht mit dem neuen Repository zusammenarbeiten können. Deswegen müssen alle Änderungen der Entwickler vor den nächsten Schritten in das zentrale Repository integriert werden. Alle Entwickler sind zu informieren, dass keine weiteren Änderungen in den Klonen vorgenommen werden können.

Der Ausgangspunkt ist in Abbildung 22-1 oben zu sehen. Das Beispiel geht von einem Bare-Repository mit drei Commits im master-Branch aus. Es soll ein neues Projekt-Repository mit dem C-Commit angelegt werden.

Commit-Historie zeigen → *Seite 24*
Für die nachfolgenden Schritte benötigen wir die vollständigen Hashwerte der Commits C und B. Diese kann man mit dem folgenden log-Befehl ermitteln:

```
> cd projekt.git
> git log --pretty=oneline
166a7e047a85b318720dc6e857a5321f9a3df7b4 C
dcbddd5cd590de3d30e1ecca1882c9187e7eab95 B
577b8e2cf613c43ed969453477fadc189482c1fb A
```

--pretty=oneline: Gibt die Log-Ausgabe in einer Zeile aus. Im Gegensatz zu --oneline wird allerdings der vollständige Hashwert ausgegeben.

Schritt 1: Grafts-Tag anlegen

Dieser Schritt dient als Vorbereitung, um das zukünftige Archiv-Repository einbinden zu können. Zum Einbinden des Archivs wird man zukünftig den Hashwert des letzten historischen Vorgänger-Commits kennen müssen. In unserem Fall ist das das B-Commit. Eine elegante Lösung, um diese Information dauerhaft abzulegen, besteht darin, ein Tag (grafts/master) am neuen »ersten« Commit (C-Commit) anzulegen und den Hashwert im Tag-Kommentar abzulegen. Dieses Tag wird auch im zukünftigen Projekt-Repository vorhanden sein. Es ergibt keinen Sinn, ein Tag am B-Commit anzulegen, da dieses im neuen Projekt-Repository nicht enthalten sein wird.

Der `tag`-Befehl bekommt den Hashwert des `C`-Commits übergeben, und der Hashwert des `B`-Commits wird in der Tag-Beschreibung hinterlegt.

Versionen markieren
→ *Seite 83*

```
> git tag -a
grafts/master
166a7e047a85b318720dc6e857a5321f9a3df7b4
-m "Vorgänger: dcbddd5cd590de3d30e1ecca1882c9187e7eab95"
```

`grafts/master`: Der Name des neuen Tags. In Git ist es möglich, Tag- und Branchnamen hierarchisch anzulegen. Dazu wird das `/`-Zeichen benutzt.

Hat man mehrere Branches, dann muss man den obigen Schritt für alle Branches durchführen. Das heißt, für jeden Branch muss man entscheiden, wo die Historie aufhören soll, und ein Tag `grafts/<branch-name>` mit der Vorgängerinformation anlegen.

Schritt 2: Klon anlegen

Die nachfolgenden Schritte verändern den Repository-Inhalt unwiederbringlich. Da wir das bisherige Repository als Archiv weiternutzen wollen, müssen wir einen Klon anlegen. Auch dieser wird wieder ein Bare-Repository werden, da er für den `push`-Befehl benutzt werden wird.

Ein Projekt aufsetzen
→ *Seite 111*

```
> cd ..
> git clone --bare projekt.git temp-projekt.git
```

Schritt 3: Historie mit der `grafts`-Datei verändern

Nun kann man in dem geklonten Repository die Historie entsprechend den eigenen Vorstellungen zurechtstutzen.

Dazu muss man die `info/grafts`-Datei[3] anlegen und editieren. Die `info/grafts`-Datei hat ein einfaches Format. Jede Zeile manipuliert die Vorgängerbeziehung eines Commits. Dazu wird erst der Hashwert des zu manipulierenden Commits hingeschrieben, anschließend ein Leerzeichen und dann der Hashwert des neuen Vorgängers. Wird der zweite Wert weggelassen, dann hat das Commit keinen Vorgänger mehr.

In unserem Beispiel soll das `C`-Commit keinen Vorgänger mehr haben. Der folgende Befehl erzeugt eine neue `grafts`-Datei und schreibt den Commit-Hash des `C`-Commits hinein:

---

[3] Da es sich in diesem Fall um ein Bare-Repository handelt, gibt es keinen zusätzlichen `.git`-Ordner.

```
> cd temp-projekt.git
> echo 166a7e047a85b318720dc6e857a5321f9a3df7b4 >info/grafts
```

Wenn Sie mehrere Branches bearbeiten, dann müssen Sie pro Branch
eine Zeile anlegen.

Commit-Historie
zeigen → *Seite 24*
Zur Kontrolle, ob die Manipulation geklappt hat, kann man den
log-Befehl benutzen. In unserem Beispiel sollte nur noch das C-Commit
auftauchen.

```
> git log --pretty=oneline
166a7e047a85b318720dc6e857a5321f9a3df7b4 C
```

Schritt 4: Repository permanent ändern

Nachdem das Repository mittels der grafts-Datei angepasst wurde, kann jetzt mit dem filter-branch-Befehl eine permanente neue
Commit-Historie erstellt werden. Der filter-branch-Befehl nimmt alle Commits des angegebenen Branch und erzeugt neue Commits gemäß
dem angegebenen Filter. In diesem speziellen Fall benötigt man keinen
verändernden Filter, da es nur darum geht, die Commit-Historie entsprechend der grafts-Datei zu ändern.

Nur der Parameter --tag-name-filter wird benutzt, um die vorhandenen Tags an die neuen Commits zu binden.

```
> git filter-branch --tag-name-filter cat -- --all
Rewrite 166a7e047a85b318720dc6e857a5321f9a3df7b4 (2/2)
Ref 'refs/heads/master' was rewritten
Ref 'refs/tags/grafts/master' was rewritten
WARNING: Ref 'refs/tags/release-1' is unchanged
Ref 'refs/tags/release-2' was rewritten
grafts/master -> grafts/master (166a7e047a85b318720dc6e857a5321f9a3df7b4
   -> 259ee224ac1f2d73898ec2ed25ad4dccd3c40f70)
release-1 -> release-1 (577b8e2cf613c43ed969453477fadc189482c1fb
   -> 577b8e2cf613c43ed969453477fadc189482c1fb)
release-2 -> release-2 (166a7e047a85b318720dc6e857a5321f9a3df7b4
   -> 259ee224ac1f2d73898ec2ed25ad4dccd3c40f70)
```

--tag-name-filter cat: Alle Tags werden neu angelegt und zeigen auf
   die neuen Commits.
- -all: Alle Branches des Repositorys werden gefiltert.

In der Ausgabe des filter-branch-Befehls ist ersichtlich, dass das Commit C mit dem Hashwert 166a7 kopiert wurde und den neuen Hashwert
259ee zugewiesen bekommen hat.

In der Ausgabe ist auch eine »WARNING« zu sehen. Es gibt ein
Tag release-1, für das es in der neuen Historie kein Commit mehr gibt.
In unserem Beispiel zeigt das release-1-Tag auf das A-Commit. Dieses
ist aber nach den Änderungen nicht mehr Bestandteil der Historie.

Diese Tags müssen manuell gelöscht werden, da die Tags ansonsten verhindern, dass Git die zugehörigen alten Commits endgültig löschen kann.

Versionen markieren
→ *Seite 83*

```
> git tag -d release-1
```

Schritt 5: Repository verkleinern

Zu diesem Zeitpunkt ist das Repository vollständig auf die neue Historie umgebaut. Der `filter-branch`-Befehl löscht jedoch die alten Commits nicht, sondern referenziert diese noch unter anderen Namen. Deswegen ist das neue Repository noch nicht kleiner als das originale.

Durch ein nochmaliges Klonen kann man jedoch ein neues Repository erzeugen, das nur noch die neue Historie beinhaltet. Anschließend kann man das temporäre Repository entfernen.

```
> git clone --bare temp-projekt.git neu-projekt.git
> rm -rf temp-projekt.git
```

Das neue Repository kann noch etwas komprimiert werden, indem der `gc`-Befehl verwendet wird. Der `gc`-Befehl erledigt verschiedene Aufräumarbeiten im Repository. Unter anderen werden neue Dateien komprimiert und alle nicht mehr referenzierten Objekte unwiederbringlich gelöscht.

```
> cd neu-projekt.git
> git gc --prune
```

`--prune`: Alle nicht mehr benötigten Dateiversionen werden entfernt.

Alle Entwickler können nun darüber informiert werden, dass ein neues Repository zur Verfügung steht und geklont werden kann.

Archiv-Repository einbinden

Wenn auf historische Informationen zugegriffen werden soll, muss das aktuelle Repository mit dem Archiv-Repository verknüpft werden. Diese Verknüpfung findet nur lokal im Entwickler-Repository statt und kann so individuell von jedem Entwickler aktiviert werden.

Für den folgenden Ablauf gehen wir davon aus, dass ein Entwickler bereits einen eigenen Klon (neu-projekt-Verzeichnis) des neuen Repositorys hat. In diesem Repository gibt es bereits ein neues D-Commit (siehe Abbildung 22-1 unten).

Schritt 1: Archiv-Repository klonen

Um auf die historischen Informationen zuzugreifen, benötigt man einen Klon des Archiv-Repositorys.[4] Da in dem Archiv-Repository keine Entwicklung stattfinden wird, reicht ein Bare-Klon aus.

```
> git clone --bare project.git archiv-projekt.git
```

Schritt 2: Archiv-Repository einbinden

Im Entwickler-Repository müssen die Commits des Archiv-Repositorys verfügbar gemacht werden.

Damit ein Repository auf die Commits eines anderen Repositorys zugreifen kann, können sogenannte »Alternates«-Pfade spezifiziert werden. Dafür ist die .git/objects/info/alternates-Datei zuständig. In dieser Datei wird pro Zeile der absolute Pfad zu einem objects-Verzeichnis eines anderen Repositorys angegeben.

Achtung! Es muss unbedingt der Pfad zu dem objects-Verzeichnis angegeben werden. Der Pfad auf das Wurzelverzeichnis des Projekts reicht nicht aus.

Mit dem echo-Befehl wird eine neue Zeile an die alternates-Datei angefügt.

```
> cd neu-projekt
> echo /gitrepos/archiv-projekt.git/objects
>> .git/objects/info/alternates
```

Schritt 3: Historien verbinden

Als Letztes muss mit der bereits bekannten .git/info/grafts-Datei[5] das C'-Commit mit dem B-Commit des Archiv-Repositorys verknüpft werden.

Dabei ist das vorbereitete Grafts-Tag sehr hilfreich. Es enthält alle notwendigen Informationen (siehe Schritt 1 im vorherigen Ablauf).

```
>  git show grafts/master --pretty=oneline
tag grafts/master
Vorgänger: dcbddd5cd590de3d30e1ecca1882c9187e7eab95
259ee224ac1f2d73898ec2ed25ad4dccd3c40f70 C
diff --git a/foo.txt b/foo.txt
..
```

---

[4] Es wäre auch möglich, eine für alle zugängliche Kopie des Archiv-Repositorys auf ein Netzwerklaufwerk zu legen.

[5] Da es sich in diesem Fall um ein Repository mit Workspace handelt, gibt es das .git-Verzeichnis.

In der Ausgabe sind zwei Commit-Hashwerte zu sehen. Der erste, dcbdd, entspricht dem historisch korrekten Vorgänger, dem B-Commit. Der zweite Hashwert, 259ee, entspricht dem neuen C'-Commit im aktuellen Repository.

In der grafts-Datei müssen die Hashwerte in der umgekehrten Reihenfolge angegeben werden. Zuerst kommt das C'-Commit, dann ein Leerzeichen und dann der neue Vorgänger, das B-Commit.

```
> echo 259ee224ac1f2d73898ec2ed25ad4dccd3c40f70 \
      dcbddd5cd590de3d30e1ecca1882c9187e7eab95 \
      >.git/info/grafts
```

Um den Erfolg zu testen, nutzt man am besten den log-Befehl. In der Ausgabe muss jetzt auch das A- und B-Commit erscheinen:

```
> git log --pretty=oneline
da8ba94d6bd9ec293f22a558756a91927f8b3525 D
259ee224ac1f2d73898ec2ed25ad4dccd3c40f70 C
dcbddd5cd590de3d30e1ecca1882c9187e7eab95 B
577b8e2cf613c43ed969453477fadc189482c1fb A
```

Im aktuellen Entwickler-Repository sind jetzt alle historischen Informationen verfügbar.

22.2   Warum nicht anders?

Warum kein Fetch des Archiv-Repositorys?

Der beschriebene Workflow nutzt die objects/info/alternates-Datei, um Commits in ein Repository einzubinden. Eine Alternative ist es, den normalen fetch-Befehl zu nutzen, um Commits zu importieren. Die Verwendung der grafts-Datei, um die Vorgängerbeziehung anzulegen, würde trotzdem funktionieren.

Abholen von Daten
→ Seite 75

Der beschriebene Workflow geht jedoch davon aus, dass der Zugriff auf die Historie nur selten und temporär erforderlich ist. In diesem Fall ist die Lösung mit der alternates-Datei sinnvoller, da das eigene Repository nicht durch weitere Commits vergrößert wird.

23 Andere Versionsverwaltungen parallel nutzen

In vielen Unternehmen und Organisationen ist das Werkzeug für die Versionierung und die zugehörigen Prozesse zentral vorgegeben. Einzelne Projekte und Teams können nicht einfach eine andere Versionsverwaltung, wie Git, benutzen. Der unternehmensweite Umstieg auf Git erfordert Machbarkeitsstudien, strategische Entscheidungen, Migrationspläne etc. – also viel Zeit.

Trotz allem ist es möglich, einige Fähigkeiten von Git in der lokalen Entwicklungsumgebung zu nutzen und die Ergebnisse mit der zentralen Versionsverwaltung zu synchronisieren.

Bei einer lokalen Benutzung bietet Git die folgenden Vorteile:

- Auch wenn gerade kein Zugriff auf die zentrale Versionsverwaltung besteht, sind lokale Commits möglich.
- Feingranulare Commits, auch von Zwischenständen, können durchgeführt werden. Die Versionierung dient als Sicherheitsnetz während der Entwicklung.
- Lokale Branches für Prototypen und featurebasiertes Arbeiten sind möglich.
- Die gute Merge- und Rebasing-Unterstützung von Git kann genutzt werden.

Mit Feature-Branches entwickeln → Seite 135

Dieser Workflow zeigt, wie ein lokales Git-Repository und eine zentrale Versionsverwaltung so zusammenarbeiten können, dass

- Änderungen in der zentralen Versionierung in das lokale Repository eingespielt werden und
- lokale Änderungen in die zentrale Versionierung übertragen werden.

Für die Anbindung an Subversion[1] gibt es den `git-svn`-Befehl, sodass dieser Workflow nicht benötigt wird.

Zusammenarbeit mit Subversion → Seite 247

---

[1] http://subversion.apache.org/

Überblick

Um die Zusammenarbeit von Git und einer zentralen Versionsverwaltung zu beschreiben, nutzen wir CVS[2]. Der prinzipielle Ablauf funktioniert mit anderen zentralen Versionsverwaltungen identisch.

In Abbildung 23-1 ist oben der zentrale CVS-Server und darunter die Repositorys auf dem Rechner des Entwicklers dargestellt.

Der Entwickler hat zwei lokale Git-Repositorys. Ein »Sync-Repository«, das nur zum Synchronisieren mit der zentralen Versionsverwaltung dient, und ein »Arbeits-Repository«, in dem die eigentliche Entwicklung stattfindet.

Mit `.gitignore`
Dateien unversioniert
lassen → Seite 34

Das Sync-Repository ist mit der zentralen Versionsverwaltung (CVS-Verzeichnisse) verbunden und beinhaltet parallel die Git-Objekte (`.git`-Verzeichnis). Die zentrale Versionsverwaltung ist so konfiguriert, dass die Git-Objekte ignoriert werden (`.cvsignore`-Datei) und Git die Metadaten von CVS (`.gitignore`-Datei) ignoriert.

Austausch zwischen
Repositorys → Seite 73

Veränderte Dateien der zentralen Versionsverwaltung werden als Erstes in das Sync-Repository eingespielt (`cvs update`). Anschließend wird ein neues Git-Commit im `cvs`-Branch angelegt. Dieses wird danach in das Arbeits-Repository importiert (`fetch`-Befehl) und anschließend durch einen Merge mit dem `master`-Branch vereinigt.

Um die lokalen Änderungen des `master`-Branch in die zentrale Versionsverwaltung einzuspielen, werden die neuen Commits des `master`-Branch in das Sync-Repository übertragen (`push`-Befehl). Dort wird anschließend ein Merge des `cvs`-Branch mit dem `master`-Branch durchgeführt. Danach werden die geänderten Dateien in die zentrale Versionsverwaltung eingespielt (`cvs commit`).

Voraussetzungen

Optimistisches Locking: Die zentrale Versionsverwaltung muss optimistische Zugriffe auf Dateien unterstützen, d. h., Dateien können ohne verherige Sperren verändert werden.

Ignorieren von Dateien und Verzeichnissen: Die zentrale Versionsverwaltung kann Dateien und Verzeichnisse von der Versionierung ausschließen.

Flexibilität des Projektverzeichnisses: Die Entwicklungswerkzeuge (z. B. Build-Tools) erzwingen nicht, dass das Projekt an genau einem Ort im Dateisystem abgelegt wird.

---

[2] http://www.nongnu.org/cvs/

Workflow kompakt

Andere Versionsverwaltungen parallel nutzen

Im Unternehmen oder Team wird mit einer zentralen Versionsverwaltung gearbeitet. Einzelne Entwickler arbeiten mit Git und synchronisieren die Änderungen mit dem zentralen System.

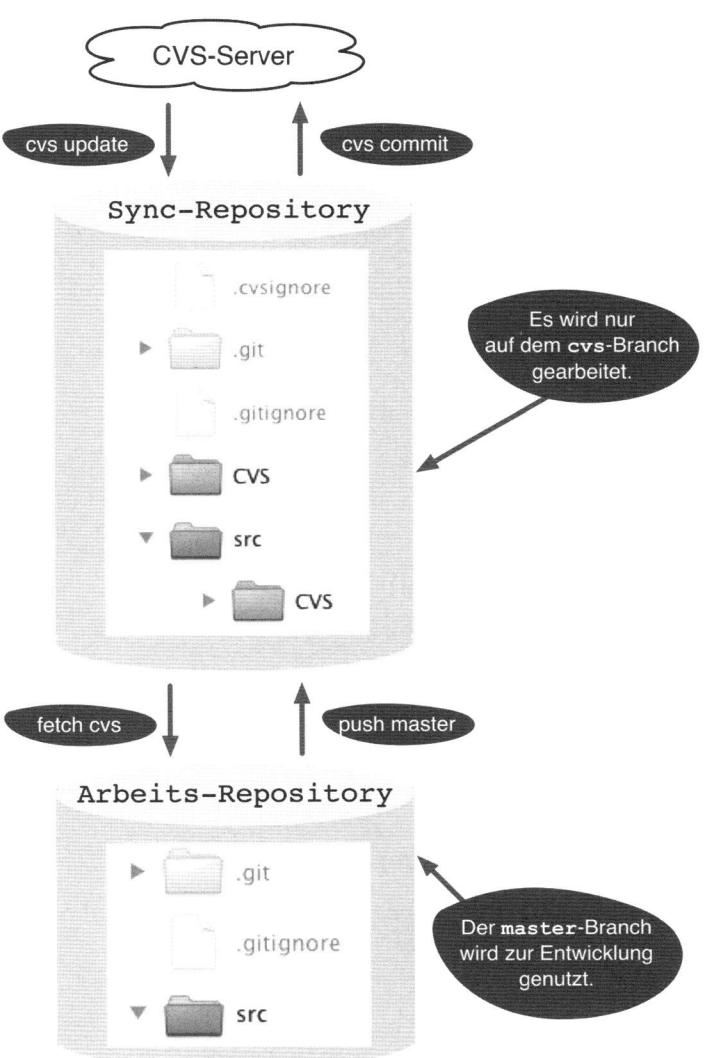

Abb. 23-1
Workflow im Überblick

23.1 Ablauf und Umsetzung

Folgende Informationen benötigen Sie von Ihrer zentralen Versionsverwaltung:

- Wie werden die Quellen aus Ihrer Versionsverwaltung initial geholt? – `cvs checkout`
- Wo und wie werden die Metainformationen im Dateisystem abgelegt? – CVS-Verzeichnisse
- Wie kann man Dateien von der Versionierung ausschließen? – `.cvsignore`-Datei
- Wie werden Aktualisierungen von der zentralen Versionierung geholt? – `cvs update`
- Wie werden neue Dateien zu Ihrer Versionsverwaltung hinzugefügt? – `cvs add`
- Wie werden Änderungen in die zentrale Versionierung übertragen? – `cvs commit`

Initiales Einrichten der Repositorys

Die folgenden Schritte zeigen, wie das Sync-Repository und das Arbeits-Repository initial eingerichtet werden. Der Ausgangspunkt ist ein lokal vorhandenes CVS-Projekt (`cvsprojekt`), das mit `cvs checkout` angelegt wurde.

Schritt 1: Neues Sync-Repository anlegen

Als Erstes wird im CVS-Projektverzeichnis ein neues Git-Repository initialisiert.

```
> cd cvsprojekt
> git init
```

Schritt 2: `.gitignore`-Datei konfigurieren

Mit `.gitignore`
Dateien unversioniert
lassen → Seite 34

In das Sync-Repository sollen alle Dateien – bis auf die CVS-Metadaten – importiert werden. Deswegen müssen die CVS-Verzeichnisse in der Datei `.gitignore` ausgeschlossen werden.

```
> echo CVS/ > .gitignore
```

Der echo-Befehl erzeugt eine neue Datei `.gitignore` mit dem Inhalt CVS/.

Schritt 3: `.cvsignore`-Datei konfigurieren

Auch die zentrale Versionsverwaltung soll nicht die Metainformationen von Git versionieren. Deswegen muss man das `.git`-Verzeichnis und die `.gitignore`-Datei ausschließen. In CVS funktioniert das, indem man zu der Datei `.cvsignore` die Einträge `.git` und `.gitignore` hinzufügt bzw. eine neue Datei anlegt.

```
> echo .git >> .cvsignore
> echo .gitignore >> .cvsignore
```

Falls die `.cvsignore`-Datei bisher nicht existierte, wird diese automatisch angelegt und muss dann mit `cvs add` zum CVS-Repository hinzugefügt werden.

```
> cvs add .cvsignore
```

Anschließend überträgt man die Änderungen mit `cvs commit` zum CVS-Server.

```
> cvs commit
```

Schritt 4: Dateien zum Sync-Repository hinzufügen

Nachdem nun alle Vorbereitungen abgeschlossen sind, können die Projektdateien zu dem Sync-Repository hinzugefügt werden.

Commits zusammenstellen → Seite 27

```
> git add .
```

Achtung! Versionsverwaltungen haben die Angewohnheit, das Zeilenendezeichen von Textdateien (LF oder CRLF) anzupassen – so auch Git. Wenn die zentrale Versionsverwaltung und Git unterschiedlich mit Zeilenenden umgehen, kann man das Ändern der Zeilenenden in Git deaktivieren: `git config core.autocrlf false`.

Zeilenendenbehandlung mit Git → Seite 116

Einige zentrale Versionsverwaltungen haben eine globale Revisionsnummer, z. B. Subversion. In diesem Fall ist es sinnvoll, diese Revisionsnummer in den Git-Commit-Kommentar aufzunehmen. Mit dieser Revisionsnummer kann man sehr einfach nachvollziehen, welcher Stand importiert worden ist. CVS hat leider keine solche Revisionsnummer.

```
> git commit -m "Initialer Import von CVS"
```

Schritt 5: `cvs`-Branch im Sync-Repository anlegen

Das Sync-Repository wird zukünftig auf einem eigenen cvs-Branch arbeiten. Dieser muss noch angelegt und aktiviert werden.

Branch erstellen → Seite 47

```
> git checkout -b cvs
```

Schritt 6: Arbeits-Repository anlegen

Das Arbeits-Repository wird als Klon des Sync-Repositorys angelegt. Beim Klonen wird automatisch der master-Branch als aktiver Branch gesetzt.

```
> cd ..
> git clone cvsproject gitproject
```

Damit sind die initialen Vorbereitungen abgeschlossen.

Änderungen von der zentralen Versionsverwaltung holen

Dieser Abschnitt beschreibt, wie Neuerungen aus der zentralen Versionsverwaltung über das Sync-Repository ins Arbeits-Repository geholt werden.

Schritt 1: Geänderte Dateien ins Sync-Repository übertragen

Der Workspace des Sync-Repositorys enthält die notwendigen Metainformationen für den Abgleich mit der zentralen Versionsverwaltung. Deswegen können über diesen Workspace die Änderungen vom CVS-Server geholt werden.

```
> cd cvsprojekt
> cvs update
```

Es kann bei diesem update-Befehl niemals zu CVS-Konflikten kommen. Im cvs-Branch des Sync-Repositorys befindet sich immer ein »sauberer« alter Versionsstand der zentralen Versionsverwaltung.

Alle Änderungen in einem Commit übernehmen
→ Seite 20

Anschließend werden die Änderungen, die durch CVS im Sync-Workspace vorgenommen wurden, mit dem add-Befehl zu einem Git-Commit zusammengestellt. Dann wird das Commit abgeschlossen:[3]

```
> git add --all .
```

--all: Dieser Parameter fügt neue und geänderte Dateien zum Commit hinzu und entfernt gleichzeitig die gelöschten Dateien.

```
> git commit -m "Änderungen aus CVS"
```

---

[3] Auch hier ist es sinnvoll, die globale Revisionsnummer in den Commit-Kommentar aufzunehmen, falls diese von der zentralen Versionsverwaltung unterstützt wird.

Schritt 2: Änderungen ins Arbeits-Repository übertragen

Bisher befindet sich das Commit mit den CVS-Änderungen nur im Sync-Repository. Da das Arbeits-Repository ein Klon des Sync-Repositorys ist, existiert automatisch der Remote-Eintrag (origin). Mit dem fetch-Befehl kann das neue Commit mit den CVS-Änderungen in das Arbeits-Repository importiert werden.

Abholen von Daten
→ Seite 75

```
> cd gitprojekt
> git fetch origin
```

Schritt 3: Änderungen in den master-Branch übernehmen

Die Änderungen sind zu diesem Zeitpunkt nur im cvs-Branch vorhanden und noch nicht im master-Branch. Der letzte Schritt besteht aus einem merge-Befehl. Dabei kann es zu Konflikten kommen, wenn es parallele Änderungen an denselben Dateien in CVS und im lokalen Git gegeben hat. Die normalen Git-Werkzeuge können genutzt werden, um die Konflikte zu bereinigen (siehe Abbildung 23-2).

Bearbeitungskonflikte
→ Seite 56

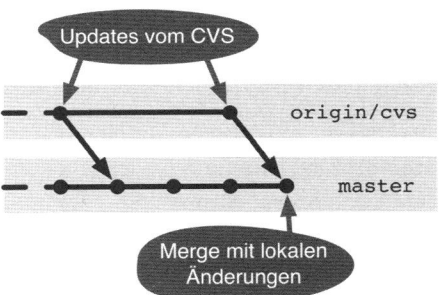

Abb. 23-2
CVS-Updates in den
master-Branch
übernehmen

```
> git merge origin/cvs
```

Nach diesen Schritten befindet sich im Arbeits-Repository der aktuelle Stand aus der zentralen Versionsverwaltung, zusammengeführt mit den lokalen Änderungen.

Änderungen in die zentrale Versionsverwaltung übertragen

In diesem Abschnitt werden die Änderungen aus dem Arbeits-Repository über das Sync-Repository in die zentrale Versionsverwaltung übertragen.

Schritt 1: Aktuellen Stand aus zentraler Versionsverwaltung holen

Bevor die lokalen Änderungen in die zentrale Versionsverwaltung übertragen werden, sollten immer die neuesten Änderungen aus der Zentrale geholt werden. Dazu folgen Sie den Schritten aus dem vorherigen Abschnitt.

Durch das Aktualisieren wird die Konfliktwahrscheinlichkeit beim späteren Übertragen der eigenen Änderungen in die zentrale Versionsverwaltung minimiert. Des Weiteren kann nochmals getestet werden, ob die eigenen Änderungen mit dem aktuellen zentralen Stand zusammenarbeiten.

Schritt 2: Änderungen in das Sync-Repository übertragen

Push – das Gegenstück zu Pull → Seite 79

Die lokalen Änderungen im `master`-Branch müssen in das Sync-Repository übertragen werden. Da das Sync-Repository als »origin«-Remote beim Klonen registriert wurde, reicht ein einfacher `push`-Befehl:[4].

```
> cd gitproject
> git push
```

Schritt 3: Änderungen in den cvs-Branch übernehmen

Branches zusammenführen → Seite 53

Die neuen Commits und die geänderten Dateien befinden sich im Sync-Repository im `master`-Branch. Um diese Änderungen in die zentrale Versionsverwaltung zu übernehmen, ist noch ein Merge in den `cvs`-Branch notwendig. Hierbei kann es zu keinen Konflikten kommen, da im `cvs`-Branch keine Änderungen stattfinden (siehe Abbildung 23-3).

```
> cd cvsproject
> git merge --no-commit --no-ff master
```

`--no-commit`: Da es beim nachfolgenden CVS-Commit noch zu Konflikten kommen kann, wird der Git-Merge zunächst ohne abschließendes Commit durchgeführt.

Fast-Forward-Merges → Seite 59

`--no-ff`: Die zusätzliche Option lässt Git keinen Fast-Forward-Merge durchführen. Damit erhält man im `cvs`-Branch auf der First-Parent-Historie nur Commits, die einem reproduzierbaren Stand der zentralen Versionsverwaltung entsprechen.

---

[4] Normalerweise ist es keine gute Idee, in einem Nicht-Bare-Repository ein Push auszuführen. Es kann zu Problemen führen, wenn in dem gerade aktiven Branch Commits übertragen werden. Dann stimmt der Workspace-Zustand nicht mehr mit dem Repository-Inhalt überein. In unserem Szenario kann es aber keine solchen Probleme geben, da im Sync-Repository immer der `cvs`-Branch aktiv ist.

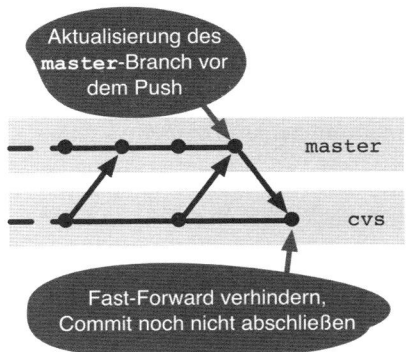

Abb. 23-3
CVS-Commit im
cvs-*Branch vorbereiten*

Schritt 4: Änderungen in die zentrale Versionsverwaltung übertragen

Die lokalen Änderungen können jetzt in die zentrale Versionsverwaltung übertragen werden. Je nachdem, ob es neue Dateien, gelöschte Dateien oder geänderte Dateien gibt, sind jeweils die notwendigen Befehle der zentralen Versionsverwaltung auszuführen, z. B. cvs commit, wenn es nur geänderte Dateien gab:

```
> cvs commit
```

Kommt es bei dem cvs commit zu Konflikten, dann gab es seit dem letzten cvs update Änderungen, die mit lokalen Änderungen konkurrieren. Dann löscht man den aktuellen Merge-Versuch – das offene Commit.

Branch-Zeiger
umsetzen → *Seite 49*

```
> git reset --hard HEAD
```

Anschließend beginnt man wieder bei Schritt 1 dieses Ablaufes, d. h., die letzten konkurrierenden Änderungen werden von der zentralen Versionsverwaltung geholt und mit dem master-Branch zusammengeführt.

Wenn das Übertragen in die zentrale Versionsverwaltung erfolgreich war, geht es mit dem nächsten Schritt weiter.

Schritt 5: Aktualisierungen aus der zentralen Versionsverwaltung holen

Einige Versionsverwaltungen verändern Dateien beim Commit bzw. beim ersten Aktualisieren nach einem Commit. So kann man z. B. CVS dazu bringen, im Kopf einer Datei die aktuelle Versionsnummer oder die Historie der Änderungen einzusetzen (Keyword-Substitution). Deswegen ist es wichtig, nach dem erfolgreichen CVS-Commit nochmals die Dateien aus der zentralen Versionsverwaltung zu holen.

```
> cvs update
```

Schritt 6: Commit auf dem cvs-Branch durchführen

Commits
zusammenstellen
→ Seite 27

Jetzt ist es Zeit, den bisher noch offenen Merge-Commit abzuschließen. Vorher werden die möglichen CVS-Ersetzungen mit dem add-Befehl noch in das Merge-Commit übernommen:[5]

```
> git add .
> git commit -m "Änderungen aus Git eingespielt"
```

Schritt 7: master-Branch im Arbeits-Repository aktualisieren

Abholen von Daten
→ Seite 75

Durch den vorhergehenden Schritt gibt es ein neues Commit auf dem cvs-Branch im Sync-Repository. Der cvs-Branch muss vor dem Weiterarbeiten mit dem master-Branch im Arbeits-Repository zusammengeführt werden. Dazu wird als Erstes das Commit in das Arbeits-Repository übertragen.

```
> cd gitprojekt
> git fetch origin
```

Fast-Forward-Merges
→ Seite 59

Anschließend wird ein Merge durchgeführt. Dieser Merge ist immer ein Fast-Forward-Merge, da es keine zwischenzeitlichen Änderungen auf dem master-Branch geben sollte.

```
> git merge origin/cvs
```

Nach diesen Schritten sind alle lokalen Änderungen in der zentralen Versionsverwaltung enthalten. Im Arbeits-Repository befindet sich eine Version, die dem aktuellen Stand der zentralen Versionsverwaltung entspricht. In Abbildung 23-4 sind alle Commits und Branches dargestellt, wie sie durch den beschriebenen Ablauf entstanden sind.

Abb. 23-4
Commits und Branches
nach der Übertragung

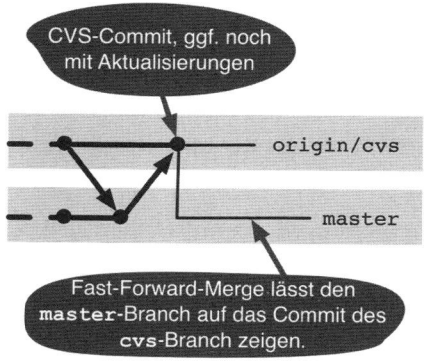

---

[5] Auch hier ist es sinnvoll, die globale Revisionsnummer in den Commit-Kommentar aufzunehmen, falls diese von der zentralen Versionsverwaltung unterstützt wird.

23.2 Warum nicht anders?

Warum nicht mit nur einem Repository?

Der Ablauf dieses Workflows funktioniert auch mit nur einem Git-Repository, d. h., im Sync-Repository findet auch die lokale Entwicklung statt. Dazu wird zwischen dem cvs-Branch und dem master-Branch gewechselt, je nachdem, ob gerade synchronisiert oder entwickelt wird.

Die Erfahrung hat jedoch gezeigt, dass es schwerfällt, den Überblick zu behalten, wo welche Aktionen durchgeführt werden müssen. Insbesondere beim Synchronisieren passiert es häufig, dass Aktionen im falschen Branch ausgeführt werden.

Ein weiteres Problem kann entstehen, wenn aus Versehen bei der Entwicklung die Metainformationen der zentralen Versionsverwaltung gelöscht werden, zum Beispiel wenn bei einem Refactoring ein ganzes Verzeichnis gelöscht wird und damit auch das zugehörige CVS-Unterverzeichnis.

24 Ein Projekt nach Git migrieren

Für eine erfolgreiche Migration von einer anderen Versionsverwaltung nach Git braucht es mehr, als nur den Transfer einiger Softwarestände in ein Git-Repository. Dieser Workflow zeigt, wie man die Migration eines Projekts organisiert und was man dabei bedenken sollte:

- Wissensaufbau und Know-how-Transfer
- strategische Entscheidungen, die man treffen sollte
- Übertragung der Inhalte in ein Git-Repository
- Ablauf der eigentlichen Migration
- Nachziehen von Änderungen, die seit der Erstellung des Git-Repositorys in der alten Versionsverwaltung entstanden sind

Überblick

Der Migrationsprozess gliedert sich in mehrere Phasen. Falls mehrere Projekte nacheinander migriert werden sollen, können später einige dieser Phasen übersprungen werden.

1. Git lernen, Erfahrungen sammeln
2. Entscheidungen treffen
3. Branches finden
4. Repository vorbereiten
5. Branches übernehmen
6. Repository in Betrieb nehmen
7. aufräumen

Voraussetzungen

Das Projekt wird aus einer anderen Versionsverwaltung übernommen. Wir haben darüber folgende Annahmen gemacht:

Zugriffsrechte: Sie sollten freien schreibenden Zugriff auf alle Dateien und Verzeichnisse im Workspace haben. Insbesondere dürfen die Dateien nicht auf »Read only« stehen. Gegebenenfalls muss die Konfiguration der alten Versionsverwaltung angepasst werden.

Ignorieren von Verzeichnissen: Das Git-Repository wird im Workspace der anderen Versionsverwaltung angelegt. Durch ein *Ignore* des .git-Verzeichnisses in der alten Versionsverwaltung muss man es vor versehentlicher Löschung schützen können.

Achtung! Anders als die meisten der vorigen Workflows ist dieser sehr stark von äußeren Faktoren abhängig: Welche Versionsverwaltung wurde verwendet? Wie sind die Projekte organisiert? Wie wurden Branches genutzt? Sie werden diesen Workflow vermutlich nicht exakt so umsetzen können, wie er hier beschrieben ist. Planen Sie also etwas Zeit ein, um den Workflow an Ihre Gegebenheiten anzupassen.

Workflow kompakt
Ein Projekt nach Git migrieren

Ein Projekt aus einer anderen Versionsverwaltung wird nach Git migriert. Alle Softwarestände, die weiterentwickelt werden sollen, werden in das Git-Repository übernommen. Danach kann mit dem neuen Repository weitergearbeitet werden. Bei Bedarf können »nachtröpfelnde« Änderungen aus der alten Versionsverwaltung nachgezogen werden.

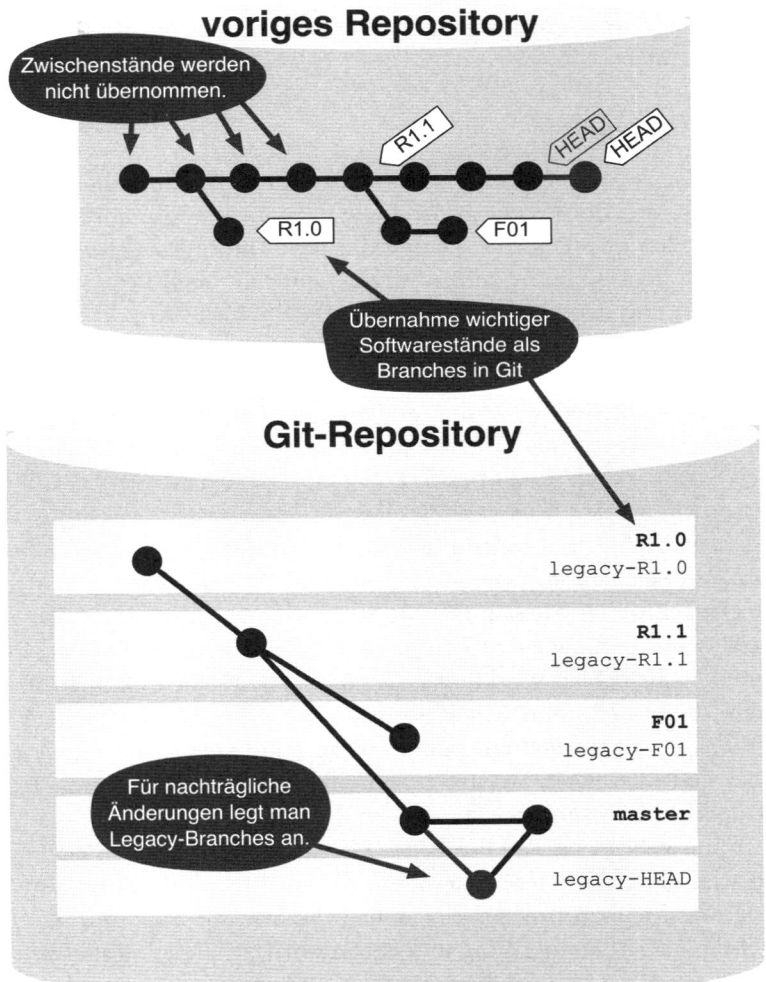

Abb. 24-1
Workflow im Überblick

24.1   Ablauf und Umsetzung

Git lernen, Erfahrungen sammeln

Git ist nicht schwer zu erlernen, denn die Grundkonzepte sind logisch und gut durchdacht (davon haben wir Sie mit diesem Buch hoffentlich überzeugen können). Für Entwickler, die viel mit zentralen Versionsverwaltungen gearbeitet haben, sind einige Aspekte jedoch gewöhnungsbedürftig, wie etwa das Arbeiten mit dezentralen Repositorys oder der Umgang mit Branches. Deshalb empfehlen wir, dass sich ein oder zwei Entwickler darauf vorbereiten, das Team als Coach bei der Migration zu unterstützen.

Schritt 1: Git erproben

Ein Projekt aufsetzen
→ *Seite 111*

Starten Sie ein kleines unkritisches Beispielprojekt. Am besten wählen Sie etwas, was noch nicht in der alten Versionsverwaltung steht. Vielleicht wollen Sie ja ohnedies gerade eine neue Utility-Klasse entwickeln, eine neue Java-Bibliothek erproben oder ein paar Shell-Skripte zur Serververwaltung schreiben.

Beginnen Sie mit der Git-Kommandozeile, auch wenn Sie später wahrscheinlich ein Git-Frontend oder ein Plug-in für Ihre Entwicklungsumgebung nutzen werden. So lernen Sie Git zunächst »ungefiltert« kennen. Die Frontends vereinfachen zwar vieles, verschleiern dabei oft auch, was wirklich in Git passiert. Wenn es bei der Migration zu Problemen kommt, sollte wenigstens einer im Team wissen, was hinter den Kulissen vorgeht. Entwickeln Sie zunächst einfach »drauflos«: die elementaren Befehle add, commit, push, pull und log genügen.

Danach sollten Sie sich den Branches widmen, denn das ist der Bereich, wo es anfänglich zu den meisten Schwierigkeiten kommt. Probieren Sie die beiden Workflows »Gemeinsam auf einem Branch entwickeln« (Seite 127) und »Mit Feature-Branches entwickeln« (Seite 135) aus (das geht natürlich am besten, wenn mindestens zwei Entwickler dabei sind). Erzeugen Sie absichtlich ein paar Konflikte, um die Konfliktauflösung einzuüben.

Dann geht es an das Frontend. Hier gibt es inzwischen eine gute Auswahl. Testen Sie jene Varianten, die zu Ihrer Entwicklungsumgebung und Zielplattform passen. Achten Sie vor allem darauf, wie gut die Merge-Konfliktauflösung unterstützt wird. In diesem Punkt unterscheiden sich die Umgebungen deutlich.

Als Coach sollten Sie mindestens die folgenden Dinge beherrschen:

- Sie haben so viel Erfahrung gesammelt, dass Sie Ihren Kollegen elementare Git-Befehle beibringen können: `add`, `commit`, `status`, `diff`, `log`, `push` und `pull`.
- Die folgenden Befehle sollten Sie sich besonders genau angesehen haben, denn sie funktionieren anders als ihre Gegenstücke in klassischen Versionsverwaltungen: `branch`, `checkout`, `reset`, `merge` und `rebase`.
- Sie haben mit mindestens einer der beiden Branching-Strategien »Gemeinsam auf einem Branch entwickeln« (Seite 127) und »Mit Feature-Branches entwickeln« (Seite 135) gearbeitet.
- Sie können Git und ggf. ein Frontend dazu auf einem Entwicklerrechner einrichten.
- Sie können Merge-Konflikte auflösen (ggf. auch über das Frontend).

Schritt 2: Optional – parallel zur anderen Versionsverwaltung arbeiten

Sie können Git auch sehr gut lernen, indem Sie es für eine Weile parallel zur alten Versionsverwaltung nutzen, d. h., Sie entwickeln lokal mit Git, das Projekt bleibt aber in der zentralen Versionsverwaltung. Wie man das macht, zeigt der Workflow »Andere Versionsverwaltungen parallel nutzen« (Seite 215). Besonders empfehlenswert ist dies für Subversion-Nutzer. Der `svn`-Befehl ist dabei sehr hilfreich.

Entscheidungen treffen

Ein paar wichtige Entscheidungen sollten frühzeitig getroffen werden.

Schritt 1: Alle Projekte auf einmal migrieren?

Dieser Workflow beschreibt, wie man *ein* Projekt migriert. Haben Sie mehrere Projekte, können Sie diesen Workflow natürlich mehrfach nacheinander durchführen. Sie können die Migration aber auch für alle Projekte parallel durchführen. Dies hat sowohl Vorteile als auch Nachteile im Vergleich zur Einzelprojektmigration.

Vorteile

- Sie können Git früher großflächig einsetzen.
- Sie profitieren früher von den Vorteilen von Git.
- Sie müssen nach der Migration nur noch ein Versionsverwaltungssystem unterstützen.

Nachteile

- Der Know-how-Transfer wird schwieriger. In den ersten 2 bis 3 Wochen nach der Migration werden viele Fragen gestellt. Wenn es viele Entwickler gibt, aber nur einen einzigen Coach, der sich mit Git auskennt, kann das den Erfolg der Migration gefährden.
- Probleme bei der Migration können leicht zu *großen Problemen* werden, wenn viele Projekte auf einmal davon betroffen sind.
- Falls Sie in der Anfangsphase eine Entscheidung treffen, die sich später als ungünstig erweist – etwa das falsche Branching-Modell oder eine ungünstige Namenskonvention –, muss dies nachher in vielen Projekten korrigiert werden.

Unsere Empfehlung: Wenn Sie nicht sicher sind, empfehlen wir, mit einem einzelnen Projekt zu beginnen, um danach zu entscheiden, wie Sie weiter vorgehen werden.

Schritt 2: Welche Projekte sollen migriert werden?

Bei dieser Entscheidung können wir Ihnen nicht helfen.

Schritt 3: Soll die bestehende Struktur übernommen werden?

Wie sind Ihre Projekte derzeit organisiert?

- Liegen alle im selben Repository? Oder haben sie separate Repositorys?
- Haben die Projekte einen gemeinsamen Releasezyklus? Sind sie sogar Teil desselben Produkts?
- Gibt es häufig projektübergreifende Änderungen?
- Sind die Projekte eher eng oder eher lose gekoppelt?

Wie die ideale Git-Repository-Struktur für Ihre Projekte aussieht, können wir leider nicht sagen. Einige grobe Faustregeln können wir aber geben:

- Wenn Sie derzeit alle Projekte in einem Repository halten, spricht dies eher dafür, das auch in Git so zu tun.
- Wenn Projekte einen gemeinsamen Releasezyklus haben, dann spricht dies auch eher für ein gemeinsames Repository in Git, weil dann der Workflow »Ein Release durchführen« (Seite 179) projektübergreifend angewendet werden kann.
- Auch häufige projektübergreifende Änderungen sind ein Indikator für ein gemeinsames Repository.

- Sind die Projekte lose gekoppelt, so spricht dies eher für separate Repositorys.
- Git ist für Binärdateien, die groß sind und/oder häufig geändert werden, nicht gut geeignet. Sie können solche Dateien zwar mit Git verwalten, sollten sie aber besser in einem separaten Repository halten, damit die Performance in den normalen (Sourcecode-) Projekten nicht darunter leidet.

Ressourcenverbrauch bei großen binären Dateien → Seite 255

Unsere Empfehlung: Im Zweifel beginnen Sie einfach mit einer Struktur, die der Struktur in Ihrer bisherigen Versionsverwaltung ähnelt. Sie können dann später, wenn die Projekte migriert sind, mit den Workflows »Kleine Projekte zusammenführen« (Seite 199), »Große Projekte aufteilen« (Seite 191) und »Lange Historien auslagern« (Seite 205) eine bessere Struktur formen.

Schritt 4: Können Sie sich eine Unterbrechung der Entwicklung durch die Migration erlauben?

Falls ja, vereinfacht dies den Migrationsvorgang ein wenig. Sie stellen das neue Repository bereit und das alte ab. Die Entwickler stellen auf Git um und führen ein Release aus Git durch.

Falls Sie jedoch ein 24/7-System betreiben, wollen Sie vielleicht auch während der Migration so lange noch Hotfixes aus der alten Versionsverwaltung aufspielen können, bis die Entwickler in der Lage sind, Releaseversionen aus dem Git-Repository zu liefern. In diesem Fall müssen Sie sich damit beschäftigen, wie man Änderungen aus dem alten Repository nachziehen kann.

Schritt 5: Welche Branching-Strategie wollen Sie einsetzen?

»Gemeinsam auf einem Branch entwickeln« (Seite 127) oder »Mit Feature-Branches entwickeln« (Seite 135) – Sie sollten dies rechtzeitig entscheiden, um den Entwicklern den neuen Workflow vor der Migration vermitteln zu können, damit nachher gleich produktiv weitergearbeitet werden kann.

Unsere Empfehlung: Wenn Sie nicht sicher sind, beginnen Sie mit »Gemeinsam auf einem Branch entwickeln« (Seite 127), weil das der Arbeitsweise in klassischen Versionsverwaltungen ähnlicher ist.

Schritt 6: Welches Frontend wollen Sie verwenden?

Schließlich müssen Sie die Entwickler rechtzeitig vor der Migration mit der richtigen Software versorgen.

Branches finden

Als Nächstes müssen Sie herausfinden, welche Softwarestände im alten Repository in Git als Branches weiterentwickelt werden sollen:

- Die Hauptlinie der Entwicklung, in anderen Versionsverwaltungen *Trunk* oder *Main Line* genannt, soll sicher übernommen werden.
- Jede Version, für die noch Bugfixes oder Erweiterungen geliefert werden müssen, sollte als Branch in Git übernommen werden. Wenn Sie ein Produkt entwickeln, das beim Kunden installiert wird, könnten das viele Versionen sein. Entwickeln Sie hingegen eine Webanwendung, kann es sein, dass Sie mit nur zwei Branches auskommen: einem für die produktive Version, auf dem Hotfixes gemacht werden, und einem für die Feature-Entwicklung zum nächsten Release.
- Wenn Sie in Ihrer bisherigen Versionsverwaltung mit Feature-Branches arbeiten, sollten Sie diese entweder in Git übernehmen oder kurz vor der Migration fertigstellen und schließen. Letzteres macht die Migration natürlich leichter.

Tipp: »Floating Tags«
zu Branches

In vielen Versionsverwaltungen gibt es sogenannte Floating Tags, d. h. Tags wie RELEASE3, die nach Hotfixes verschoben werden können. Solche Tags sind oft Kandidaten für Release-Branches in Git.

Tipp: Zeitpunkt clever
wählen

Je weniger Branches Sie übernehmen müssen, desto weniger Arbeit macht die Migration. Überlegen Sie also gut, was Sie wirklich benötigen, und überlegen Sie auch, wann Sie die Migration durchführen. Vielleicht gibt es einen Zeitpunkt, zu dem nur wenige Branches aus der alten Versionsverwaltung übernommen werden müssen.

Tipp: Graph der
Beziehungen zeichnen

Anschließend zeichnen Sie einen Graphen mit den »Verwandtschaftsbeziehungen« zwischen den gefundenen Branches. Im einfachsten Fall ist dies eine Sequenz mit der ältesten Releaseversion unten und der neuesten oben.

Repository vorbereiten

Als Nächstes wird das Git-Repository erstellt. Damit Sie es in aller Ruhe einrichten und testen können, sollten Sie damit ein paar Tage (oder Wochen) vor der eigentlichen Migration beginnen. Das bedeutet aber, dass in der Zwischenzeit neue Änderungen im alten Repository entstehen. Es wird also später notwendig werden, diese Änderungen nachzuziehen.

Andere
Versionsverwaltungen
parallel nutzen
→ Seite 215

Um das zu erreichen, arbeitet man auf der Git-Seite mit zwei Branches, von denen der eine die Entwicklung in Git darstellt und der andere die Entwicklung im alten Repository. Letzteren nennen wir im Folgenden *Legacy-Branch*. Auf dem *Legacy-Branch* wird nicht entwickelt, dort werden nur Softwarestände aus dem alten Repository übernommen. Übertragen werden diese Änderungen dann später durch einen Merge auf dem Entwicklungs-Branch.

Wenn das Konzept des *Legacy-Branches* Sie irgendwie an *Remote-Tracking-Branches* erinnert, dann haben Sie gerade ein Muster wiedererkannt. In beiden Fällen geht es darum, im lokalen Repository Vorgänge aus einem anderen Repository zu spiegeln.

In diesem Beispiel verwenden wir folgende Namenskonvention: Für Branches oder Tags der alten Versionsverwaltung nehmen wir Großbuchstaben, z. B. RELEASE3. In Git verwenden wir Kleinbuchstaben und nennen den Entwicklungs-Branch dazu dann release3 und den *Legacy-Branch* dazu legacy-release3.

Schritt 1: Projekt aus der alten Versionsverwaltung holen

Ein Workspace mit den Dateien des Projekts wird aus der alten Versionsverwaltung geholt. In anderen Versionsverwaltungen nennt man dies oft einen Checkout.[1]

Schritt 2: Git-Repository anlegen

In diesem Workspace aus der alten Versionsverwaltung wird jetzt ein Git-Repository angelegt. Es entsteht ein Workspace, der mit beiden Versionsverwaltungen verknüpft ist. Wir nennen dies einen *Dual Workspace*.

```
> cd old-vcs-workspace
> git init
```

Schritt 3: Lokales Backup erstellen

Wenn man mit zwei verschiedenen Versionsverwaltungen gleichzeitig arbeitet, kann es durchaus passieren, dass man mal ein force oder clean an der falschen Stelle angibt. Deshalb ist ein Backup keine schlechte Idee:[2]

```
> git clone --no-hardlinks --bare .
/backups/myproject.git
> git remote add backup /backups/myproject.git
```

Später sollte man gelegentlich sichern.

```
> git push --all backup
```

---

[1] Bei dem Begriff *Checkout* herrscht leider Begriffsverwirrung. In Git bedeutet er etwas ganz anderes, nämlich den Wechsel von einem Branch zum anderen (Seite 47).

[2] Mindestens einem der Autoren ist das mindestens einmal passiert.

Zum Wiederherstellen klont man das Repository in ein temporäres Verzeichnis, wechselt dann auf den gewünschten Git-Branch und verschiebt das `.git`-Verzeichnis in den Workspace der alten Versionsverwaltung.

Schritt 4: Metadateien ignorieren lassen

Zunächst muss dafür gesorgt werden, dass sich die beiden Versionsverwaltungen nicht gegenseitig den Workspace zerschießen.

Mit `.gitignore`
Dateien unversioniert
lassen → *Seite 34*

Die Metadateien der alten Versionsverwaltung sollen nicht ins Git-Repository übernommen werden. Erstellen Sie dazu eine `.gitignore`-Datei. Dort tragen Sie die Pfade oder Dateimuster ein, die ignoriert werden sollen. Der `status`-Befehl darf danach keine Metadateien der alten Versionsverwaltung mehr anzeigen.

```
> git commit .gitignore -m "ignore legacy metafiles"
```

Umgekehrt muss auch die alte Versionsverwaltung so konfiguriert werden, dass das `.git`-Verzeichnis und die `.gitignore`-Datei erhalten bleiben. In CVS kann man dies beispielsweise durch das Erstellen einer `.cvsignore`-Datei im User-Verzeichnis tun.

Branches übernehmen

Die zu übernehmenden Tags und Branches der alten Versionsverwaltung werden Schritt für Schritt abgearbeitet. Man beginnt mit dem ältesten Branch oder Tag, das übernommen werden soll.

Schritt 1: Gegebenenfalls auf Vorgänger-Branch wechseln

Beim ersten Branch können Sie diesen Schritt überspringen, weil es noch keinen Vorgänger-Branch gibt.

Im Überblickgraphen (vgl. Seite 234) können Sie sehen, welches der Vorgänger ist. Wenn Sie RELEASE3 migrieren wollen, dann wechseln Sie jetzt auf den Vorgänger, also auf den Legacy-Branch für RELEASE2.

```
> git checkout legacy-release2
```

Schritt 2: Legacy-Branch anlegen

Man legt einen Legacy-Branch an, der den Stand des Tags/Branch, z. B. RELEASE3, aus dem alten Repository spiegeln soll.

```
> git branch legacy-release3
```

Schritt 3: Stand aus der alten Versionsverwaltung übernehmen

Jetzt wechseln wir in der alten Versionsverwaltung auf den Software-stand, den wir übernehmen wollen, z. B. `RELEASE3`.

```
> git status
```

Der status-Befehl zeigt jetzt, welche Änderungen es von `RELEASE2` auf `RELEASE3` gegeben hat. Sie sollten kurz prüfen, ob es plausibel aussieht. Falls ja, werden die Änderungen in den neuen Legacy-Branch übernommen.

```
> git add --all
> git commit -m "RELEASE3 aus legacy-vcs geholt"
```

Schritt 4: Generierte Dateien unversioniert lassen

Der jetzige Softwarestand wird gebaut und getestet. Dabei entstehen wahrscheinlich neue Dateien, die nicht in das Repository übernommen werden sollen. Die .gitignore-Datei muss ergänzt werden:

```
> git commit .gitignore -m "ignore build artifacts"
```

Mit `.gitignore`
Dateien unversioniert
lassen → *Seite 34*

Schritt 5: Git-Branch anlegen

Jetzt wird der Branch angelegt, auf dem später in Git weiterentwickelt werden soll.

```
> git branch release3
```

Schritt 6: Ergebnis prüfen

Es empfiehlt sich, das Ergebnis noch einmal zu überprüfen. Damit die Metadateien der Versionsverwaltungen dabei nicht stören, wird der Vergleich in temporären Verzeichnissen außerhalb der Workspaces durchgeführt. Hierbei hilft der archive-Befehl, der den Dateibaum eines beliebigen Commits als Archivdatei (tar oder zip) exportiert. Der aktuelle Stand des Branch in Git, z. B. in release3, wird in ein temporäres Verzeichnis git-vcs geschrieben.

```
> git archive release3 | tar -x -C /tmp/git-vcs/
```

Dann exportiert man den Stand, z. B. `RELEASE3`, aus der alten Versions-verwaltung, zum Beispiel nach /tmp/legacy-vcs. Jetzt kann man den Vergleich durchführen, zum Beispiel mit kdiff3. Bis auf die .gitignore-Datei sollte es keine Unterschiede geben.

```
> kdiff3 /tmp/git-vcs/ /tmp/legacy-vcs
```

Repository in Betrieb nehmen

Unser Ziel ist es, einen möglichst reibungsfreien Übergang zu schaffen.

Schritt 1: Ankündigung

Kündigen Sie die Migration rechtzeitig an. Die Ankündigung sollte folgende Informationen enthalten:

Einführung: Laden Sie zu einem Termin ein, bei dem das normale Arbeiten mit Git gezeigt wird.

Einrichtung der Entwicklungsumgebung: Beschreiben Sie kurz, wie man die Entwicklungsumgebung einrichtet (Git und IDE-Plug-ins installieren und konfigurieren) und wie man sich ein Projekt klonen kann.

Freeze-Zeitpunkt: Fordern Sie die Mitarbeiter auf, bis zu einem genannten Zeitpunkt alle lokalen Änderungen in die alte Versionsverwaltung zu bringen und ab dann keine neuen Änderungen einzupflegen.

Continue-Zeitpunkt: Ab wann kann mit dem neuen Git-Repository weitergearbeitet werden?

Notfallplan: Hotfix-Releases können auch während der Umstellungsphase aus der alten Versionsverwaltung heraus durchgeführt werden. Die Änderungen müssen dann aber später in Git nachgezogen werden. Es ist wichtig, deutlich darauf hinzuweisen, dass das dann auch unbedingt gemacht werden muss. Andernfalls könnte ein bereits behobener Fehler beim Git-Release erneut ausgeliefert werden.

Schritt 2: Einführung

Nun zeigen Sie, wie man mit Git arbeitet. Im normalen Alltag benötigt man nur wenige Befehle. Sie können sich zum Beispiel am Workflow »Gemeinsam auf einem Branch entwickeln« (Seite 127) orientieren. Zum Vorführen kann man einfach einen Klon des neuen Repositorys verwenden. Man kann damit nach Herzenslust herumexperimentieren und später den Klon einfach wegwerfen.

Schritt 3: Letzte Änderungen abholen

Nach dem *Freeze-Zeitpunkt* müssen Sie alle Änderungen aus dem alten Repository seit der Erstellung des Git-Repositorys nachziehen. Dies erfolgt im *Dual Workspace* für jeden *Legacy-Branch*. Zuerst wechselt man in Git auf den *Legacy-Branch*.

```
> git checkout legacy-release3
```

Danach wechselt man in der alten Versionsverwaltung auf den entsprechenden Branch/Tag, z. B. RELEASE3, und prüft, ob sich Änderungen ergeben haben.

```
> git status
```

Ist das der Fall, werden diese in den Legacy-Branch übernommen.

```
> git add -all
> git commit -m "updating legacy-release3 from old vcs"
```

Danach werden die Änderungen in den neuen Branch für die Weiterentwicklung in Git, z. B. release3, übernommen.

```
> git checkout
> git merge legacy-release3
```

Wenn noch keine Weiterentwicklung in Git stattgefunden hat, wird es
hier keinen Merge-Konflikt geben.

Auf diese Weise können Änderungen übrigens auch dann noch *Tipp: Änderungen*
nachgezogen werden, wenn die Weiterentwicklung in Git längst be- *können auch später*
gonnen hat, zum Beispiel wenn ein Entwickler den Freeze-Zeitpunkt *noch nachgezogen*
verschlafen hat oder weil ein eiliges Hotfix noch in der alten Versi- *werden.*
onsverwaltung durchgeführt werden musste. In so einem Fall kann es
allerdings Merge-Konflikte geben, die man manuell auflösen muss.

Schritt 4: Neues Repository bereitstellen

Nachdem alle Branches nachgezogen wurden, kann man das Repository auf dem Server ablegen. Dann gibt man die URL dafür bekannt
und fordert die Entwickler auf, das Repository zu klonen und mit der
Entwicklung fortzufahren (*Continue-Zeitpunkt*).

Schritt 5: Produkt bauen bzw. Release durchführen

Jetzt geht es darum, so bald wie möglich ein Release durchzuführen
bzw. die aktuelle Version Ihres Produkts zu bauen, um sicherzugehen,
dass Sie jetzt ohne die alte Versionsverwaltung auskommen können.

Schritt 6: Altes Repository auf »Read only« schalten

Sobald man in der Lage ist, aus dem neuen Repository heraus Releases
durchzuführen (bzw. Produkte zu bauen), sollte man das alte Repository in einen »Read only«-Modus versetzen. Es dient dann nur noch als
Archiv für die Historie des Projekts.

Schritt 7: Entwickler unterstützen

Vergessen Sie nicht, etwas Zeit einzuplanen, um die Entwickler während der ersten Wochen zu unterstützen. Insbesondere sollten Sie darauf vorbereitet sein, Merge-Konflikte aufzulösen und lokale Änderungen rückgängig machen zu müssen, z. B. mit dem reset-Befehl oder durch *interaktives Rebasing*.

Aufräumen

Nachdem das alte Repository abgeklemmt ist, kann man die *Legacy-Branches* löschen. Am besten tut man dies in einem frisch geklonten Workspace und nicht im *Dual Workspace*, weil dort origin nicht verknüpft ist.

```
> git branch -d legacy-release3
> git push origin :legacy-release3
```

24.2   Warum nicht anders?

Warum nicht die ganze Historie übernehmen?

In diesem Workflow werden nur einzelne Softwarestände übernommen, die man weiterentwickeln möchte. Dies hat den Nachteil, dass man im neuen Git-Repository die alte Historie nicht sieht. Sie verbleibt im alten Repository.

Es gibt verschiedene Werkzeuge (in Git, aber auch aus eigenständigen Projekten), die eine Historienübernahme grundsätzlich ermöglichen. Zum Beispiel kann der cvsimport-Befehl CVS-Repository-Inhalte in ein Git-Repository übertragen. Da aber die Struktur im Repository von CVS eine ganz andere ist als in Git, ist die Übersetzung nicht trivial und die Qualität des Ergebnisses kann variieren, je nachdem, in welcher Weise CVS vorher genutzt wurde. Auf jeden Fall sollte man sich das Importergebnis sehr genau ansehen, bevor man damit weiterarbeitet. Eventuell muss man nacharbeiten, damit es passt.

Es ist zum einen der damit verbundene Aufwand, der uns davon abgehalten hat, diesen Weg zu gehen. Zum anderen wollten wir einen Migrationsweg zeigen, der gangbar ist, egal von welcher Versionsverwaltung man kommt.

Könnte man auf die *Legacy-Branches* verzichten?

Im Workflow werden anfangs sogenannte *Legacy-Branches* erstellt, die den jeweiligen Stand von Branches und Tags in der alten Versionsverwaltung spiegeln. Am Ende des Workflows werden sie gelöscht. Sie dienen nur einem einzigen Zweck: nämlich dem Abholen von nachträglichen Änderungen aus dem alten Repository. Wenn Sie die Entwicklung für ein paar Tage unterbrechen können (zum Beispiel wenn das Team eine Schulung besucht oder an etwas anderem arbeiten kann), dann können Sie durchaus auf *Legacy-Branches* verzichten und den Workflow für sich ein wenig vereinfachen.

Kann man auf den *Dual Workspace* verzichten?

Im *Dual Workspace* kann man mit Git und der alten Versionsverwaltung gleichzeitig arbeiten. Das erleichtert das Austauschen von Softwareständen: Man wechselt in der alten Versionsverwaltung auf den gewünschten Stand und macht dann ein Commit in Git.

Ein *Dual Workspace* ist aber nicht mit jeder anderen Versionsverwaltung möglich. In solchen Fällen könnte man mit zwei separaten Workspaces arbeiten. Dann müsste man Änderungen hin- und herübertragen, z. B. mit Shell-Skripten oder mit rsync. Das ist möglich, aber deutlich aufwendiger.

25   Was gibt es sonst noch?

Wir haben uns in diesem Buch auf die Git-Konzepte und -Befehle beschränkt, die in typischen Projektsituationen in Unternehmen benutzt werden. Das folgende Kapitel soll Ihnen einen Überblick geben, was es sonst noch für Möglichkeiten in Git gibt. Die Befehle werden nicht ausführlich beschrieben, sondern nur so weit, wie es für das Verständnis notwendig ist.

25.1   Interaktives Rebasing – Historie verschönern

Wir haben an verschiedenen Stellen dieses Buches Rebasing kennengelernt. Es dient dazu, die Änderungen von Commits nochmals anzuwenden und neue Commits zu erzeugen, z. B. wenn man einen Branch umpflanzen will.

Wenn man sehr viel Wert auf die Commit-Historie legt, dann kann man Rebasing auch dazu benutzen, um Commits zusammenzufassen (squash), aufzuspalten (edit) oder neu zu sortieren. Dazu wird der rebase-Befehl mit dem Parameter --interactive aufgerufen. Als weiterer Parameter wird das Commit angegeben, ab dem die Historie verändert werden soll. Um zum Beispiel die letzten drei Commits zu verändern, wäre folgender Befehl abzusetzen:

Mit Rebasing die Historie glätten
→ *Seite 65*

```
> git rebase --interactive HEAD~3
```

Als Ergebnis zeigt ein Texteditor drei Commits.

```
pick 927d33a commit 3
pick 7d343d0 commit 4
pick fbe58cb commit 5

# Rebase 940d0db..fbe58cb onto 940d0db
#
# Commands:
# p, pick = use commit
# r, reword = use commit, but edit the commit message
# e, edit = use commit, but stop for amending
# s, squash = use commit, but meld into previous commit
# f, fixup = like "squash", but discard this commit's log message
# x, exec = run command (the rest of the line) using shell
#
# If you remove a line here THAT COMMIT WILL BE LOST.
# However, if you remove everything, the rebase will be aborted.
#
```

In dieser Textdatei können die Commits neu sortiert werden oder mittels der aufgeführten Befehle verändert werden. Nach dem Schließen des Editors wird Git die Commits entsprechend den Befehlen verarbeiten.

Achtung! Die Commit-Historie sollte niemals nach dem Ausführen des push-Befehls verändert werden. Andere Teammitglieder könnten schon von den »alten« Commits abhängen.

25.2   Umgang mit Patches

Insbesondere in der Unix-Welt werden Änderungen häufig per Patch-Datei übertragen. In reinen Git-Umgebungen besteht selten die Notwendigkeit, direkt mit Patches zu arbeiten. Hier werden Änderungen per Commit ausgetauscht. Falls es doch mal notwendig ist, unterstützt Git das Erzeugen und Einspielen von Patches.

Patches können mit dem diff-Befehl erzeugt werden.

```
> git diff rel-1.0.0 HEAD >local.patch
```

Zum Einspielen der Änderungen in ein anderes Repository gibt es den apply-Befehl.

```
> git apply local.patch
> git commit -m "applied patch"
```

25.3   Patches per Mail versenden

Git stellt auch einen Mechanismus bereit, um Commits als Patch-Mails zu versenden und in ein anderes Repository wieder einzuspielen. Das ist dann ein Ersatz für Pull und Push. Die Informationen aus den ursprünglichen Commits, wie Autor und Zeitpunkt, bleiben erhalten, Commit-Hashes aber nicht.

Der `format-patch`-Befehl erzeugt für jedes Commit im spezifizierten Bereich eine eigene Patch-Datei im mbox-Format. Das mbox-Format ist eine Textdatei für E-Mails.

```
> git format-patch rel-1.0.0..HEAD
0001-a7.patch
0002-a8.patch
0003-a9.patch
0004-a9.patch
```

Die Dateien kann man jetzt selbst verschicken oder das Ganze durch den `send-email`-Befehl von Git erledigen lassen.

```
> git send-email --to "rp@etosquare.de" *.patch
```

Der Empfänger kann die E-Mails mit dem `am`-Befehl in sein Repository einspielen. Dabei kann man die Patches einzeln auswählen oder per Wildcard alle angeben.

```
> git am 0*.patch
```

25.4   Bundles – Pull im Offline-Modus

Die beiden vorherigen Abschnitte haben Patches von einem Repository in ein anderes übertragen. Möchte man Commits übertragen, dann nutzt man normalerweise den `pull`- oder `push`-Befehl. Falls es aber keine direkte Verbindung zwischen den Rechnern der beiden Repositorys gibt, kann man Bundles erzeugen. Bundles enthalten Commits, und auf Bundles kann der `fetch`- bzw. `pull`-Befehl angewendet werden.

Als ersten Schritt erzeugt man mit dem `bundle-create`-Befehl ein Bundle, das alle zu übertragenden Commits enthält.

```
> git bundle create local.bundle rel-1.0.0..HEAD
```

Die erzeugte Datei transferiert man zu dem anderen Rechner (z. B. per E-Mail oder USB-Stick). Dort kann man von dem Bundle, wie von einem anderen Repository, Commits importieren. Hierbei bleiben die Commit-Hashes erhalten.

```
> git pull local.bundle HEAD
```

25.5   Archive erstellen

Mit dem `archive`-Befehl kann man den Projektinhalt eines beliebigen Commits als Archiv ohne Git-Metadaten (`.git`-Verzeichnis) exportieren. Dabei wird das tar- und das zip-Format unterstützt.

```
> git archive HEAD --format=tar > archive.tar
> git archive HEAD --format=zip > archive.zip
> git archive HEAD --format=tar | gzip > archive.tar.gz
```

Es ist auch möglich, nur einzelne Unterverzeichnisse in ein Archiv zu packen.

```
> git archive HEAD subdir --format=tar > archive.tar
```

Mithilfe des Parameters `--remote` können auch Archive von entfernten Repositorys angelegt werden.

25.6   Grafische Werkzeuge für Git

Wir haben in diesem Buch ausschließlich mit der Kommandozeile gearbeitet. Doch Git bringt auch schon zwei grafische Werkzeuge mit.

Das ist zum einen das Git-GUI (`gui`-Befehl): ein grafisches Werkzeug, um Commits zu erstellen (siehe Abbildung 25-1).

```
> git gui
```

Abb. 25-1
Grafisches Werkzeug,
um Commits zu
erzeugen

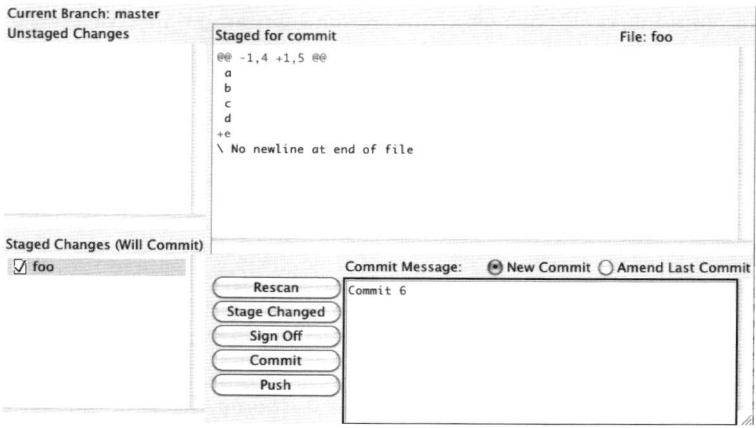

Zum anderen gibt es noch das grafische Werkzeug GitK (`gitk`-Befehl), mit dem die Historie betrachtet werden kann (siehe Abbildung 25-2).

```
> git gitk --all
```

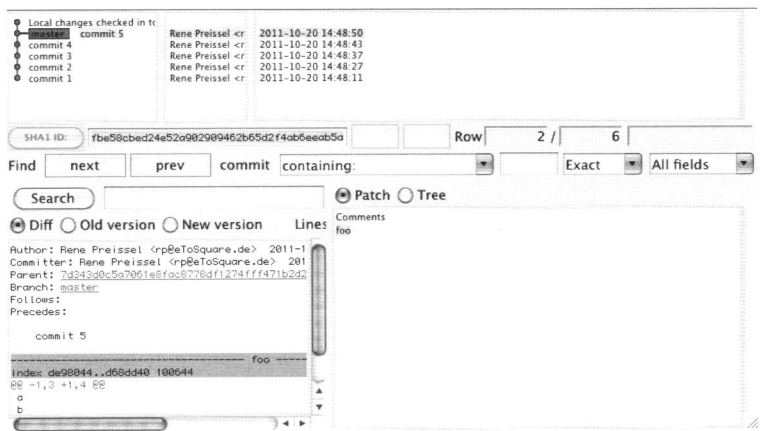

Abb. 25-2
Grafisches Werkzeug,
um die Historie zu
betrachten

Die Git-Entwickler haben sich sehr viel Mühe gegeben, die Oberflächen mit deutschen Begriffen zu versehen. Wenn es Ihnen allerdings wie uns geht und Ihnen »Diese Version pflücken« für »Cherry-pick this commit« ungewohnt erscheint, dann können Sie auch die englischen Namen wählen. Das geht leider nicht per Optionen, sondern indem man die Übersetzungsdateien löscht. Diese finden Sie unter `<GIT-HOME>/share/gitk/lib/msgs/de.msg` und unter `<GIT-HOME>/share/git-gui/lib/msgs/de.msg`.

*Tipp: Englische
Oberfläche*

25.7   Repository im Webbrowser anschauen

GitWeb ist ein Werkzeug, um ein Git-Repository im Browser anzuschauen und zu durchsuchen (Abbildung 25-3). GitWeb zeigt eine Übersicht aller Commits und aller Branches. Man kann sich die Dateien des jeweiligen Commits anschauen und die enthaltenen Änderungen untersuchen. Über eine Suchfunktion können Dateien und Commits gefunden werden.

Zum Starten und Stoppen wird der `instaweb`-Befehl benutzt.

```
> git instaweb start
> git instaweb stop
```

25.8   Zusammenarbeit mit Subversion

Git ermöglicht es, ein Subversion[1]-Repository zu klonen (`svn-clone`-Befehl). Dabei wird die gesamte Historie importiert. In dem Git-Repository können lokale Commits angelegt werden. Es ist jederzeit

---

[1] http://subversion.apache.org/

Abb. 25-3
*GitWeb-Oberfläche im
Webbrowser*

möglich, den neuesten Stand aus Subversion zu holen (svn-rebase-Befehl). Werden die lokalen Commits zurück nach Subversion gespielt (svn-dcommit-Befehl), dann wird für jedes Commit eine eigene Subversion-Revision angelegt.

```
> git svn clone http://localhost/projecta/trunk
> git svn rebase
> git svn dcommit
```

25.9   Aliase für Befehle

Das wiederkehrende Schreiben von Git-Befehlen zusammen mit langen Parameterlisten kann ganz schön mühsam sein. Mit Aliasen kann man den Schreibaufwand minimieren. Dabei kann man Aliase global für alle Repositorys auf dem Rechner konfigurieren oder nur für das aktuelle Repository.

Der globale Alias ci, um den commit-Befehl abzukürzen, würde folgendermaßen definiert:

```
> git config --global alias.ci commit
```

Ein lokaler Alias rema, um das Rebasing mit dem master-Branch abzukürzen, würde so definiert:

```
> git config alias.rema 'rebase master'
```

Anschließend kann man die Aliase wie normale Befehle benutzen.

```
> git ci
> git rema
```

25.10   Notizen an Commits

Commits sind in Git unveränderbar. Man kann zwar Commits kopieren und dabei ändern, doch dann entsteht ein neues Commit. Möchte man Commits nachträglich mit Kommentaren versehen, stehen Notes zur Verfügung. Notes werden meistens von Entwicklungswerkzeugen genutzt, um Commits zu markieren.

Der `notes-add`-Befehl erzeugt einen neuen Kommentar an einem Commit.

```
> git notes add -m "Mein Kommentar" HEAD
```

Mit dem `notes-show`-Befehl kann der Kommentar wieder angezeigt werden.

```
> git notes show HEAD
```

Achtung! Notes werden nicht automatisch beim Push oder Pull zwischen Repositorys übertragen. Es gibt auch leider keinen einfachen Parameter `--notes`, um das zu erreichen. Die folgenden beiden Kommandos zeigen beispielhaft, wie Notes übertragen werden:

```
> git push origin refs/notes/*:refs/notes/*
> git fetch origin refs/notes/*:refs/notes/*
```

25.11   Hooks – Git erweitern

Git stellt einen Mechanismus »Hooks« bereit, um mittels Skripten in die Verarbeitung von bestimmten Befehlen einzugreifen. So ist es möglich, vor dem eigentlichen Commit bestimmte Überprüfungen vorzunehmen, z. B. ob gewisse Konventionen bei dem Commit-Kommentar eingehalten wurden (`commit-msg`-Hook).

Im Verzeichnis `.git/hooks` eines jeden Repositorys sind Beispiele für die möglichen Hooks hinterlegt.

25.12   Github – Hosting von Repositorys

Github[2] ist ein Dienstleister, um Git-Repositorys zu verwalten und im Internet verfügbar zu machen. Github bietet einen SSH- und einen HTTPS-Zugang zu den Repositorys an.

---

[2] https://github.com/

Dabei ist das Anlegen von öffentlichen Repositorys kostenlos.[3] Für private Repositorys muss die kostenpflichtige Variante benutzt werden.[4] Viele Open-Source-Projekte nutzen mittlerweile Github als Entwicklungszentrale.

Der Pull-Workflow
→ *Seite 125*

Insbesondere wird auch der Pull-Workflow gut unterstützt. Dazu kann man vorhandene Github-Repositorys innerhalb von Github klonen. Diese serverseitigen Klone werden Forks genannt. Anschließend wird ganz normal auf dem eigenen Fork-Repository gearbeitet. Es wird ein lokaler Klon angelegt, und Änderungen werden via push-Befehl zurückgeschrieben. Möchte man seine Änderungen in das Ausgangs-Repository zurückübertragen, kann man über Github einen Pull-Request an den Eigentümer dieses Repositorys schicken. Dieser kann jetzt mittels pull-Befehl die Änderungen holen und zusammenführen.

---

[3] Öffentliche Repositorys können von jedem gelesen werden, jedoch nur vom Eigentümer geändert werden.

[4] Private Repositorys können nur vom Eigentümer und eingeladenen Mitentwicklern gelesen und geändert werden.

26 Das sechsundzwanzigste Kapitel

In diesem Buch gibt es kein sechsundzwanzigstes Kapitel. Aber es gibt ein `kapitel26` im Internet: unser Blog zu Git und anderen technischen Themen, die uns interessieren.

Besuchen Sie uns doch mal!

http://kapitel26.github.io/

Errata
http://kapitel26.github.io/git-buch/errata.html

27   Grenzen von Git

Nachdem wir in den bisherigen Kapiteln die Vorzüge von Git und das effiziente Arbeiten mit einer dezentralen Versionsverwaltung in den Mittelpunkt gestellt haben, setzt sich dieses Kapitel mit den Problembereichen auseinander.

27.1   Hohe Komplexität

Der Umgang mit zentralen Versionsverwaltungen gehört mittlerweile zum Standardwissen jedes Entwicklers. Häufig beschränkt es sich jedoch auf die grundlegenden Funktionen, wie »Neue Versionen holen« und »Eigene Änderungen einspielen«. Das Branching und die Repository-Administration werden häufig von Build-Verantwortlichen mit Spezialkenntnissen durchgeführt.

Bei Git ist das Branching jedoch ein elementares Konzept, das bei jedem Commit, Pull und Push verstanden sein muss. Auch ist jeder Entwickler der Administrator seines eigenen Repositorys. Der Umgang mit Remotes und der Austausch zwischen Repositorys muss von jedem Teammitglied selbst durchgeführt werden.

Daneben bringen dezentrale Versionsverwaltungen einen zusätzlichen Push-Schritt in den normalen Ablauf. Während es bei zentralen Versionsverwaltungen reicht, ein Commit durchzuführen, damit die Änderungen für alle sichtbar sind, müssen bei Git noch die Commits mit dem push-Befehl in das zentrale Repository übertragen werden. Insbesondere in der Umstiegsphase werden Sie sehr häufig den Satz hören: »Aber das habe ich doch schon gefixt ... ähem ... Moment ich pushe... jetzt noch mal pullen.«

Die genannten Punkte basieren auf der Komplexität einer dezentralen Versionsverwaltung und treffen auch auf jedes andere dezentrale Werkzeug, z. B. Mercurial[1], zu. Mit großer Wahrscheinlichkeit werden Softwareentwickler diese Konzepte aber bald als Standardwissen parat haben.

---

[1] http://mercurial.selenic.com/

Daneben bringt Git auch noch ein paar Eigenarten mit. Der Ursprung von Git liegt in der Linux-Kernel-Entwicklung. Dort ist man es gewöhnt, viel mit der Kommandozeile zu arbeiten, und entsprechend mächtig ist diese auch bei Git. Es gibt eine Unmenge von Befehlen und Parametern. Wenn man sich die Hilfeseiten von Git-Befehlen anschaut, wird man von den Möglichkeiten schier erschlagen. Die Ausführlichkeit der Hilfeseiten ist zwar gut, um alle Details zu verstehen, doch helfen sie wenig, wenn es darum geht, zwischen dem Wichtigen und Unwichtigen zu unterscheiden.

Zu guter Letzt wurde bei der Namensgebung von Befehlen häufig mehr der technische Aspekt als der Anwendungsaspekt hervorgehoben. Zum Beispiel wird zum Verwerfen von lokalen Änderungen in Git der folgende Befehl benutzt:

```
> git checkout -- DATEI
```

Wären Sie darauf gekommen?

Einige Git-Befehlsnamen haben bei anderen bekannten Versionsverwaltungen auch eine andere Bedeutung. Zum Beispiel heißt in Subversion[2] der Befehl zum Verwerfen von lokalen Änderungen folgendermaßen:

```
> svn revert DATEI
```

Einen revert-Befehl gibt es auch in Git, doch dient er dort dazu, die Änderungen eines bereits durchgeführten Commits zu entfernen, indem ein neues Commit mit den »entgegengesetzten« Änderungen erzeugt wird.

Die beschriebenen Punkte führen zu der hohen Komplexität von Git, und entsprechend lange dauert das Erlernen. Deswegen ist es wichtig, bei der Einführung von Git die Entwickler gut vorzubereiten und für die Standard-Workflows klare Abläufe zu definieren.

Belohnt wird man dafür mit einem sehr leistungsfähigen Werkzeug, das einen nicht in der eigenen Arbeitsweise einschränkt.

27.2   Komplizierter Umgang mit Submodulen

Das Submodulkonzept wurde im Kapitel »Abhängigkeiten zwischen Repositorys« ab Seite 87 beschrieben. Submodule sind eigenständige Repositorys, die in ein anderes Repository (Main-Repository) eingebunden werden.

Dabei ist schon das Klonen eines Main-Repositorys mit Submodulen kompliziert und erfordert extra Schritte (submodule-init-Befehl und

---

[2] http://subversion.apache.org/

submodule-update-Befehl). Man erkennt deutlich, dass das Submodul-konzept nachträglich eingebaut wurde.

Git geht bei Submodulen den sehr konsequenten Weg, dass im Main-Repository immer genau ein speziziertes Commit des Submodul-Repositorys eingebunden wird. Das führt dazu, dass man immer einen reproduzierbaren Stand seines Projekts inklusive Submodule wiederherstellen kann.

Leider macht das auch die Arbeit kompliziert. Änderungen an Submodulen müssen zunächst durch ein eigenes Commit abgeschlossen werden. Danach muss das neue Commit des Submoduls im Main-Repository ausgewählt und anschließend durch ein zweites Commit festgeschrieben werden.

Mit Submodulen arbeiten → Seite 92

In vielen Entwicklungsprojekten will man allerdings während der Entwicklungsphase immer den aktuellsten Stand von Submodulen integrieren (z. B. den HEAD im master-Branch). Dieses Vorgehen wird gar nicht von Git-Submodulen unterstützt. Es muss immer explizit ein Commit ausgewählt werden.

Dadurch, dass Submodule eigenständige Repositorys sind, ist es auch nicht möglich, zwischen ihnen Dateien inklusive Historie zu verschieben.

Das alles führt dazu, dass man häufig auf Submodule in Git verzichtet. Wenn fachliche Module nur als Strukturierungseinheit innerhalb eines Projekts dienen, dann arbeitet man am besten mit einem großen Repository, in dem alle Module enthalten sind. Damit kann man immer auf dem aktuellsten Stand aller Module arbeiten und Dateien können inklusive Historie verschoben werden. Separate Releasezyklen, Branches und Tags für einzelne Module sind mit dieser Lösung allerdings nicht möglich.

Alternativ, wenn die Module nicht so eng gekoppelt sind und eigene Releasezyklen erfordern, greift man auf ein externes Komponenten-Repository inklusive Abhängigkeitsmanagement zurück (z. B. Maven[3] oder Ivy[4] in Java) und versioniert in Git nur die Definition der Abhängigkeiten zu den Modulen (in Maven mit der pom.xml).

27.3 Ressourcenverbrauch bei großen binären Dateien

Git hat eine sehr effiziente Speicherverwaltung. So wird der Inhalt von Dateien nur einmal gespeichert, auch wenn es mehrere Kopien einer

---

[3] http://maven.apache.org/
[4] http://ant.apache.org/ivy/

Datei gibt. Das funktioniert auch Commit-übergreifend. Das heißt, so-lange sich der Inhalt einer Datei nicht ändert, gibt es nur ein Git-Objekt für alle Commits.

Zusätzlich werden die Git-Objekte zu Paketen vereinigt und diese komprimiert. Das alles führt zu einer sehr ressourcenschonenden Abla-ge von Dateien.

Allerdings werden immer alle Versionen aller Dateien im lokalen Repository gehalten. Sobald man in Git große binäre Dateien ablegt, z. B. Filme, Bilder, virtuelle Maschinen, führt das bei jedem Entwickler zu mehr Ressourcenverbrauch. Werden jetzt diese großen binären Da-teien geändert und wird eine neue Version erstellt, dann wird sowohl die alte wie auch die neue Datei im lokalen Repository liegen.

Hier haben zentrale Versionsverwaltungen den Vorteil, dass nur die aktuellste Version bei den Entwicklern lokal vorhanden ist. Ältere Versionen liegen nur auf dem Server.

Als Konsequenz daraus sollte man versuchen, im eigentlichen Git-Entwicklungs-Repository die Anzahl von großen binären Dateien zu minimieren. »Kleine« binäre Dateien, wie z. B. Java-Bibliotheken, sind kein Problem für heutige Festplatten und Netzwerkbandbreiten.

Falls ein Repository bereits sehr groß geworden ist, kann man mit dem Workflow »Lange Historien auslagern« (Seite 205) die älteren Ver-sionen von Dateien entfernen.

27.4   Repositorys können nur vollständig verwendet werden

Was sind Commits?
→ *Seite 19*
Git versioniert in einem Commit immer das gesamte Projekt bzw. Ver-zeichnis. Im Gegensatz dazu verwalten die meisten zentralen Versions-verwaltungen einzelne Dateien. Deswegen unterstützen zentrale Versi-onsverwaltungen auch Teil-Checkouts, d. h., man kann einzelne Un-terverzeichnisse separat aus der Versionierung holen und Änderungen wieder zurückspielen.

Große Projekte
aufteilen → *Seite 191*
In Git sind Teil-Checkouts nicht vorgesehen, da alle Dateien so-wieso schon lokal vorhanden sind.[5] Das Bedürfnis nach Teil-Checkouts weist häufig auf eine fehlende Modularisierung des Projekts hin, d. h., man sollte mehrere Repositorys anlegen.

---

[5] Seit Version 1.7.0 unterstützt Git auch sogenannte *Sparse Checkouts*. Da-bei enthält der Workspace nur die ausgewählten Verzeichnisse. Im Repository sind weiterhin alle Dateien vorhanden.

Häufig werden Teil-Checkouts in zentralen Versionsverwaltungen auch benutzt, um der Langsamkeit der Systeme entgegenzuwirken – das Problem hat Git ganz sicher nicht.

Möchte man wirklich nur einzelne Dateien anschauen, dann kann man einen Gitweb-Server aufsetzen (siehe `instaweb`-Befehl). Dieser ermöglicht den direkten Zugriff auf bestimmte Dateien und Versionen.

Alternativ kann man auch den `archive`-Befehl benutzen, um nur Teile des Repositorys zu exportieren.

Repository im Webbrowser anschauen
→ *Seite 247*
Archive erstellen
→ *Seite 246*

27.5   Autorisierung nur auf dem ganzen Repository

Im vorigen Abschnitt wurde beschrieben, dass Git mit einem Repository nur in der Gesamtheit umgehen kann. Das trifft auch auf die Autorisierung zu.

Es ist mit Git nicht möglich, Rechte für einzelne Verzeichnisse zu spezifizieren. Entweder hat ein Nutzer vollständigen Zugriff auf das Repository oder er kann auf kein Verzeichnis zugreifen. Es ist nur möglich, zwischen lesendem und schreibendem Zugriff zu unterscheiden – wiederum nur für das gesamte Repository.[6]

Ein Projekt aufsetzen
→ *Seite 111*

In Open-Source-Projekten löst man das Rechte-Problem häufig ganz anders: durch das »Network of Trust«-Konzept (Vertrauensnetzwerk).

Beim »Network of Trust« erlaubt man keine Push-Zugriffe auf Repositorys, sondern benutzt einen reinen Pull-Workflow. Dabei erzeugen Entwickler lokale Commits und schicken Pull-Requests an Integratoren.

Gemeinsam auf einem Branch entwickeln
→ *Seite 127*

Die Integratoren akzeptieren nur Pull-Requests von bekannten und vertrauenswürdigen Personen. Bei anderen Pull-Requests müssen die Änderungen vorher von einer vertrauenswürdigen Person überprüft werden. Das unterstützt Git mit der Unterscheidung von Autor und Committer und dem Konzept der »signierten Commits«. Bei signierten Commits »unterschreibt« ein vertrauenswürdiger Committer die Änderungen und bestätigt damit, dass er diese kontrolliert hat. Dazu wird die Commit-Message entsprechend erweitert:

```
Signed-off-by: Rene Preissel <rp@eToSquare.de>
```

---

[6] Mit Gitolite (*https://github.com/sitaramc/gitolite*) und Gerrit (*http://code.google.com/p/gerrit*) können Rechte auch auf Branch-Ebene vergeben werden.

Dabei entsteht ein neues Commit mit den überprüften Änderungen. Dieses hat als Autor den ursprünglichen Entwickler und als Committer denjenigen, der die Überprüfung durchgeführt hat.

So wird beim »Network of Trust« die starre Rechtevergabe für Verzeichnisse durch einen Reviewprozess im Vertrauensnetzwerk abgelöst. Bei großen Open-Source-Projekten (z. B. dem Linux-Kernel) gibt es mehrere Ebenen von Integratoren. Erst nach mehreren Schritten landet die Änderung vielleicht im offiziellen Repository. Dabei muss die oberste Ebene nicht noch mal alle Commits kontrollieren, da ja bereits vertrauenswürdige Entwickler die Änderungen unterschrieben haben.

Eine Abwandlung des »Network of Trust«-Workflows wird durch das Werkzeug »Gerrit«[7] unterstützt. Dabei müssen alle Codeänderungen durch einen Reviewprozess, bevor die Änderungen im offiziellen Branch sichtbar sind.

Bei In-House-Projekten sind häufig weder feingranulare Rechte für Verzeichnisse noch komplexe formale Reviewprozesse notwendig. Alle Teammitglieder dürfen alle Dateien sehen und ändern. Maximal die Freigabe eines Release oder der Übergang zu einem bestimmen Testlevel soll beschränkt werden. Das kann man auch einfach durch separate Repositorys mit beschränkten Schreibrechten erreichen. Sobald ein Übergang passieren soll, werden die Commits von berechtigten Nutzern in ein anderes Repository übertragen.

27.6   Mäßige grafische Werkzeuge für Historienauswertung

Wenn es in Projekten zu Merge-Konflikten kommt oder wenn nach einem Merge Fehler auftauchen, dann hilft die Commit-Historie, die Ursachen zu finden. Dabei ist häufig die Frage zu klären, warum eine Änderung eingebaut wurde. Bei aktiver Entwicklungstätigkeit und damit vielen Commits und Merges ist das nicht trivial.

Git bietet sehr mächtige Kommandozeilenwerkzeuge (`log`-Befehl, `blame`-Befehl, `annotate`-Befehl) für die Analyse der Historie. Doch das mitgelieferte grafische Werkzeug `gitk` und auch die Plug-ins für Entwicklungsumgebungen (z. B. »EGit«[8]) bieten bisher nur eine unübersichtliche Darstellung. Es ist mühsam, mit dem Finger auf dem Monitor Pfade nachzuvollziehen. Da bieten kommerzielle Versionsverwaltungen klarere Darstellungsmöglichkeiten.

---

[7] http://code.google.com/p/gerrit/
[8] http://eclipse.org/egit/

Anhänge

»Schritt für Schritt«-Anleitungen

Workflow-Verzeichnis

Ein Projekt aufsetzen Seite 111

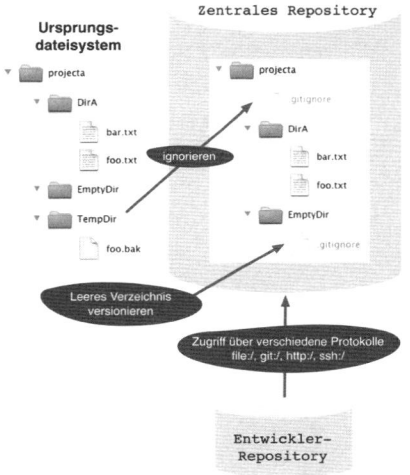

Ein Projektverzeichnis wird in ein neues Repository importiert. Dieses Repository wird als zentrales Repository für die Entwicklung im Team zur Verfügung gestellt.

Gemeinsam auf einem Branch entwickeln Seite 127

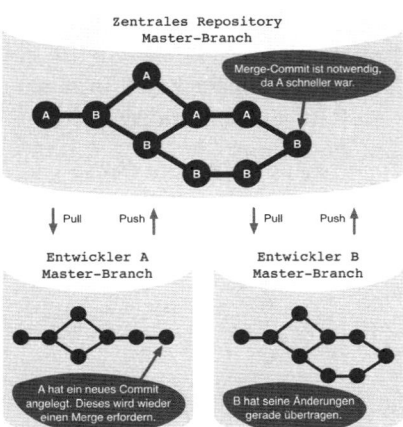

Alle Entwickler arbeiten auf dem gleichen Branch in ihren lokalen Repositorys und integrieren die Ergebnisse in den Hauptbranch des zentralen Repositorys.

Mit Feature-Branches entwickeln

Seite 135

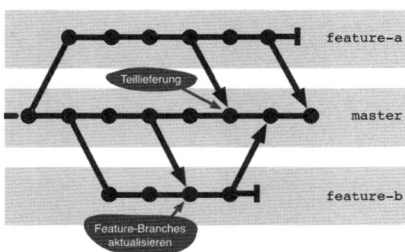

Jedes Feature oder jeder Bugfix wird in einem separaten Branch entwickelt. Nach der Fertigstellung wird das Feature oder der Bugfix in den master-Branch integriert.

Mit Bisection Fehler suchen

Seite 153

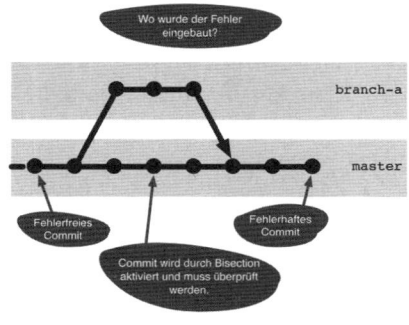

Während der Entwicklung tritt ein Fehler auf, der in vergangenen Versionen nicht vorhanden war. Bisection sucht in der Commit-Historie das Commit, das den Fehler eingeschleppt hat.

Mit einem Build-Server arbeiten

Seite 165

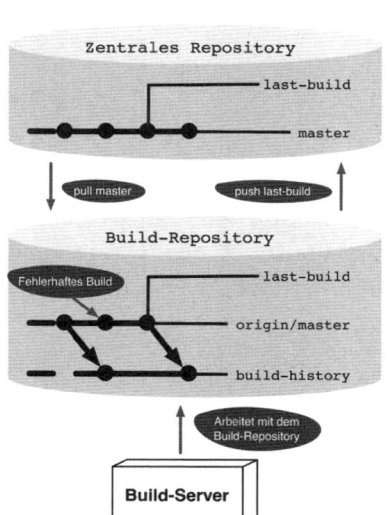

Ein Build-Server baut und testet regelmäßig den aktuellen Entwicklungsstand der Software. Als Ergebnis entsteht eine Historie von erfolgreich gebauten Versionsständen. Zusätzlich wird der letzte erfolgreiche Build im zentralen Repository markiert.

Ein Release durchführen
Seite 179

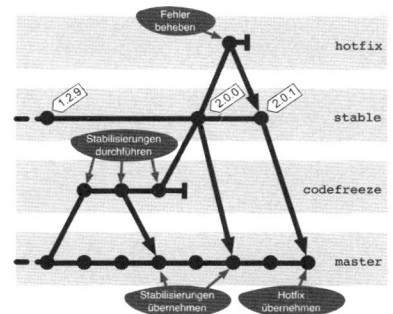

Für ein Projekt wird ein Release erstellt. Die Vorbereitung des Release findet in einem separaten Branch statt. Auf dem produktiven Release können Hotfixes durchgeführt werden.

Große Projekte aufteilen
Seite 191

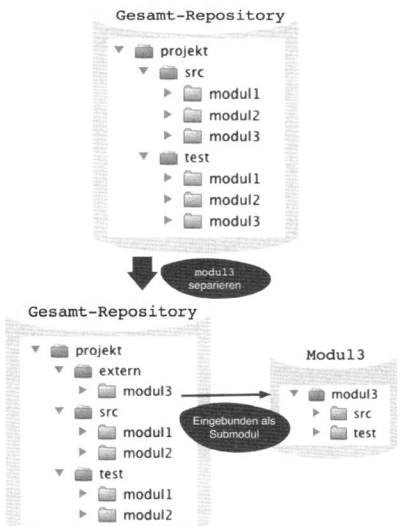

Ein Modul wird aus einem Projekt entfernt und in ein eigenes Repository migriert. Die Commit-Historie bleibt erhalten, unnötige Dateien und Commits werden entfernt. Das separierte Modul wird als externes Submodul wieder integriert.

Kleine Projekte zusammenführen

Seite 199

Mehrere Projekte mit eigenem Repository werden in einem gemeinsamen Repository vereinigt. Die Commit-Historien der Projekte bleiben erhalten.

Lange Historien auslagern

Seite 205

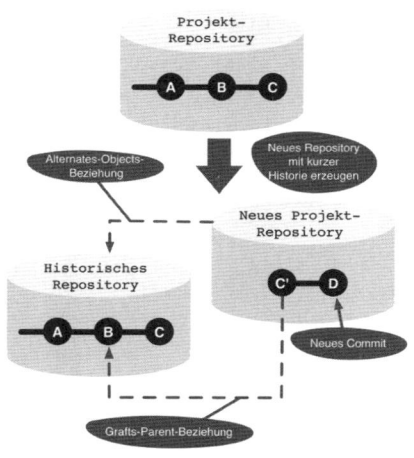

Ein Repository, das eine sehr lange Commit-Historie mit vielen und großen Dateien enthält, wird verkleinert. Die älteren Commits werden in ein separates Repository ausgelagert. Recherchen in der Historie sind weiterhin möglich.

Andere Versionsverwaltungen parallel nutzen Seite 215

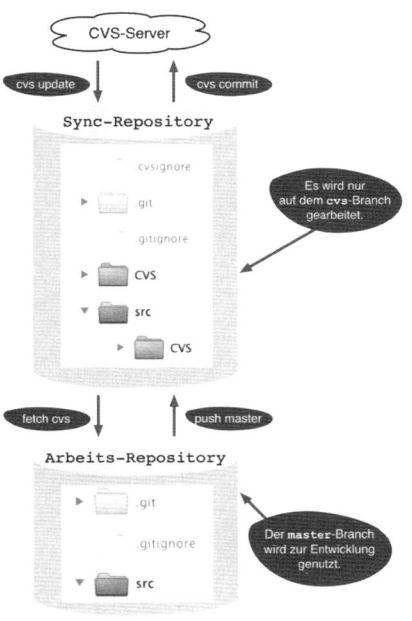

Im Unternehmen oder Team wird mit einer zentralen Versionsverwaltung gearbeitet. Einzelne Entwickler arbeiten mit Git und synchronisieren die Änderungen mit dem zentralen System.

Ein Projekt nach Git migrieren Seite 227

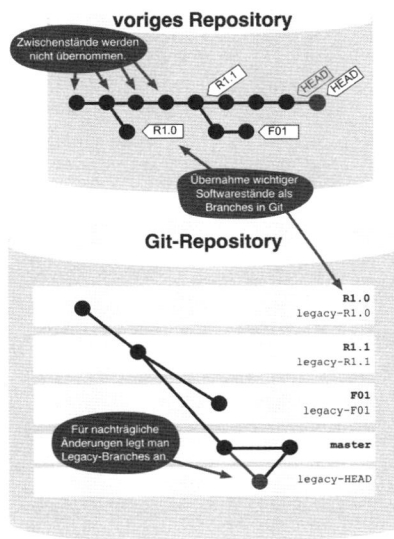

Ein Projekt aus einer anderen Versionsverwaltung wird nach Git migriert. Alle Softwarestände, die weiterentwickelt werden sollen, werden in das Git-Repository übernommen. Danach kann mit dem neuen Repository weitergearbeitet werden. Bei Bedarf können »nachtröpfelnde« Änderungen aus der alten Versionsverwaltung nachgezogen werden.

Index

Joachim Baumann

Gradle

Ein kompakter Einstieg in das Build-Management-System

**Mit einem Geleitwort von
Hans Dockter, Erfinder von Gradle**

Gradle ist ein modernes Build-Management-System, das auf Groovy basiert und sich immer mehr zu einer Konkurrenz für bestehende Tools entwickelt. Gradle kann sehr gut auf Spezifika der eigenen Umgebung und der eigenen Probleme angepasst werden und ist in der Lage, auch komplexere Builds mit geringem Aufwand zu unterstützen.

Das Buch demonstriert die praktische Verwendung von Gradle in Szenarien unterschiedlicher Komplexität und ermöglicht so einen schnellen Einstieg. Auch komplexe Verwendungen wie in einem Continuous-Build-Szenario werden betrachtet.

2013, 260 Seiten, Broschur
€ 32,90 (D)
ISBN 978-3-86490-049-5

dpunkt.verlag

Wieblinger Weg 17 · 69123 Heidelberg
fon 0 62 21/14 83 40
fax 0 62 21/14 83 99
e-mail hallo@dpunkt.de
http://www.dpunkt.de